CUBA:
CRÓNICAS EJEMPLARES

COLECCIÓN CUBA Y SUS JUECES

EDICIONES UNIVERSAL, Miami, Florida, 2010

Dr. Víctor Vega Ceballos

CUBA: CRÓNICAS EJEMPLARES

Edición de:

Dra. María Vega de Febles y Dr. Eduardo A. Febles Vega

Copyright © 2010 by Herederos de Víctor Vega Ceballos

Primera edición, 2010
Reedición, 2024

EDICIONES UNIVERSAL
P.O. Box 450353 (Shenandoah Station)
Miami, FL 33245-0353. USA
Tel: (305) 642-3234 Fax: (305) 642-7978
e-mail: ediciones@ediciones.com
http://www.ediciones.com

Library of Congress Catalog Card No.: 2009940966
ISBN-10: 1-59388-184-3
ISBN-13: 978-1-59388-184-9

Composición de textos: María Cristina Zarraluqui

Diseño de la cubierta: Luis García Fresquet

Todos los derechos
son reservados. Ninguna parte de
este libro puede ser reproducida o transmitida
en ninguna forma o por ningún medio electrónico o mecánico,
incluyendo fotocopiadoras, grabadoras o sistemas computarizados,
sin el permiso por escrito del autor, excepto en el caso de
breves citas incorporadas en artículos críticos o en
revistas. Para obtener información diríjase a
Ediciones Universal.

Agradecemos la colaboración de Joshua y Christopher Dotson Febles, bisnietos del Dr. Víctor Vega. Joshua hizo el trabajo computarizado de la placa «Premio Excelsior» y Christopher realizó la ilustración «Calle de Puerto Príncipe».

Agradecemos también a la Sra. Elizabeth Belk por restaurar los retratos de Víctor Vega y Alicia Queral que datan del 1924.

El Dr. Víctor Vega en su despacho, Cuba circa 1940

Índice

Al lector 13

Prólogo del Dr. Horacio Aguirre 17

Cronología del Dr. Víctor Vega Ceballos 19

Artículos selectos del Dr. Víctor Vega publicados en el *Diario las Américas* agrupados por temas.

I. LA PATRIA 23
  1. Cuba 24

La generación de 1868	10 de octubre, 1976	25
Lecciones de la Historia	21 de noviembre, 1982	37
Dos gloriosas acciones de la Guerra Grande	10 de octubre, 1978	40
El heroísmo de la mujer cubana	20 de mayo, 1978	44
El nacimiento de la República cubana	20 de mayo, 1979	50
Una fecha inolvidable	22 de mayo, 1983	53
El único camino	20 de mayo, 1977	57
Expurgos históricos	4 de noviembre, 1979	61
Anecdotario político	6 de febrero, 1983	65
Un mensaje de Navidad	19 de diciembre, 1976	68
El comienzo del caos	20 de marzo, 1977	73
El escudo de la Universidad de La Habana	13 de junio, 1993	77

  2. Camagüey: El legendario Puerto Príncipe 80

La gloriosa cantinera	15 de febrero, 1976	81
El valiente y magnánimo Bembeta	16 de noviembre, 1975	85

Concurso camagüeyano a la Guerra de 1895	25 de febrero, 1979	92
La firme devoción de un pueblo	11 de septiembre, 1977	99
Donde la magia se hizo realidad	25 de julio, 1976	103
El benemérito Padre Olallo	19 de septiembre, 1976	107
El relicario de la Iglesia de las Mercedes	19 de marzo, 1978	111
El habla de mi tierra	11 de abril, 1976	115
Nuestras viejas instituciones camagüeyanas	24 de mayo, 1987	123
Cuando llovieron peces	24 de septiembre, 1978	130
Gloriosas remembranzas del siglo que termina	16 de diciembre, 1990	134
A planes fallidos, ilusiones renovadas	21 de diciembre, 1980	138

II. PERSONAJES 143

La obra inmortal de un genio	22 de febrero, 1976	145
La mujer en la poesía del Apóstol	28 de enero, 1976	152
Charla sobre Máximo Gómez	20 de junio, 1976	158
Homenaje al Lugarteniente General Antonio Maceo	6 de diciembre, 1992	170
La breve y heroica historia del inglesito	9 de octubre, 1977	183
Toussaint Louverture, libertador de hombres (I)	29 de marzo, 1987	192
Toussaint Louverture, libertador de hombres (II)	5 de abril, 1987	197
La obra piadosa del Padre Valencia	11 de julio, 1976	203
La rebeldía y la inconformidad en la obra de Emilia Bernal (I)	16 de enero, 1977	208
La rebeldía y la inconformidad en la obra de Emilia Bernal (II)	23 de enero, 1977	213

El Mayor General Mario García Menocal: Patriotismo, capacidad creadora y vocación de poder (I)	30 de junio, 1985	221
El Mayor General Mario García Menocal: Patriotismo, capacidad creadora y vocación de poder (II)	2 de julio, 1985	230

III. FAMILIA 237

La justa decisión	15 de noviembre, 1992	239
Mater Sacratisima	9 de mayo, 1976	241
Un mensaje de perenne gratitud	14 de mayo, 1978	245
El buen sembrador	17 de junio, 1979	248
Viaje a Utopía	18 de junio, 1978	250
A mi nieta María Victoria Febles	14 de junio, 1981	255
Un aguinaldo de incalculable valor	20 de enero, 1985	258
El Señor ha venido hacia ti	13 de mayo, 1982	261
A mi nieta Rosa Leonor Vega en su onomástico	3 de agosto, 1986	264
A mi nieto Víctor Manuel, en su graduación universitaria	10 de mayo, 1987	266
A un nieto amante del saber	12 de julio, 1987	270
Gracias, muchacho, en nombre de la humanidad atropellada	2 de julio, 1989	272

IV. OTROS TEMAS 275

Periodismo

Bodas de Plata del Diario Las Américas	25 de junio, 1978	277
Treinta y cinco años al servicio de nobles ideales	10 de julio, 1988	281

Religión

La adoración de los Reyes Magos	9 de enero 1977	283
Resurrección	15 de abril, 1979	288
El necesario mensaje	28 de diciembre, 1979	291

Vocación
La suprema decisión 17 de marzo, 1977 294
Recuerdos de la Villa Azul
Un memorable recuento 5 de marzo, 1976 299
Islas
La isla del encanto 24 de agosto, 1975 304
El paraíso de los piratas de ayer
y los viajeros de hoy 29 de abril, 1984 309
Fecha histórica
Aquel cuatro de julio 1 de julio, 1979 313
Exilio
Monólogo de un tinajón 5 de junio, 1977 317
Historia se escribe con H 21 de octubre, 1979 322
El origen de nuestras divisiones 28 de junio, 1981 326
Por la unidad ahora y siempre 5 de julio, 1984 330

V. NOTAS 333

VI. APÉNDICES 339
   1. Comentarios de colegas, estudiantes y amigos 339
   2. Retratos 345

Notas biográficas 350
   Dra. María Vega de Febles
   Dr. Eduardo A. Febles Vega

Al lector

Cofre de recuerdos

Dar vida a los recuerdos que encerramos en un cofre y guardamos durante largos años, es una labor de amor. Durante veinte años atesoré los artículos de mi padre Víctor, que los enviaba religiosamente todas las semanas con sus cariñosas cartas.

Numerosas personas proyectaron dar un reconocimiento a Víctor Vega por promover los valores morales y enseñar a la juventud. Mi madre deseó que se le rindiera un merecido homenaje por su labor docente. Sus colegas, lectores y amigos, después de la publicación de los «Expurgos Históricos» en el Diario Las Américas, concibieron la idea de reunirlos al «Anecdotario Político» en un libro de gran interés histórico. Estos planes no se realizaron, pero distintas instituciones a lo largo de su vida le otorgaron condecoraciones, medallas y diplomas. Su ciudad natal lo agasajó junto a otros comprovincianos en un acto en honor a «Camagüeyanos Distinguidos».

Siguiendo el ejemplo de nuestros mayores, sus hijos siempre cumplimos con alegría el cuarto mandamiento de la ley de Dios y esto llenó de orgullo al buen padre y a la virtuosa madre. Mencionaré el cariño y las atenciones prestadas por Alicita, mi querida hermana ya fallecida, que fue abnegada protectora de sus padres y que se convirtió en guardiana de la historia familiar a la muerte de éstos. Ella conservó documentos y retratos que han sido incluidos en este libro. Víctor, gerente comercial del Diario Las Américas y colaborador del Dr. Horacio Aguirre durante casi cuatro décadas, recogía semanalmente los artículos en la casa paterna y alentaba su labor periodística. Ángel lo acompañaba a entrevistas, actos culturales y reuniones importantes, que inspiraron originales temas para sus escritos.

Debo mencionar el interés y apoyo constante de mi esposo Eduardo Febles en esta empresa y la labor de mi hijo Eduardo Antonio que impulsó la idea del «libro de Abuelo» y trabajó arduamente en la edición del mismo.

Más de 960 artículos fueron escritos por el Dr. Vega y publicados en el *Diario Las Américas*. Seleccionar sesenta y dos para esta obra ha sido muy difícil, una tarea que hoy, Día de los Padres, en que escribo estas líneas, me acerca más que nunca a ese hombre admirable tan importante para su patria, sus familiares y sus amigos. Lanzo a la vida con devoción filial estas crónicas ejemplares para que vivan en el corazón de los amantes de la libertad y de la justicia.

María Vega de Febles

La escritura de la Historia

De todos los proyectos que he emprendido durante mi carrera académica, ninguno me ha dado más satisfacción que la presente edición de artículos escritos por mi abuelo durante veinte años puesto que me ha permitido a un nivel muy personal apreciar nuestra historia. Muchos de nosotros, hijos del exilio cubano, nos sentimos desplazados del lugar de origen y deseamos ver, conocer, experimentar a la Cuba que solamente conocemos de oídas. Mi entrada en ese pasado fue ciertamente a través de las narraciones de mi abuelo, orador nato y hábil conversador capaz de mantener durante horas la atención de todos contando sus recuerdos en las reuniones familiares.

En estos artículos, su voz resucita, sus historias cinceladas en forma erudita no pierden el tono personal de su perspectiva. No hay duda de que algunos artículos presentan lecciones de historia verdadera dignas de ser estudiadas, por ejemplo los artículos sobre Toussaint Louverture o los que tratan de la Guerra de Independencia. Pero al lector se le ofrece otra faceta de la Historia, una semioculta pero quizás más rica visión de Cuba que sobrevive gracias a estos escritos. «Cuando llovieron peces», para mencionar uno, relata con detalles precisos lo que hubiera sido un ignorado huracán a no ser por la pluma del autor que pinta con gracia certera la lluvia de peces que parecía caída del cielo. Vemos aquí la leyenda enlazada a la historia, revelando el origen de una mitología y un inconsciente cultural.

Mi abuelo afirmó que «Historia se escribe con H», «porque es relación de hechos ocurridos, no de invenciones, apasionamientos, distorsiones maliciosas, ficciones interesadas, o suposiciones absurdas.» En cierto sentido, esta colección prueba que la Historia es también un libreto colectivo escrito por voces del pasado y legado de una generación a la siguiente. Si observamos con detenimiento los eventos aquí relatados, los personajes del siglo XIX se perfilan detrás de ellos, haciéndose reales a través de las ágiles manos de Víctor Vega, que infatigablemente escribía en la soledad de su habitación en su vieja maquinilla, protagonista solitario en el drama del exilio. Nacido en 1901, mi abuelo fue testigo de cambios asombrosos durante el siglo XX pero nunca perdió el vínculo con las raíces del XIX.

Mi madre –su hija– pacientemente ha releído sus numerosos artículos y al editarlos les ha dado una segunda vida. Yo he desempeñado un rol más técnico, manejando las máquinas (como diría mi abuelo) del siglo XXI para ayudar a la preservación de los amarillentos papeles en peligro de desintegrarse. Y ahora, la nueva generación, la de sus bisnietos, le dará vida a estas palabras encadenando de este modo las generaciones del pasado y del futuro, preservando una historia que desafía el paso del tiempo.

Eduardo Antonio Febles

Prólogo del Dr. Horacio Aguirre

En las magníficas páginas de este libro, sus lectores encontrarán, sin duda alguna, un material generoso de sentido moral, histórico, patriótico, cívico y de supremos valores de familia. El amor, expresado en palabras preciosas al referirse a su esposa desde el momento en que la conoció hasta cuando Dios los separó por la muerte de ella, es un tema glorificado por la prosa de Víctor Vega Ceballos y por un profundo sentido de solidaridad humana y de hogar que él cultivó con gran empeño. Los que tuvimos el privilegio de conocer y tratar al autor, jurisconsulto eminente, recordaremos en estas páginas la inmensa grandeza de su personalidad ejemplar. Haber leído sus artículos en Diario las Américas fue también, por supuesto, un privilegio. Y muchos de ellos que aparecen en este libro representan un motivo de gran significación por la belleza del idioma y la profundidad de sus conceptos. Este libro no es sólo para leerlo una vez, sino para tenerlo muy cerca a fin de recrear el espíritu cuantas veces se considere conveniente hacerlo, encontrando en el pensamiento y en la prosa exquisita de Vega Ceballos la realización de muchos anhelos culturales.

Yo tuve el honor de conversar con él muchísimas veces aun en una misma semana para cambiar impresiones sobre temas palpitantes y aprender yo de su palabra sabia. Los que lean este libro, inclusive los que recuerden sus maravillosos artículos publicados en Diario las Américas, que él consideró, para honra nuestra, como su propia casa, aprenderán recordando porque siempre en cada frase suya, en cada idea, por mucho que uno las recuerde, se descubre algo valioso, literariamente precioso también.

Valores que en la actualidad están afrontando una grave crisis dentro de la sociedad, son descritos y exaltados por el Dr. Vega Ceballos con gran oportunidad y sabiduría. Para él la moral, el hogar, la patria y la sociedad en su más alto alcance, fueron temas que, con gran sensibilidad histórica, explicaba recordando tiempos idos desde su infancia hasta su gloriosa madurez y vejez. Con respetuosa emoción cumplió con el deber de rendirle reconocimiento a Dios como Creador del Universo y Rector de la conciencia universal. Para él la vida cristiana fue su norma, usando su privilegiada pluma para poner énfasis en todo lo que moral y doctrinariamente representa la venida al mundo de Jesucristo –hijo de Dios y Dios mismo– su tránsito por la vida, hasta terminar sus días terrenales en la cumbre del Calvario. Todo eso constituye un legado suyo para las generaciones nuevas.

El tema de Cuba fue su pasión y su dolor, porque la patria suya cayó en las garras del totalitarismo marxista-leninista que no le permitió terminar sus días en su Cuba querida. Murió sabiéndola esclavizada. Fue maestro ejemplar en esa Cuba y también lo fue en el destierro enseñándoles a sus compatriotas de todas las edades lo mucho que representó esa patria ennoblecida por la palabra y el sacrificio de sus grandes próceres, habiendo tenido en el pensamiento de José Martí su gran inspiración. Desde luego, todos los próceres de la historia cubana fueron objeto de sus conferencias, de sus artículos y de sus cátedras abrillantadas por sus conocimientos extraordinarios.

El que esté interesado en saber cómo se cultivan los valores de la familia, encontrará en el ejemplo del Dr. Vega Ceballos, en sus escritos y en sus conferencias, la fórmula de realizar a plenitud, noblemente, el ideal de lo que es una familia bien formada, un hogar en el más alto sentido espiritual del concepto. La vida y la obra de Víctor Vega Ceballos es una cátedra maravillosa relacionada con lo que es la familia y con todo lo que fue preocupación suya, como la patria, la cultura, el honor y, sobre todo, Dios.

Los hijos y los nietos de este ilustre cubano han sabido corresponder a lo que aprendieron a su vera y este libro es una prueba de cómo saben administrar lo que aprendieron de ese padre y abuelo ejemplar, de ese gran señor de la cultura, de la dignidad y del espíritu, que en estas páginas deja constancia de su extraordinario valor como ser humano, como patriota y como persona dedicada a los más nobles afanes del decoro.

Miami, octubre del 2009

Horacio Aguirre
Director de *Diario Las Américas*

Cronología del Dr. Víctor Vega Ceballos

1901   Nació en Camagüey, Cuba, el día 22 de enero. Fueron sus padres: Ángel Vega Beltrán, veterano de la Guerra de Independencia, y Luisa Ceballos Muñoz.

1920   Se graduó de Bachillerato en el Instituto de Camagüey, el 17 de junio.

1923   Se graduó de doctor en Derecho Civil en la Universidad de La Habana el 9 de octubre. Hizo estudios post graduados de Legislación Hipotecaria, Registral y formal.

1924   Se trasladó a Puerto Padre, Oriente, para ocupar el cargo de juez municipal y correccional. Se incorporó como letrado en el Colegio de Abogados de Santiago de Cuba.

1925   Juez de Primera Instancia e Instrucción. Fundó el periódico «El Nuevo Heraldo», que circuló hasta 1930.

1926   Asesor legal del Ayuntamiento, la Cámara de Comercio, The Royal Bank of Canada (sucursal) y de la Asociación de colonos de los centrales Chaparra y Delicias en Puerto Padre hasta 1933.

1927   Se casó el 11 de octubre en la Iglesia San José de Puerto Padre con Alicia Queral Muñoz. Tuvieron cuatro hijos, los dos mayores: Alicia y Víctor nacieron en Puerto Padre; años después nacieron María en Camagüey y Ángel en La Habana.

1933   Publicó *Inútiles consejos*, recopilación de artículos políticos. Ed. El Noticiero, Puerto Padre. Tras la caída de Machado el 12 de agosto, la anarquía se apoderó de la Isla. Afectado por los disturbios en Puerto Padre, se trasladó a Camagüey.

1934   Se incorporó como letrado al Colegio de Abogados de Camagüey.

1937	Catedrático de Español en la Escuela Profesional de Comercio de Camagüey. Publicó «Estampas Antillanas». Relación de viajes. Ed. Camagüey Gráfico. Publicó el ensayo «Las mujeres en la vida del Apóstol». Ed. El Camagüeyano.
1940	En octubre fue nombrado ministro de Justicia de Cuba, cargo que ocupó hasta junio del 1941. Se incorporó como letrado al Colegio de Abogados de La Habana.
1941	Pronunció el 28 de marzo el discurso de clausura de la Primera Conferencia Interamericana de Abogados, celebrada en La Habana. Recibió una medalla de los jueces suplentes de Cuba, en agradecimiento por su defensa de la «Ley del pago a los jueces suplentes». Fue nombrado ministro de Gobernación en junio, hasta julio del 1942.
1942	Fue electo representante a la Cámara por la provincia de Camagüey.
1944	Pronunció el discurso político «Continuismo y reelección».
1946	Fue reelecto representante a la Cámara. Pronunció los discursos parlamentarios «La Ley de Arrendamientos y Aparcerías» que fueron publicados por Ed. Lex, La Habana.
1948	Registrador de la propiedad (por oposición), registro número 10 de La Habana, hasta 1949. Posteriormente fue registrador en el número 2 de Santiago.
1950	Publicó su ensayo sobre Toussaint Louverture. Ed. Ayon, La Habana.
1951	Director General de Asuntos Consulares del Ministerio de Estado de Cuba. Cargo que ocupó hasta 1959.

1961   Abogado defensor de la Cabaña. Su deber lo llevó a defender a los injustamente acusados por los tribunales revolucionarios. La vida se tornó insegura en su amada patria y se preparó para emigrar.
Condecoraciones que recibió durante esta etapa:
- Gran oficial de la Orden Carlos Manuel de Céspedes. Cuba.
- Gran oficial de la Orden Finlay de Cuba.
- Comendador de la Orden al Mérito. República de Haití.
- Gran Oficial de la Orden al Mérito. República de Chile.

1962   Marchó al exilio en el mes de enero y se estableció con su familia en Miami, Florida. Comenzó una nueva etapa de su vida a los 61 años de edad.

1964   Profesor de Español en Webb School, Bell Buckle, Tennessee hasta 1965.

1965   Catedrático asociado en el Departamento de Humanidades de la Universidad de Puerto Rico en Mayagüez, hasta 1971. Miembro de la Junta Directiva de la revista *Atenea*.

1971   Director del Departamento de Humanidades de la Universidad de Puerto Rico en Arecibo hasta 1972. Por motivos de salud, se retiró de la docencia en Puerto Rico y se trasladó a Miami.

1972   Profesor de Historia de Cuba en la Universidad de Miami (División de Educación Continuada). Semestre de Otoño. Miembro del Colegio Nacional de Abogados de Cuba en el exilio y del Directorio Magisterial en Miami.

1973   Comenzó a publicar sus Crónicas Dominicales en el Diario Las Américas. Su colaboración se extendió hasta 1993. Recibió diploma de reconocimiento de la Y M C A Internacional José Martí por su labor educacional.

1975   Diploma de honor otorgado por el Colegio Nacional de Abogados de Cuba el 8 de junio, por cumplirse más de 50 años de graduado de doctor en Derecho de la Universidad de La Habana y «En reconocimiento a su probada devoción a los Principios de la Ley, la Justicia y la Libertad en pro del rescate de la nación Cubana del régimen comunista que la oprime».

El 14 de Noviembre murió su esposa Alicia en un accidente automovilístico. Sufrió lesiones y estuvo hospitalizado por varios días.

1978   Publicó su ensayo «Emilia Bernal: poetisa de la inconformidad y la rebeldía». Peninsular Printing, Miami.

1982   Recibió el premio Juan J. Remos por su ejecutoria patriótica y cultural, otorgado por la Cruzada Educativa Cubana el 20 de noviembre en Miami.

1983   Publicó su ensayo «Franklyn D. Roosevelt, un gobernante a la altura de su tarea».

1985   Recibió el Premio Excelsior por sus Crónicas Dominicales y su ensayo sobre Emilia Bernal.

1986   Recibió la medalla José Martí otorgada el 28 de enero, aniversario del natalicio del Apóstol.

1987   Recibió un homenaje del Colegio Nacional de Abogados de Cuba en el Exilio el 28 de noviembre por la eficiente labor realizada en Cuba en el ejercicio de sus funciones judiciales.

1990   Fue homenajeado como Camagüeyano Distinguido el 10 de junio por el Municipio de Camagüey en el exilio.

1993   Por motivos de salud concluyó su labor periodística en el *Diario Las Américas*. Recibió diplomas de reconocimiento de Veterans of Foreign Wars y Concerns Of Police Survivors.

1994   Recibió certificado de agradecimiento de Hispanic Police Officers Association.

1996   Falleció el 22 de junio en Miami a los 95 años de edad, rodeado del afecto de familiares y amigos. Dedicó su vida a los nobles ideales de luchar por la libertad de su patria, amar a Dios, a su familia y al prójimo, impartir la justicia, enseñar a la juventud y difundir la cultura. Una vida extraordinaria.

I. LA PATRIA

Amor a su patria

Cuba ocupó un lugar muy importante en su vida y también su ciudad natal, el Puerto Príncipe legendario, cuyas plazas, calles e iglesias mantuvo siempre en sus recuerdos. Conocedor de la historia de su país y de las gestas libertadoras de sus héroes, muchos de sus artículos fueron dedicados a la Perla de las Antillas, la Isla que amó con singular devoción.

De Camagüey, la vida lo llevó a otras ciudades de Cuba y del extranjero, y donde quiera que fue, se sintió feliz, cultivó amistades, realizó importante labor social y desarrolló una labor intelectual de gran impacto.

María Vega de Febles
«Víctor Vega, el bueno», *Diario Las Américas*
(22 de septiembre, 1996)

I. 1- Cuba

En el hemiciclo de la Cámara de Representantes del Capitolio Nacional, Víctor Vega pronunció elocuentes discursos en diversas ocasiones.

El 7 de diciembre día y mes en que murió en combate el General Antonio Maceo, se declaró día de duelo nacional para recordar a los mártires de la patria cubana. La noche de recordación de 1944 el Dr. Vega dedicó un discurso patriótico al Titán de Bronce.

«Fue el más civil de nuestros generales, siendo el más bravo de nuestros guerreros».

Discurso del Dr. Vega, (7 de diciembre, 1944)

La Generación Cubana de 1868

> «Se dibujaba en el futuro una aventura colectiva que iba a ser nuestra aventura. La historicidad refluyó sobre nosotros. La presión de la historia nos reveló súbitamente la interdependencia de las naciones, pero, al mismo tiempo nos reimplantaba en nuestra colectividad nacional.»
>
> **(J. P. Sartre.** «¿Qué es literatura?»)

I. ¿QUÉ ENTENDEMOS POR GENERACIÓN?: La palabra generación tiene para nosotros una connotación especial. No se refiere al conjunto de personas que nacieron en un momento y sitio determinado, conviviendo en el espacio y en el tiempo. El hecho de nacer y vivir en una fecha es intrascendente. Lo que coloca a una generación por encima de las precedentes y subsiguientes es haber realizado obra provechosa, haber interpretado el sentir de las masas, haberse proyectado hacia el futuro, provocando un cambio radical en la estructura social, haber puesto fin a un proceso histórico, abriendo un nuevo capítulo de fructíferas transformaciones. La generación cubana de 1868 supo moldear la sociedad de su tiempo, darle forma, conducirla por difíciles veredas, llevarla a una larga guerra que transformó su modo de vida, destruyó el infamante sistema esclavista, y dejó sembrada en la conciencia de todos las ideas de independencia, libertad e igualdad.

II. PERÍODO DE GESTACIÓN: Cuba no estuvo ausente de los grandes conflictos políticos sociales que agitaron al mundo occidental a fines del siglo diez y ocho y comienzos del diez y nueve. La rebelión de las trece colonias inglesas de Norte América contó con la ayuda leal de los cubanos, que sirvieron como voluntarios en el ejército que combatió a los ingleses. Las mujeres cubanas donaron sus joyas para acudir al sostenimiento de los soldados de la libertad. Muchos cubanos dejaron sus restos en los tremedales de las Carolinas y la Florida. Los que regresaron a Cuba llevaron, con el recuerdo de los actos heroicos, el fermento de la rebelión que daría fin a la dominación española. Las colonias hispanas de tierra firme se sublevaban, derrotaban a los ejércitos españoles que, seguidos por funcionarios civiles y altos jerarcas de la Iglesia Católica, buscaban refugio en nuestra Isla, demostrando claramente la caducidad del sistema colonial.

Desde 1800 padres y maestros fueron modelando la conciencia nacional, destacando las características del nativo, haciendo resaltar las diferencias entre criollos y peninsulares. Los primeros eran hombres afincados a la tierra, inmunes a determinadas enfermedades tropicales, conocedores del terreno que pisaban, orgullosos de sus costumbres, impuesta por el medio; mientras los segundos se mantenían en los centros urbanos, dedicados al ejercicio del comercio o al desempeño de cargos público. Eran militares representativos de la fuerza represiva del gobierno, lo que les hacia odiosos a la población nativa; recaudadores de impuestos, repudiados como esquilmadores de la clase productora: jueces, magistrados, gobernadores y alcaldes, sospechosos de prevaricación y soborno; comerciantes y prestamistas, tildados de avaros y explotadores; todos de espaldas al agro, eran juzgados como acaparadores de la riqueza y obstáculos al progreso.

A pesar de las diferencias señaladas, el período de gestación de la gran lucha por la independencia fue lento. Numerosas conspiraciones fueron descubiertas y aplastadas en su fase inicial, durante la primera mitad del pasado siglo. Se utilizó el problema racial para desarmar a los inconformes; se agitaba el ejemplo de la rebelión haitiana, pintada con tintes sombríos, para atemorizar a los separatistas. El entusiasmo por la independencia crecía o menguaba con los precios del azúcar y las posibilidades de una buena zafra. Hasta que se produjeron las invasiones de Narciso López, en 1850 y 1851, no hubo un intento serio para romper los lazos que nos ataban a España. Las ansias de libertad estaban adormecidas en los pechos cubanos. En la primera expedición, de seiscientos hombres solo cinco eran cubanos, el resto lo componían ex soldados norteamericanos, disponibles de los ejércitos de la Guerra de Secesión, aventureros enrolados al acaso; en Cuba solamente se les unió el puertorriqueño Felipe Gotay. La segunda expedición logró la adhesión de cincuenta cubanos, de un total de casi quinientos hombres. El pueblo no se adhirió a esta empresa, tal vez porque la estimó una agresión de elementos extraños al país, o quizá porque aún no estuviera madura la opinión pública para tal empresa.

Los fallidos intentos de Narciso López legaron dos lecciones que los cubanos aprovecharon con éxito más tarde. La primera consistió en demostrar que la revolución debía hacerse contando esencialmente con los elementos del país. Que de fuera sólo debían aceptarse ayuda técnica y pertrechos bélicos. La segunda, en reconocer que toda insurrección iniciada en Vuelta Abajo estaba llamada a fracasar rápidamente, porque en la Habana radicaba el grueso de la fuerza española y en las provincias occidentales existían los mejores caminos y el más amplio sistema ferroviario de la Isla; mientras que Oriente y Camagüey, sin caminos practicables, con escasas vías férreas, con bosques casi impenetrables, ofrecían mejores oportunidades para librar una guerra de desgaste.

III. FACTORES GEOPOLÍTICOS: A partir de las riberas del Cauto, en las proximidades de Bayamo, hasta los límites de Sancti Spíritus, en la provincia de Las Villas, se extiende la gran llanura de Camagüey, tierra de pastizales y grandes latifundios, de haciendas ganaderas, que no exigían el esfuerzo de numerosa peonada; donde eran pocos los esclavos y no estaban sujetos a los rigores del ingenio o del cafetal. La población española era la menos densa de toda la Isla, por lo que predominaba el elemento criollo. Un campesinado acostumbrado a realizar sus faenas sin la constante vigilancia del patrón, adquirió un acentuado sentido de independencia; su trabajo le convirtió en experto jinete, le hizo resistente a la intemperie, le capacitó para crear sus implementos de labor, sus medios de defensa y ataque, procurarse alimentación y medicamentos naturales. Cuando llegó la guerra integró la famosa caballería del Ejército Libertador que, con sus terribles cargas al machete, desconcertaba y destruía los cuadros españoles.

Desde los comienzos de la colonización, orientales y camagüeyanos opusieron resistencia al gobierno colonial. Unas veces, en abierta rebeldía contra gobernadores civiles y militares, otras sumando esos funcionarios a sus protestas, constituyeron para España una fuente de preocupaciones y desvelos. Contrabandeaban con franceses e ingleses de Saint Domingue y Jamaica, expulsaban a funcionarios y empleados que les molestaban, y llegaron, a exasperar a un Oidor, enviado por la Audiencia de la Española para someterlos, que dijo de ellos en su informe a la superioridad: «Son los más rebeldes vasallos que se conocen. Odian todo lo que proviene de Su Majestad y sus jueces».

IV: LA MUJER CUBANA EN EL MOVIMIENTO SEPARATISTA.
La mujer cubana fue un factor decisivo en la preparación y desarrollo de la revolución de mil ochocientos sesenta y ocho. Madre, novia, esposa, amiga, predicó con el ejemplo el evangelio libertador. Damas como Marta Abreu, Luz Vázquez, Rosa Castellanos, Concha Agramonte, Isabel Vega, Adriana del Castillo, Isabel y Caridad Agüero, Candelaria Acosta, Cirila López, Mariana Grajales, Isabel Rubio, y miles más, formaron la avanzada libertadora. Ellas alentaron la resistencia contra el gobierno opresor, avivaron en los hombres la fe en los destinos de la patria, exaltaron el amor a la independencia, el culto a la libertad, el odio a la esclavitud. Durante los diez años de guerra, legiones de mujeres ofrendaron sus riquezas al ideal libertario, se incorporaron al frente de batalla, recolectaron armas y municiones para los soldados libertadores, curaron a heridos y enfermos, dieron sepultura a sus muertos, recorrieron la ex-

tensa campiña a pie, se internaron en la espesura de los bosques, escalaron montañas, vadearon ríos, sin quejarse de cansancio, sin derramar lágrimas. La mejor academia militar de los cubanos fue su hogar, el arma más eficaz fue el instrumento de trabajo, las arengas más inspiradas fueron las prédicas de las mujeres.

V: LOS HOMBRES DEL SESENTA Y OCHO: Los hombres de aquella época fueron, entre otros, Carlos Manuel de Céspedes, Francisco Vicente Aguilera, Pedro Figueredo, Tomás Estrada Palma, Francisco Maceo Osorio, José Joaquín Palma, Salvador Cisnerso Betancourt, Ignacio Agramonte Loynaz, Ignacio Mora, Enrique Loret de Mola, Bernabé de Varona, Eduardo Machado, Manuel Jerónimo Gutiérrez, Arcadio García, Juan B. Spotorno, Aniceto Iznaga, Serafín Sánchez, Calixto García, Belisario y Julio Grave de Peralta, Manuel y Julio Sanguily, Bartolomé Masó, Manuel de Jesús Calvar, Jesús Rabí, Antonio y José Maceo, Donato Mármol, José Morales Lemus, Rafael María Mendive, Domingo Goicouría, Miguel Aldama, Antonio Bachiller y Morales, Cirilo Villaverde, Luis Victoriano Betancourt y tantos más, que demuestran la existencia de un grupo numeroso de cubanos preocupados por los problemas del país, que, a pesar de la difíciles comunicaciones, se mantenían en contacto de un extremo al otro de la Isla, unidos en la aspiración de cambiar las estructuras establecidas, arrastrados por presiones colectivas que, al cabo transformarían el panorama social, político y económico de Cuba. Esos hombres poseían prudencia y moderación a la altura de sus propósitos, clara visión de las circunstancias imperantes, cabal comprensión de las aspiraciones populares, y generosidad suficiente para sacrificar sus intereses, la vida inclusive, para la conquista de sus ideales. No fueron simples ilusos ni enamorados ingenuos de un principio inalcanzable, eran seres convencidos de sus propias capacidades, con influencia sobre sus contemporáneos, decididos a correr todos los riesgos por conseguir la libertad y la independencia de Cuba.

La revolución de 1868 fue producto del esfuerzo de la clase selecta. Pocos individuos de las capas modestas de la población cubana intervinieron en la conspiración. Fue una labor generosa realizada por los poseedores en favor de los desposeídos. Una pira en la que se consumieron los privilegios de los menos en provecho de quienes ni siquiera tenían libertad física.

A fines, de 1867 los opulentos hacendados Francisco Vicente Aguilera, Pedro Figueredo y Francisco Maceo Osorio, habían fundado el Directorio Revolucionario de Bayamo, al que atrajeron elementos independentistas de aquella jurisdicción, entre los que se hallaba el culto abogado Carlos Manuel de Céspedes y del Castillo, vigilado como desafecto a la metrópoli, al que, por su amistad con el General Prim, se le consideraba complicado en el movimiento sedicioso contra Isabel II. Pronto la conspiración bayamesa se extendió a Jigüaní, Manzanillo, Holguín, Tunas, Santiago de Cuba, Camagüey, Sancti Spíritus y Trinidad. Los conspiradores celebraron cuatro importantes reuniones antes de iniciar las hostilidades: la primera tuvo efecto en la finca «San Miguel de Rompe» territorio de Tunas, el tres de agosto de 1868, en ella fue designado Salvador Cisneros Betancourt comisionado para llevar la conspiración a la jurisdicción de la Habana. Le siguieron las de las fincas «Muñoz» y «Ranchón de Caletones», en las que se discutieron fechas para el levantamiento armado, y la última fue la del ingenio «Rosario», del patriota Don Joaquín Santiesteban, que se llevó a cabo el 7 de octubre de 1868, en la que se decidió declarar la independencia de Cuba, dejándose para una posterior oportunidad el comienzo de las hostilidades. En todas las reuniones se pudo advertir que la opinión de los conspiradores se dividía entre los que deseaban aplazar el movimiento hasta reunir buenos armamentos y haber penetrado más profundamente las capas populares, y los que abogaban por la acción inmediata, sin dilaciones, a fin de evitar que cualquier delación o sospecha pusiera en movimiento las fuerzas gubernamentales, haciendo fracasar la revolución en sus comienzos. Don Francisco Vicente Aguilera, apoyado por los camagüeyanos, era el jefe de los primeros; Carlos Manuel de Céspedes lo era de los segundos, secundado por los manzanilleros y algunos delegados de otras zonas.

VI: RAZONES DEL LIDERAZGO DE CÉSPEDES: El liderazgo de Carlos Manuel de Céspedes no fue producto de la casualidad ni de intrigas de camarillas. Desde su ingreso en el Directorio Revolucionario de Bayamo se impuso su brillante personalidad. Hombre culto, políglota, que había recorrido casi toda Europa y gran parte de la América, estaba al corriente de los acontecimientos políticos europeos, especialmente de los españoles, y conocía perfectamente los conflictos americanos. Era un orador elocuente y persuasivo, de clara y hermosa voz, de marcial entonación, que electrizaba al auditorio. Sabía que Isabel II había sido destronada por un pronunciamiento encabezado por el General Prim, y que en ese mismo mes de Septiembre, los puertorriqueños se habían sublevado al grito de «independencia o muerte» en el pueblo de Lares. No ignoraba que por presión de las autoridades españolas había sido confiscado un cargamento de armas en San Thomas, Islas Vírgenes, así como el barco «Telégrafo», en que iba el alijo, y que armas y buque habían sido adquiridas por el patriota puertorriqueño Betances a través del cubano Domingo Goicouría. Estas noticias eran más que suficientes para advertirle del peligro que corría el golpe que se preparaba, ya que los españoles estaban avisados y tomarían, como en efecto lo hicieron, medidas contra los cubanos sospechosos de infidencia. Un telegrama ordenando la detención de Céspedes y varios patriotas más, recibido por un telegrafista primo de éste, le determinaron a actuar sin esperas ni vacilaciones, y al amanecer del día diez de octubre de 1868, en su ingenio «La Demajagua», libertó a sus esclavos, incorporándolos, junto a sus dos jóvenes hijos, a la pequeña hueste libertadora.

Con treinta y siete hombres comenzó Céspedes una guerra que habría de durar diez años. Para dirigirla tenía algo más que el dinero, la cultura y el limpio linaje familiar. Ese algo fue su capacidad para interpretar los sentimientos de su pueblo; su maestría en auscultar el latido revolucionario; su habilidad para convertir sus posibilidades en realidades y las realidades en obra perdurable. Céspedes demostró que el ejército español no era invencible; dio un golpe de muerte a la infamante esclavitud; derribó las murallas que separaban a los cubanos, aboliendo las clases y los privilegios; enseñó a los cubanos que debían sacrificar sus bienes materiales a la defensa de los inapreciables dones del espíritu; les probó que la fe triunfa siempre, aunque el tiempo, el terror y la muerte se le opongan.

Los revolucionarios se reunieron en Guáimaro, en Asamblea Consituyente, organizando la República de Cuba en Armas, y eligieron a Carlos Manuel de Céspedes como su primer Presidente. Quisieron darle una organización civil a la naciente nacionalidad, con olvido de las peripecias y dificultades de la guerra. Surgieron discrepancias entre el Ejecutivo y el Legislativo, que culminaron con la deposición de Céspedes en 1873. A pesar de las limitaciones a que le sujetaban la Constitución y la Cámara de Representantes, durante su mandato condujo la revolución por senderos de éxito.

Cualquier manual de historia de Cuba suministra los datos de los diversos combates librados entre cubanos y españoles, en el período que va del 10 de octubre de 1868 al mismo mes de 1873, en que Céspedes fue depuesto. Pero de lo que se habla poco es de la página más brillante de la actuación de Céspedes que fue la conducción de la política exterior; la gran batalla, a nivel universal, por el reconocimiento de nuestra nacionalidad y el otorgamiento, de la beligerancia. Estuvo a punto de obtener la independencia de Cuba sin extrañas injerencias. Confió la representación en Estados Unidos a José Morales Lemus, eminente abogado habanero, que gozaba de merecido prestigio y tenía magnífica relaciones en el país donde se le acreditaba; Don Antonio Zambrana fue enviado a Chile, después a México, más tarde a París; Merchán era plenipotenciario cubano en la República de Colombia; Márquez Sterling, acreditado en el Perú hizo una encomiable labor; Ramón Emeterio Betances, el gran puertorriqueño, puso en Francia al servicio de los cubanos su capital, su talento, su actividad y sus relaciones. Numerosos cubanos, expatriados en España, recibieron la consigna de unirse a los elementos liberales españoles para abogar públicamente en favor de Cuba.

Los resultados de su hábil política exterior se hicieron sentir muy pronto. A pesar de los cambios de actitud operados en el Presidente Grant, influenciado por su Secretario de Estado Hamilton Fish, el Congreso y el pueblo americanos se produjeron en pro de la causa cubana. En la Cámara de Representantes y en el Senado americanos se presentaron numerosos proyectos de resoluciones pidiendo la intervención de la nación en el conflicto existente entre Cuba y España. El pueblo americano acogió con cariño fraternal a los emigrados revolucionarios, auxilió a la revolución con hombres y dinero. Uno de los Jefes del Ejército Libertador fue el norteamericano Thomas Jordan. Tampa, Key West y Ocala, fueron para aquella emigración lo que Miami es hoy para la actual. New Orleans fue punto de partida de numerosas expediciones.

En Hispanoamérica los asuntos cubanos marcharon exitosamente. El Presidente Balta, del Perú, reconoció la independencia de Cuba por resolución de 13 de agosto de 1869, y Lima, su capital, contribuyó con ochenta mil pesos a los fondos de la revolución. Santos Gutiérrez, Presidente de Colombia, sancionó la ley de 17 de Marzo de 1870, por la que reconoció la beligerancia a la República de Cuba. Igual medida adoptó el Congreso Constituyente de El Salvador, en 13 de Septiembre de 1871. Chile se pronunció en el mismo sentido. El periódico «La República», de Buenos Aires, proclamó la sagrada obligación de los pueblos de América de apoyar la causa cubana. El diputado colombiano Carlos Holguín presentó al Congreso de su país un proyecto de resolución invitando a los pueblos hispanoamericanos a unir sus esfuerzos en la obra libertadora de Cuba. La obra más relevante de nuestra naciente diplomacia fue realizada en territorio de España peninsular, donde cubanos expatriados y españoles liberales desataron una recia campaña a través de periódicos como «El Sufragio Universal», de Madrid «La Cuestión Cubana» y «La Libertad», de Sevilla y «La Soberanía Nacional», de Cádiz. Esa campaña hizo impacto en la opinión pública española. La oposición a nuestra causa surgió de la misma Cuba, del alto comercio habanero que, unido a cubanos asimilistas, se opusieron a toda medida en que se hicieran concesiones a los revolucionarios.

El General Juan Prim y Prats, Jefe del gobierno español, había sido gobernador de Puerto Rico, era hombre de ideas progresistas, liberal sincero, conocía nuestros problemas, comprendía lo ruinoso que sería una larga guerra en tierras lejanas, con bases de operaciones distantes; además encabezaba una revolución de tendencias republicanas, y no podía querer para los cubanos algo que rechazaba para los españoles. Impresionado por la fuerza y persistencia de la revolución cubana, de acuerdo con los Ministros Nicolás María Rivero y Segismundo Moret, ambos favorables a los cubanos, decidió nombrar dos comisionados para que se trasladaran a los Estados Unidos, se entrevistarán con José Manuel Mestre y José Antonio Echeverría, representantes de la insurrección, y formalizarán un acuerdo poniendo fin a la guerra, a base de la independencia de Cuba, indemnización por las obras realizadas en el país a costa del erario español, y otras condiciones de menor importancia. Uno de los comisionados, Don Nicolás Azcárate, cubano por nacimiento, fue rechazado por ser contrario a la independencia, pero el otro, Don Miguel Jorro, de tendencias liberales, favorable a una conciliación aún a base de la independencia, fue aceptado y se le extendió su credencial en papel de la Presidencia del Consejo de Ministros, firmada que contiene las siguientes expresiones: «Si la situación que hoy atraviesa la Isla de Cuba se prolongara largo tiempo, el resultado sería fatal para los grandes intereses españoles existentes en aquella Antilla. Preciso es que se adopte una resolución radical, siempre que la honra del país no sufra desdoro, y se logre armonizar los lazos que hoy unen a Cuba con España. Los gobiernos libres no pueden aceptar los errores del despotismo, y nosotros, que nos preciamos de haber combatido la tiranía, no queremos para Cuba lo que en España hemos anatemizado. Firmes en este propósito, confiados en su pericia y talento, y conociendo las íntimas relaciones que lo unen a la emigración cubana, le autorizamos para que se traslade a Washington y convenga con los representantes de la insurrección las bases para un arreglo definitivo, tomando por principio la independencia de Cuba».

Esa credencial concordaba con la declaración de independencia consignada en el manifiesto de Céspedes y ratificada por la Constituyente en Guáimaro. Sin embargo al filtrarse la noticia de un posible arreglo, las pasiones se agitaron en los dos bandos; los españoles intransigentes acusaban a Prim de haber vendido a Cuba a los Estados Unidos, mientras muchos emigrados cubanos acusaban a los representantes de la insurrección de haberse entregado a España. La política internacional cambió de rumbo con la derrota de los franceses en la guerra franco-prusiana, y la creación del Imperio Alemán. Pero lo que hizo fracasar la gestión conciliadora fue el atentado cometido el 27 de diciembre de 1870 en la calle del Turco en Madrid, que costó la vida al General Prim. El nuevo gobierno de España, con Amadeo de Saboya a la cabeza, dejó sin efecto la credencial otorgada a Jorro, poniendo fin a unas negociaciones que no habían comenzado. Jorro llegó tardíamente a New York, apoyándose en muletas, porque había sufrido un accidente, con serias fracturas; a pesar de los acontecimientos adversos, contrariando las ordenes del Gabinete español, celebró entrevista con los señores Mestre y Echevarría, llegando a firmar el acuerdo en que se otorgaba a Cuba la independencia el día 21 de abril de 1871. Fue un acto simbólico, que sólo sirvió para demostrar que en determinado momento España, por medio de Prim, concedía y los cubanos recibían, una libertad sin restricciones ni intervenciones extrañas y desagradables.

VII: UN MENSAJE DE FE Y DE ESPERANZA: La vida y la obra de los que hicieron posible la gesta gloriosa de 1868, constituye para nosotros un mensaje de fe y de esperanza. Ellos lograron crear conciencia de nación en una sociedad dividida en castas y privilegios. Supieron borrar tradicionales diferencias para lograr la necesaria unión. Libraron una cruenta guerra de diez años contra un ejército de doscientos mil hombres, bien pertrechado, provisto de modernos instrumentos de guerra. Cuando las circunstancias impusieron una suspensión de armas, dejaron prendida la llama de una nueva contienda que los haría libres. No es posible que aquella raza de gigantes haya pasado sin dejar sucesión. La sangre de esa generación no puede haber perdido su fuerza y su calor a través de las sucesivas. La comodidad y el bienestar de que nos vemos rodeados podrá ofrecernos satisfacciones materiales, pero nunca detener el impulso liberador, que fue motor eficiente en la actuación de nuestros abuelos. Imitémoles en la capacidad de subordinar los bienes de fortuna al inefable bien de ser libres. Que la confianza traicionada no paralice nuestra acción. Mantengamos la esperanza de que por nuestro esfuerzo lograremos rescatar a Cuba de su cautiverio. El mensaje de nuestros antepasados sobrevive al tiempo y a los conflictos humanos con letras de fuego alumbra nuestro futuro. ¡Haga Dios que no erremos el camino y que el siguiente 10 de Octubre podamos celebrarlo en la patria redimida!

Lecciones de la Historia

El próximo día 27 se cumplen ciento once años de un hecho luctuoso, que el paso del tiempo no ha podido borrar de la conciencia cubana. Un pequeño grupo de estudiantes de medicina, de la Universidad de La Habana, casi niños, esperaba la hora de entrada al salón de clases de anatomía, contiguo al viejo cementerio de Espada. La impaciencia invitaba al juego, a la broma. Uno de los muchachos propuso dar una vuelta por el camposanto, otro subió a una carroza fúnebre aparcada cerca, alguno tomó una flor de un rosal. Esos intrascendentes actos, abultados por la imaginación del celador de la necrópolis, pasaron a la mente calenturienta del Cuerpo de Voluntarios, organismo al servicio del integrismo inflexible, convertidos en la profanación del cadáver del periodista español Don Gonzalo Castañón, muerto por un cubano en duelo regular efectuado en Cayo Hueso.

Formalizada la acusación, se ordenó la detención de los estudiantes de medicina, la mayoría de los cuales ni siquiera se hallaban en La Habana el día en que ocurrieron los hechos reseñados en el párrafo precedente. Todos fueron encerrados en la cárcel, mientras el populacho, azuzado por la propaganda alevosa de agentes de la opresión, recorría las calles pidiendo a gritos la muerte de los acusados, con grave desprecio de la justicia y violación de los derechos humanos. La multitud sediciosa pedía sangre, agotándose los esfuerzos para calmarla. Constituyose un tribunal militar para que juzgase a los estudiantes, y, a pesar de haber condenado a unos cuantos a penas moderadas, fue presionado por las turbas vociferantes que lo obligaron a cambiar la resolución por otra en que se condenaba a prisión a la mayoría y a muerte a ocho estudiantes, que fueron fusilados inmediatamente. La honra de España quedó presente en la voz del defensor, capitán Federico Capdevila, que corrió el riesgo de ser linchado por la turba incontrolable.

En las provincias orientales: Santiago de Cuba, Camagüey y Las Villas, se libraba la guerra que estalló en 1868, con el objeto de convertir a Cuba en una nación libre e independiente, siguiendo el ejemplo de otras regiones del imperio español. Los incidentes de esa contienda abrieron una brecha insalvable entre peninsulares y criollos. El General Valmaseda, señalado por sus crueles medidas represivas, había conquistado el odio de los cubanos separatistas sin lograr la simpatía de los peninsulares, que cada día planteaban nuevas exigencias, exigían actuación más severa, llegando a solicitar se le relevara del mando. El fusilamiento de los estudiantes, inocentes del delito que se les imputaba, exasperó a los cubanos y llevó a las partes a una guerra sin cuartel, que se prolongó una década, arruinando la riqueza de la Isla y afirmando en la conciencia cubana el sentimiento de rebeldía que señalaba, como única salida lógica al espantoso conflicto, la independencia de Cuba.

Aquella vez al igual que ahora, los cubanos, como hojas desprendidas de un árbol batido por la tormenta, se dispersaron por el mundo en busca de ayuda para sacar adelante sus patrióticos objetivos, a la vez que poner a salvo la salud y la vida de sus familiares, y llevar al conocimiento de otros pueblos los crímenes que se cometían contra la inerme población que permanecía en el terruño. Las noveles naciones americanas, muchas de Europa, algunas de Asia, hasta la misma España, constituyeron refugio para los contingentes de cubanos escapados del tiránico régimen colonial. La historia se repite, sólo cambian el tiempo y los hombres, pero los hechos y los métodos son iguales.

Actualmente, en Cuba, se fusila sin formación de causa o lo que es peor, por el escarnio que envuelve, en virtud de injustificada sospecha en juicio simulado, ante los llamados tribunales populares. Los acusados, previamente condenados, son encerrados en inmundas mazmorras de añejas cárceles coloniales, sometidos a trabajos forzados, hacinados, hambreados, injuriados, golpeados. Bajo acusaciones renovadas y renovadas condenas, sufren prisión eterna, sin esperanza de recobrar la libertad algún día. Los que están libres viven en perenne vigilia, temerosos de que una acusación calumniosa los arroje en una espantosa prisión y haga a sus familiares víctimas del sadismo de los que mandan.

La infame sentencia dictada contra los estudiantes en 1871 se reproduce en Cuba diariamente. La tortura a que son sometidos los prisioneros les hace envidiar la suerte de aquellos ocho inocentes, porque la muerte les libró de sus verdugos, acortando sus padecimientos, ahorrándoles martirios, otorgándoles la paz eterna.

Bien haríamos conmemorando esa luctuosa fecha con un acto de contrición, por el pecado de permanecer desunidos frente a la violencia del enemigo que entregó nuestra patria a una potencia extraña a nosotros en idioma, cultura, religión, tradiciones y sistema de gobierno; que envilece a la juventud cubana enviándola a remotas áreas del mundo, a librar batallas ajenas, en tierras inhóspitas, de donde regresará, si es que regresa, inutilizada por heridas recibidas en combates o por enfermedades contraídas durante la permanencia en regiones insalubres y antihigiénicas. El recuerdo de nuestras gestas libertadoras debe servirnos para movilizar energías, allegar recursos, acallar discordias, olvidar diferencias, a fin de que podamos llevar a cabo la obra redentora que la patria demanda, que nos permitirá el regreso decoroso a sus playas.

Dos gloriosas acciones de la Guerra Grande

La caída de Ignacio Agramonte en Jimaguayú llenó de luto el alma cubana, pero acrecentó el coraje de los mambises, que concentraron sobre el enemigo atrevidos y certeros ataques, de los cuales se destacan dos, ocurridos en el mes de Septiembre de 1873, en las zonas de Holguín y Camagüey, que por la influencia que tuvieron en el curso posterior de la guerra merecen ser estudiados: «El copo del Chato» y la toma de Santa Cruz del Sur.

El combate de Santa María o Cañada Honda, más conocido por «el copo del Chato», se libró cerca de los montes de San Antonio, a orillas del río Santa María, territorio del Término Municipal de Puerto Padre, antes de Holguín, y se desarrolló en la forma siguiente: El General Calixto García, que al frente de una columna mambisa de cuatrocientos hombres había atacado el fuerte «El Martillo», distrajo al enemigo con habilidosas maniobras de avances y retiradas, haciendo creer al Coronel español Ángel Diéguez, conocido por «El Chato», que sus tropas eran escasas y poco aptas para la pelea, por lo cual éste emprendió la persecución de quienes estaban dirigidos por un criollo hábil y valiente, que confiaba a su destreza y arrojo lo que Diéguez a la temeridad. El español partió del poblado de San Andrés tras el enemigo, el 24 de Septiembre de 1873, y éste lo fue atrayendo hacia los montones de San Antonio, hasta el paso en que el camino estaba cortado por el río Santa María, entonces muy caudaloso, esperándolo emboscado en la alta manigua de la orilla izquierda; los insurgentes le permitieron vadear la corriente, y cuando lo tenían a tiro lo recibieron con una descarga cerrada, barriendo la primera fila, sembrando el pavor y el desorden en el resto de los quinientos hombres mandados por Diéguez, que no pudieron ordenar el combate, mientras los cubanos les rodeaban por todas partes, librándose una lucha cuerpo a cuerpo, desesperada, sin método, en que los guerreros de cada bando solo trataban de matar o morir. Cerca de trescientos hombres, más de la mitad de la columna enemiga, quedaron sobre el campo de batalla. El Coronel Diéguez fue hecho prisionero de los mambises con dieciséis oficiales más y setenta soldados. El botín conquistado por los cubanos fue considerable: Cuatrocientos rifles, treinta y seis mil tiros, el botiquín, las vituallas y toda la caballería. La derrota produjo enorme impresión a los gobernantes españoles, convenciéndoles de que los cubanos, una vez más, habían demostrado no sólo su capacidad de pelea, sino que estaban dispuestos a vencer o morir, y que la guerra continuaría por largo tiempo.

El Copo del Chato tuvo una secuela inmediata: El Coronel Esponda, para vengar la afrenta sufrida y liberar a los prisioneros, salió con mil hombres aguerridos tras las tropas vencedoras, que habían acampado en Cuatro Caminos de Chaparra, y aunque logró desalojarlos perdió veintidós hombres en el encuentro, sin hacerle bajas apreciables ni rescatar a los prisioneros; en cambio el General Calíxto Garcia se desplazaba con sus tropas en dirección a Holguín, tomaba las trincheras de Güiriabo, a una legua de la población, destruía los caseríos de Guaranabo, Auras, Los Güiros, Velazco, La Serrana, Jesús María, y arrasaba Guayarajales, en la carretera de Holguín a Gibara.

En Camagüey la situación empeoraba para España. El General Máximo Gómez, nombrado por Céspedes para ocupar la vacante de Agramonte, tomó posesión de las fuerzas que éste había guiado, el día 9 de Julio de 1873; las concentró y revistó en la hacienda «Las Guásimas de Machado», organizando una columna volante de trescientos caballos de los escuadrones primero, tercero y cuarto, con Julio Sanguily de segundo jefe, y otra de seiscientos infantes escogidos de los batallones de Camagüey y rifleros a caballo de Las Villas, al mando del coronel José González, colocando la caballería a las órdenes inmediatas del bravo Goyo Benítez. Lanzó una sobria proclama a los camagüeyanos, invitando, a los que no lo hubieran hecho, a unirse al Ejército Libertador para conquistar la independencia de Cuba y la libertad de su pueblo. Y el 27 de Septiembre, con la agilidad y pericia habituales en él, dispuso el ataque a Santa Cruz del Sur, plaza que tomó e incendió, apoderándose de cien mil tiros, el equipo del batallón Rayo y del polvorín. En esta acción se distinguió de manera brillante el discípulo del Mayor Agramonte, Teniente Coronel Henry Reeve, más conocido por «El Inglesito», que tanta gloria conquistaría con sus famosas cargas, hasta caer en combate contra fuerzas superiores, en la provincia de Las Villas, apenas cumplidos veinticinco años de edad.

El Copo del Chato y la toma e incendio de Santa Cruz del Sur, tuvieron una repercusión alentadora en el campo insurrecto, que a mediados de 1873 se hallaba carente de elementos bélicos para continuar la lucha, falto de los más indispensables medicamentos para atender a heridos y enfermos, tan escasos de alimentos que adquirió realidad la hermosa leyenda de «una guayaba para cuatro», que exaltaba la generosidad de Agramonte y demostraba la ausencia de víveres. Las armas, municiones, caballos y otros equipos, arrebatados al enemigo en fiera lucha, permitieron habilitar, aunque modestamente, a un ejército que solo podía nutrirse de los despojos del contrario, que se convirtió en su principal fuente de abastecimiento. Esos refuerzos permitieron a los cubanos en armas soportar la catástrofe del Virginius, cuyo apresamiento por los españoles, constituyó la pérdida de un valioso cargamento de armas, municiones y hombres, todos útiles combatientes, algunos, como Bembeta y O'Ryan, que habían probado en numerosos combates su amor a la causa cubana.

En la vertiente española, esas acciones espectaculares, en que los cubanos resultaron vencedores, determinaron el cese del Capitán General Pildaín, que descorazonado pidió su relevo, el cual fue hecho efectivo en el mes de Octubre. Su informe a las autoridades superiores, a pesar de la discreción y prudencia que predominan en él, constituye un monumento a la heroicidad del cubano, un justo elogio a sus dotes militares.

Las referidas acciones fueron salvadoras, porque revitalizaron nuestras huestes. Si la revolución declinó hasta disolverse en la penosa maniobra del Zanjón, donde las querellas infecundas fueron más destructoras que el cansancio y la muerte, más convincentes que la obra politiquera de Martínez Campos, ninguna culpa tuvieron los que siempre mantuvieron la guardia en alto, aún en los momentos de mayor peligro y desaliento. Más que a la penetración enemiga, la suspensión de hostilidades se debió a la falta de unión de quienes no supieron olvidar agravios, respetar jerarquías, acallar ambiciones, ahogar el feroz individualismo, despojarse de mezquinos prejuicios regionales, que hicieron peligrar los supremos intereses de la patria que los condujo a la pelea. ¡Ojalá el pasado, nutrido de aciertos y de errores, nos sirva de ejemplo, para que, aprovechando sus enseñanzas, podamos marchar con paso firme por el único sendero que puede conducirnos a la reconquista de las libertades perdidas!

El heroísmo de la mujer cubana

> «*Las cubanas son las que han hecho la insurrección de Cuba. Ellas, si no fueron las primeras en sentir los impulsos de la dignidad ultrajada, fueron las primeras en manifestarlos; y la opinión que forma la mujer es irresistible en el hombre*».
> (*Un Español cubano. «Vindicación»*)

Las cubanas se mostraron siempre dignas y altivas ante el opresor. A pesar de los prejuicios sociales y la severa educación familiar, nuestras paisanas sabían encontrar la pequeña abertura por donde escaparse: un peinado especial, el color del vestido, un adorno del traje, un detalle cualquiera, que podía pasar inadvertido para algunos, pero que a los iniciados revelaba una militancia, un arraigado propósito. Las terribles escenas del teatro «Villanueva», en La Habana, son una prueba de esta afirmación. Más que las frases intencionadas de los «caricatos», solivianto a los voluntarios la actitud agresiva de las damas, que concurrieron a la función vestidas con los colores nacionales.

En toda repulsa a un funcionario tiránico, prevaricador, venal, tanto en la era colonial como en la republicana, las mujeres llevaron la voz cantante. En el hogar la propaganda comenzaba a la hora del desayuno, crecía durante el almuerzo, llegaba a su más alta expresión en la comida, y ni siquiera cesaba a la hora de «la queda», porque muchas veces el sueño desembocaba en pesadilla, reproductora de supuestas peleas contra los malandrines y follones detentadores del poder. El hombre quedaba a merced de una vigorosa y continuada prédica subversiva, que iba permeando su conciencia, apoderándose de su pensamiento, levantando dentro de él una tempestad de antipatías, recelos, desconfianzas, que culminaban en repulsión y odio. Cuando llegó la guerra, todos, madres, padres, hijos, estaban perfectamente unidos en un firme propósito de liberación, que los conduciría, mediante penosos sacrificios, a obtener la independencia de la patria, y establecer en ella el imperio de la ley y la justicia. Este veinte de Mayo debemos honrar la memoria de las valerosas cubanas que en plena manigua, a campo raso, como auxiliar eficiente, o en las ciudades, frente al enemigo poderoso, realizaron la tarea de mantener viva la fe en los destinos de Cuba; curando heridos, animando a los decaídos, recolectando fondos, armas y municiones para la guerra. En esa noble empresa Camagüey constituyó una academia de mambicidad, y sus hijas se cuentan entre las primeras combatientes en favor de la libertad, con una intransigencia y abnegación que no hay pluma capaz de celebrarlas bastante. Las palabras del Marqués de Santa Lucía, contestando a Máximo Gómez sobre la posibilidad de extender la guerra hasta Camagüey en 1895, no fueron retórica huera ni simples alardes literarios: «A comienzos de este año sólo encuentro ardor bélico en el pecho de las mujeres camagüeyanas, Ellas y los jóvenes deberán marchar a la vanguardia del próximo movimiento».

El centro de la conspiración en Camagüey estaba situado en el hogar de la inteligente y bella Eva Adán, esposa del General Alejandro Rodríguez; una amplísima residencia situada en Santa Ana esquina a San Ramón, con entradas y salidas, visibles a ambas calles, y otras secretas, a través del extenso patio, hacia las de Mayor y San Ignacio, por casas vecinas. Con el pretexto de organizar las festividades de Nuestra Señora de la Candelaria, que culminan en los primeros días de Febrero, se reunía un grupo de bravas criollas, entre las que descollaban, por la decisión y energía, María Aguilar, guapa y elegante; Concha Agramonte, a quien los años, los numerosos hijos y las fatigas de la Guerra Grande no le habían apagado los bríos ni opacado la belleza; Gabriela de Varona, culta y distinguida, secretaria irreemplazable, taquígrafa experta, creadora de un método original, sólo interpretable por ella; Angela Malvina Silva, que se destacaba por su juventud, delicada belleza y un apasionado amor al hogar, que sabía colocar por debajo de los intereses de la patria; y Morbila Caballero, casi adolescente, que era llamada «la desposada de la libertad», porque juró no contraer matrimonio hasta que Cuba fuera libre. Entre rosquillas de catibía, tazas de chocolate, bromas y chascarrillos, se reproducían manifiestos y alocuciones patrióticas, se componían epigramas contra las autoridades, se hacían acopios de algodón, vendajes, balas, armas, se despachaba la correspondencia venida de Nueva York y Nassau, mediante hábiles maniobras de Abel y Porfirio Betancourt y Angel Vega Beltrán. Todo parecía marchar perfectamente, pero las conspiraciones tienen caminar de hormiga y pisadas de elefante. Un buen día, Morbila Caballero, a quien se le habían entregado varios paquetes de correspondencia, hubo de perder uno en la calle, y aunque lo encontró al cabo de unas horas, a la vuelta de su casa, alguien la vio recoger el paquetico, dio cuenta a las autoridades, se estableció una cuidadosa vigilancia y se observó que las devotas de la Virgen de la Candelaria solían cargar paquetes demasiado pesados, que debían contener algo más que novenas, escapularios, estampas y rosarios. Alertadas por ciertos movimientos sospechosos de la guardia civil, suspendieron las reuniones, y decidieron marcharse de Camagüey, unas a sus posesiones campestres, otras a distintas regiones como Nuevitas, La Habana o New York. Trataron de encargar del movimiento a otras personas, libres de sospecha. Algunas de las complicadas, como la señora Silva de Recio, que ya tenía seis hijos, su esposo fuera de la ciudad y su mamá muy anciana, necesitaba buscar una persona con energía y capacidad bastante para confiarle el cuidado de sus pequeños. Las inevitables demoras permitieron que las autoridades procedieran al arresto de las conspiradoras. Se las tomaron por sorpresa y las condujeron a la cárcel donde las recluyeron en el departamento de mujeres, donde se encontraban pobres descarriadas, quienes, a pesar de su procedencia, no se mostraron hostiles, mirándolas con simpatía y tratándolas con respeto. Como gacelas temerosas se agruparon en un rincón, buscando en la cercanía la defensa y protección que creían necesitar.

Sin someterlas a juicio fueron trasladadas por tren a Nuevitas y de allí, en el destartalado vapor «Manuela», conducidas a la Habana, adonde se les recluyó en la «Casa de Recogidas», albergue prisión de las mujeres de vida disipada. Apenas llevaban ropa de recambio, carecían de jabón y otros productos de aseo personal; pasaron días crueles rodeadas de espías, se les anunciaba la próxima partida para el presidio de Chafarinas. A estas torturas puso fin la entereza de Eva Adán, que, con sus chistes y ocurrencias, levantó el ánimo de sus compañeras. Como era ciudadana americana, reclamó la protección de su país, y el cónsul de los Estados Unidos en la Habana se personó en la prisión para reclamar un tratamiento humano para las presas políticas, empezando, lógicamente, por su conciudadana, a la que logró excarcelar. Eva insistió en extender la protección a sus compañeras de cautiverio, y, a gestiones del cónsul norteamericano, fueron puestas en libertad, pero limitada al perímetro de la Habana.

La menos beneficiada por estas gestiones fue Angela Malvina Silva, porque no podía sostenerse en la Habana, sin dinero, sin trabajo, ya que se le negaba éste por estar sujeta a una causa criminal por conspiración, el recuerdo de sus hijos entregados al cuidado de manos extrañas aumentaba su angustia.

Angela Malvina Silva vio salir hacia los Estados Unidos a casi todas sus compañeras, gracias a los generosos esfuerzos del funcionario consular de los Estados Unidos, pero ella no podía tomar ese camino. Carecía de medios económicos y tenía varios hijos que no podía llevar consigo. Decidió hacer gestiones para regresar a Camagüey. Con la ayuda de Don Emilio Cosculluela, que la acogió en su hogar durante nueve meses que permaneció en la Habana, celebró entrevista con el Obispo de la Habana, el cual intercedió con el Capitán General, permitiéndosele volver a la tierra nativa. Pero allí continuó la persecución contra ella. Su esposo, el General Lope Recio Loynaz, había ingresado en el Ejército Libertador; ardía la guerra en la región oriental, adonde habían desembarcado Flor Crombet, Máximo Gómez, Maceo, Martí y otros patriotas cubanos. La permanencia de Angela Malvina Silva en Camagüey era difícil. Las autoridades la vigilaban. Menudearon los avisos de que se le aprisionaría nuevamente. Se decidió a partir con sus numerosos hijos, para incorporarse a las huestes mambisas. Tras varios días de eludir la persecución de los contrarios, logró pasar al campo insurrecto, acercarse al campamento del esposo. También allí le esperaban nuevas calamidades, constantes cambios determinados por los acontecimientos guerreros, unas veces alojada en la vieja casona de «La Matilde de Simoni», otras en «La Caridad de Arteaga», «La Aurora»; «El Dagamal»; «El Brazo»; «Palma Hueca», haciendas que fueron testigos de su doloroso peregrinar, esquivando un peligro para caer en otro. En una de esas mudanzas le nació una hija más, una muñeca rubia, bellísima, que fue acunada por los disparos de los fusiles y el ruido de las cargas al machete, no en vano se le dio el sobrenombre de «La Mambisa» conque se le conoce aún en este exilio, donde alienta la esperanza del regreso.

De aquellas excelsas mujeres, que bordaron la proeza de nuestra independencia sobre una trama de fatigas y quimeras, sólo queda el recuerdo, y algún descendiente vagando en el destierro, sin horizonte definido. Restos de un pasado glorioso que algunos pretenden negar.

A casi un siglo de distancia resulta fácil criticar la gestión de nuestros antepasados, condenar sus actitudes, exigirles estrecha cuenta, con ojos del siglo veinte, de lo que ellos hicieron o dejaron de hacer en el siglo diez y nueve, frente a otros conflictos, otros enemigos, otras circunstancias. Es muy cómodo señalar errores en las batallas que otros libraron, trazar magníficos planes bélicos sobre la mesa de un café, en charla amena con amigos consecuentes, capaces de soportar nuestros desplantes. Lo difícil es desbrozar maniguales, talar bosques, abrir zanjas, construir trincheras, disputar la aguada al enemigo a golpe de machete, vigilarlo para sorprenderlo en descuido y derrotarlo, soportar lluvias torrenciales sin abrigo, recorrer cientos de kilómetros descalzo, con los pies comidos de niguas, las piernas llagadas por los abujes, el cuerpo lacerado por picadas de mosquitos, hormigas, jejenes, el organismo extenuado por la disentería y las fiebres palúdicas.

El veinte de mayo de mil novecientos dos, en que se inauguró la República, no fue, no pudo ser, una mascarada, sino la consagración de una epopeya sublime. Si la alegría no pareció grande se debió a que los libertadores fueron pocos, y desfilaron harapientos y enfermos ante una mayoría que hasta la víspera había formado en las filas enemigas o permanecido indiferente, cruzada de brazos, esperando unirse al vencedor. Los nombretes de «agachado», «camarón», «majá» y «ojalatero», fueron acuñados para calificar a esos falsos patriotas y distinguirlos de los llamados guerrilleros y voluntarios, que empuñaron las armas contra sus hermanos.

La patria se fue haciendo poco a poco, por el esfuerzo de sus mejores hijos y la aglutinación de elementos contrapuestos. «Se hizo camino al andar», como diría el poeta .... Y tendremos que hacerlo de nuevo, con los pies sangrantes por los riscos sin senderos, si queremos volver a la Cuba que dejamos y que no era la nación roída por la suma de todos los vicios y pecados, como nos la pintan sus detractores, ni el edén que sueñan los idealistas de cafetín, ni el antro de arbitrariedad, violencia y crimen, en que la han convertido sus actuales tiranos.

El nacimiento de la República Cubana

> *«Y por la presente declaro que la ocupación de Cuba por los Estados Unidos y el Gobierno Militar de la Isla han terminado».*
> *(Proclama del* **Presidente T. Roosevelt***. Mayo 20-1902)*

El antiguo palacio de los Capitanes Generales, situado frente a la Plaza de Armas, en La Habana, se hallaba engalanado y repleto de visitantes distinguidos, embajadores, altos oficiales del Ejército Libertador y del norteamericano, que asistían al nacimiento de una nación: Cuba, que desde ese día, 20 de mayo de 1902, adquiría personalidad jurídica y ocuparía un sitio relevante, por su historia de heroísmo y valor, entre los pueblos libres del mundo.

La población de la Isla vibraba de entusiasmo, porque el suceso era el premio merecido a su larga y fiera pelea para obtener la independencia. Se había cerrado el capítulo bélico, y la soberanía, aunque limitada por tratados ineludibles, había pasado al pueblo de Cuba, que iniciaba la marcha por, senderos de paz, para escribir nuevas páginas de su historia, en busca de nuevos éxitos.

A pesar de una ocupación militar de más de tres años y de un inteligente esfuerzo iniciado por el general norteamericano Brooke, las huellas de pasadas guerras eran aún visibles. Millares de campesinos, reconcentrados por el verdugo Weyler en las ciudades morían en las calles, diezmados por el hambre y las enfermedades; la disolución, que sigue a todo cambio violento de régimen, volcó sobre la población urbana sus detritos de mendigos, beodos y rameras, que se adueñaban de la vía pública, haciendo peligroso el tránsito a los vecinos pacíficos. Las fincas rústicas, asoladas por los combates y combatientes, se habían convertido en refugio de bandoleros; la mayoría de los ingenios había sido destruida y los que escaparon tal fuego no habían sido reparados; las vegas y cafetales se hallaban arruinados; las poblaciones, con sus casas de paredes desconchadas, puertas desvencijadas, ventanas desprendidas, techos destejados, parecían saqueadas por enemigos enfurecidos. Sólo un comercio languideciente, en manos españolas, daba señales de vida en medio de aquella espantosa desolación.

Así empezó su vida nuestra inolvidable república, apoyada en la fuerza moral y en la acometividad y energía de sus hijos, que a los quince años habían restaurado su riqueza, acrecentado su economía, desarrollado su industria azucarera, y creado un ambiente de bienestar y abundancia que fue bautizado como el período de «las vacas gordas». Para lograr ese milagro tuvieron que superar muchas dificultades internas, y externas, pero todos los obstáculos fueron barridos y predominó siempre entre nosotros un sentido de fraternidad y comprensión que hizo buena la frase de: «entre cubanos todo se arregla; entre cubanos no hay que andar con boberías», buen ungüento para calmar enconadas disputas.

La paz y la concordia fueron prédicas habituales en las escuelas. La exaltación de los valores cubanos reemplazó a los coloniales. La Virgen de la Caridad fue nuestra Covadonga o nuestra Macarena; Martí nuestro Pelayo y Maceo nuestro Santiago. Cuba fue el objeto de puras invocaciones. En las escuelas organizadas bajo la ocupación americana se dio preferencia a los temas patrióticos, poniendo énfasis en el amor a la paz, la igualdad y la fraternidad. El niño blanco y el negro, sentados uno junto al otro, recibieron la misma instrucción, ambos cantaron el himno bayamés al inicio y final de cada jornada, y la jura de la bandera se convirtió para ellos en rito sagrado. La paz y sus beneficios fue cantada en coro con textos edificantes, como el siguiente:

«Todo cuanto destruye la guerra
nueva vida recobra en la paz.

*Del saber se franquean las puertas,
y es más dulce y más grato el vivir».*

Las llamadas sociedades de instrucción y recreo, largo tiempo cerradas por órdenes de la autoridad colonial, abrieron sus puertas para celebrar el natalicio de la república con un baile de gala. Los antiguos socios pasaron grandes aprietos para concurrir al festejo, porque a ninguno le sobraba ropa y a todos le faltaba algo: quien tenía buen pantalón carecía de una camisa decente o una casaca adecuada. Hubo quien se hizo un par de zapatos utilizando el paño de sedán de una falda vieja de la abuela. La necesidad nos volvió discretos, sencillos, cordiales, mostrábamos con orgullo el ingenio conque suplíamos nuestras carencias. Procurábamos disimular el bienestar, si alguno teníamos, para no herir la escasez de la mayoría. Hasta la salud era disimulada ante los cuadros de paludismo, beriberi, viruela, que estaban aniquilando a la población.

Nuestros predecesores tuvieron más amor a los principios que a los bienes materiales. Sólo así se concibe que desafiaran durante un siglo el poder de España, quemaran sus propiedades, destruyeran sus riquezas, padecieran todo género de calamidades, por conquistar la libertad, aún para beneficio de aquéllos que nada hicieron por lograrla.

Es fácil ahora señalar errores a nuestros libertadores, enjuiciar sus acciones, y trazar pautas para hechos ocurridos en otros tiempos, frente a otras circunstancias; lo difícil es hacer, partir de frente al enemigo, pelear a mano limpia, «con la vergüenza», como quería Agramonte. El problema que hoy confrontamos no es superior al que confrontaron nuestros padres y abuelos, quizá hasta sea inferior y nosotros lo vemos con el aumento que le confieren nuestras dudas, vacilaciones o conveniencias.

Un nuevo veinte de Mayo nos saluda lejos de la patria que nos legaron nuestros mayores. Veinte veces hemos conmemorado en el exilio, ese acontecimiento que ilumina un largo período de nuestra existencia. ¡Quiera Dios que el próximo año podamos, en la apoteosis del regreso, celebrarlo en una Cuba liberada de la tiranía que la oprime!

Una fecha inolvidable

Anteayer se cumplió un aniversario más de la inauguración de la República de Cuba. Ochenta y un años atrás, en el estrecho y dilatado territorio de la Isla, los que pelearon bravamente en la manigua por la independencia y los que no empuñaron las armas pero sustentaban la misma idea, estallaron de júbilo, lloraron de alegría, agitaron el pendón de la esperanza y se dispusieron a reparar los daños causados por una cruenta guerra que duró casi un siglo. Cubanos y norteamericanos, hombro con hombro, tras el fragor de los últimos combates, aunaron sus esfuerzos para encauzar a la nación recién nacida por senderos de progreso y de paz.

Los cubanos, a pesar de toda propaganda en contrario, recibieron, durante su gesta libertadora, amplio respaldo del pueblo americano, que les brindó refugio, hogar, trabajo y estímulo para que sus ansias libertadoras se convirtieran en realidad. El Congreso de los Estados Unidos, fiel intérprete de la opinión pública, se alineó junto a nosotros, defendió nuestras aspiraciones y combatió las represiones y violencias de los gobernantes coloniales; en repetidas oportunidades intentó reconocer la beligerancia de los insurrectos, y muchos legisladores contribuyeron con armas y dinero a la causa cubana.

La prensa americana también estuvo a nuestro lado; sin su decidida y ardiente campaña la libertad de Cuba habría tardado más tiempo en lograrse. Mr. Hearst y Mr. Pulitzer rivalizaron en la vigorosa propaganda que puso en conocimiento del pueblo norteamericano la feroz represión española y los sufrimientos del pueblo cubano. El nombre de Mr. Horatio Rubens no puede omitirse cuando se trate de este problema, porque él fue uno de los primeros en manifestarse a nuestro favor y en colaborar en pro de nuestros intereses.

El Poder Ejecutivo actuó por largo tiempo de otra manera, tratando de evitar una confrontación con España y eludir las calamidades y horrores de una contienda bélica; intentó resolver la crisis comprando la Isla, pero tropezaba con el criterio español de mantener en su poder el «último florón», hermoso resto del que fuera poderoso imperio; lo impedía el vigoroso nacionalismo del cubano; lo obstaculizaban las ambiciones de Inglaterra y Alemania. Al cumplimiento de compromisos internacionales se debieron el apresamiento de expediciones armadas que se organizaron a fuerza de trabajos y penalidades, y la vigilancia y prisión de cubanos acusados de violar las leyes de neutralidad vigentes en este país.

El Congreso de los Estados Unidos, en resolución conjunta de Abril de 1898, al declarar que «el pueblo de Cuba era y de derecho debía ser libre e independiente», exigiendo de España el retiro de sus fuerzas terrestres y navales de las tierras y mares de la Isla, precipitó el fin de nuestras peleas por la independencia, y tras una corta guerra entre España y los Estados Unidos, vencedora esta última, se inauguró la República de Cuba y empezó para los cubanos una nueva era.

El primer esfuerzo de la naciente nacionalidad fue encaminado a frenar el expansionismo americano, representado por la llamada Enmienda Platt, nacida del interés de España en proteger a sus súbditos radicados en territorio cubano; inmediatamente se movilizaron los escasos medios económicos que sobrevivieron a la guerra, emprendiéndose labores de saneamiento para erradicar enfermedades contagiosas, creación de escuelas primarias que eliminaran el analfabetismo, y a consolidar la posición de Cuba en el concierto de los pueblos libres, empleándose las armas del talento, la cultura y la honestidad administrativa.

Rápidamente la nación cubana entró en un período de crecimiento, colocándose entre las más adelantadas de América. Esto se logró por el generoso esfuerzo no sólo del cubano, sino de los extranjeros avecinados en el país, quienes también contribuyeron al engrandecimiento de su patria de adopción. Pero las luchas por el poder, la intransigencia política y el rencor, abrieron una ancha grieta en la población cubana, y sólo nos dimos cuenta del riesgo que corríamos cuando un sistema totalitario, de factura extranjera, el más cruel y despiadado que se conoce, se había apoderado de la Isla, expulsando a los elementos de capacidad creadora: técnicos, profesionales, trabajadores calificados, excelentes obreros, quienes marcharon al exilio para iniciar una nueva batalla por la independencia.

Estados Unidos se ha convertido otra vez en el refugio de los emigrados políticos cubanos. Un gran ejército de hombres y mujeres activos, inteligentes, emprendedores, han sentado sus reales en este país, no sólo para escapar de la tiranía, sino para organizar el regreso a su patria, que dista noventa millas solamente. De nuevo se encuentran de frente en tierra americana dos pueblos de cultura, religión y costumbres diferentes, tratando de hacer posible la vida en común. En el esfuerzo por comprendernos hay dos actitudes que no deben escapar al observador sereno: La generosa acogida que los americanos nos han dispensado, y nuestra incapacidad para convencerlos de que nuestro problema los envuelve a ellos también. Nosotros somos azotados por un viento huracanado, que como hojas arrancadas de un frondoso árbol nos ha dispersado por el mundo; pero la nación americana es tronco robusto que, batido por la misma tormenta, puede ser derribado. El conflicto no es sólo de quienes vivimos en extrañamiento forzoso, sino de todos los pueblos que aspiran a vivir dignamente en libertad y justicia. La pelea está planteada entre los que desde Cuba lanzan sus entrenadas milicias al sojuzgamiento de otros pueblos y los que no desean amos que los señoreen y opriman. Esa es la verdad en este debatido asunto, y a ella no deben permanecer indiferentes los que aquí gobiernan.

Los exiliados cubanos comprendemos que la liberación de Cuba nos corresponde a nosotros; pero en la débil barca, en que ahora estamos navegando por un mar cargado de escollos y traidores bajos, no vamos solos. Toda la América, incluyendo en primer término a los Estados Unidos, sufre los embates de la misma tormenta, boga contra iguales vientos y es amenazada por las mismas olas. Si no se toman las medidas que la más elemental prudencia aconseja, todos pereceremos arrastrados por el mismo huracán.

Este veinte de Mayo debe servirnos para iniciar el replanteo de la táctica a emplear en adelante: no crear nuevos organismos, no multiplicar asociaciones inoperantes; sino presentar un frente único ante el enemigo, para darle la batalla definitiva. Este es el camino a recorrer si no queremos renunciar a nuestro origen, a nuestra historia y a nuestro insoslayable deber.

El único camino

> «*La lucha puede continuar durante años y Cuba puede seguir combatiendo sola contra enemigos muy superiores, pero mientras haya un Dios que nos dé valor, nos aferraremos a la bandera del derecho y la libertad, y no descansaremos hasta que esté conseguida la victoria*».
>
> ***Salvador Cisneros Betancourt***
> *(Carta al Presidente McKinley Abril 1897)*

En un viaje al pasado, escudriñando libros y papeles viejos, para hallar una explicación lógica a nuestros males presentes, hemos encontrado la copia del mensaje de felicitación que el venerable Marqués de Santa Lucía, o mejor dicho: el ciudadano Salvador Cisneros, en su carácter de Presidente de la República de Cuba en Armas, envió al Honorable William McKinley, con motivo de la toma de posesión de la presidencia de los Estados Unidos, cargo para el cual había sido electo por sus conciudadanos en recientes comicios. De ese valioso documento entresacamos el párrafo que sirve de introducción a este artículo, porque prueba hasta donde es cierta la expresión de que «la historia se repite», que esta situación es idéntica a la que confrontaron los hombres del 68 y del 95, y que únicamente la robusta fe de nuestros mayores en los nobles principios que defendía, la enérgica decisión y firmeza de que dieron ejemplo, les permitieron triunfar en la contienda empeñada contra España, y conquistar la soñada independencia y la anhelada libertad.

Este veinte de Mayo, uno más en el prolongado exilio que sufrimos, nos encuentra al comienzo de una nueva jornada por la conquista de nuestros derechos y la recuperación de nuestra patria oprimida. Nada de lo hecho hasta ahora ha tenido coherencia, unidad, fuerza suficiente para llevar a Cuba la guerra indispensable para lograr su liberación de las garras comunistas. Las operaciones realizadas, aún las mejor preparadas, han fracasado, y no vale la pena, frente al implacable enemigo, perder el tiempo buscando responsabilidades que fraccionarían más nuestras agrupaciones. Lo que precisa ahora es crear nuevas fórmulas, trazar nuevos planes, sacar a nuestro exilio de la inacción y el desencanto.

Los nuevos acontecimientos que se han producido y los que muy pronto se producirán, deben llamarnos a juicio. Los organismos inoperantes, que se disputan preeminencias irrisorias, logros insustanciales, prevalencias mezquinas, que se hostilizan hasta llegar a la agresión de palabra y de obra, deben ceder el paso a una unión fecunda, de largo alcance, de acuerdo con las circunstancias adversas que nos deprimen.

Hemos perdido un tiempo precioso escribiendo en español, para contarnos lo que todos sabemos, ya que por algo estamos desterrados, en lugar de conquistarnos el apoyo del pueblo americano, descubriéndoles en su idioma y en la forma que mejor cale en su conciencia las infamias que se cometen contra nuestro pueblo indefenso, contra nuestros presos, contra los más sagrados derechos humanos. Hemos desdeñado la conquista de la opinión pública americana para dedicarnos al halago y el servicio de caciques políticos que sirven solamente a sus intereses personales. Algunas veces, equivocando la ruta, cuando, nos sentimos defraudados en nuestra ingenuidad adoptamos posturas antiamericanas, con olvido de que hay tres opciones: Con Washington, con Moscú o con la Cuba del exilio, y que esta última es la que nos dejará mejores resultados si la empleamos cabalmente.

El patriotismo aparatoso del ditirambo, del piropo meloso a la tierra esclava, como si se tratara de una amante ocasional, puede complacer a los que carecen del sentido de la responsabilidad, de la noción del deber. Los que verdaderamente aman a su patria le hablan el lenguaje de la sinceridad; los que aman a sus paisanos no vacilan en señalarles sus errores para que los rectifiquen, y cuando el momento es de peligro no halagan sus vanidades sino les exigen el cumplimiento de sus deberes. Así, al menos, lo entendió Martí, el hombre que forjó la guerra de 1895, cuando dijo: «No es patriota quien entona loas a la patria, sino quien la sirve lealmente. Ni es útil quien adula a su pueblo, sino quien le dice la verdad a tiempo».

La generación madura que vino al destierro va pasando aceleradamente, camino de la tumba. Corresponde a la nueva, a la que llegó en plena juventud o aquí ha nacido, la tarea de crear el organismo eficiente para desatar la guerra definitiva; la de darle contenido a ese proceso a la altura de los tiempos que se viven; de no fiar a la mano extraña una tarea que es netamente cubana; de sentirse apta para hacer efectivas las medidas que les alcancen el éxito apetecido; de no desalentarse por desviaciones de amigos o aliados ocasionales, ni por las traiciones de quienes debieron serles fieles; de pelear dura, empeñosa, tenazmente por la libertad de Cuba, hasta alcanzarla o hasta que la muerte le releve del compromiso.

Nadie debe sentirse avergonzado por los fracasos sufridos, porque ninguno es dueño del acierto ni señor de la verdad. Todos erramos, y, hasta Cristo, en la cruz, en su terrible agonía, sintiéndose flaquear, hizo patentes sus dudas en amarga pregunta: «Señor, Señor, por qué me has abandonado?». Lo importante no es todo lo mal andado, sino lo mucho que nos queda por andar. Lo que vale es la capacidad de rectificación, de cambiar el rumbo, de modificar la estrategia. El triunfo será de los que perduren en el empeño, de los que mantengan su fe en los principios, de los que no confíen en que otros nos liberarán de la carga que sobre nosotros pesa.

La nueva generación que hoy arriba al esfuerzo serio resulta altamente prometedora. Ella ha sabido vencer todas las tentaciones y se ha destacado brillantemente en los campos de la cultura, del trabajo, de la industria, las finanzas y el comercio. De esto sí podemos estar orgullosos los que le dimos vida. Nuestros hijos y nietos van clavando jalones de luz en el futuro de nuestro pueblo. ¡Benditos sean! Si la reconquista de la libertad perdida necesita un milagro, ellos, con la ayuda de Dios, sabrán producirlo.

Vivimos en la era espacial, utilizando velocidades jamás soñadas. Todo cambia rápidamente. Lo que hoy nos parece natural mañana nos resultará absurdo o torpe. Lo que ayer nos era recomendado como fórmula de salud hoy se rechaza como altamente nocivo para ella. Pero sobre ese constante hacer y deshacer teoría y fórmulas, predomina la verdad única, suprema, indivisible, invariable, que reconoce al hombre cuando cargado de fe logra barrer todos los obstáculos, elevarse a inconmensurables alturas, descender a insondables abismos, y lograr sus objetivos morales. ¡Qué esta fe cristiana, en actitud militante, esté tan presente en el alma de nuestras juventudes, como la estuvo en nuestros antecesores, que nos dieron el ejemplo de cómo se lucha y se muere por hacer a un pueblo independiente y libre!

Expurgos históricos

«La Enmienda Platt. Causas y consecuencias»

No resultó fácil, para los cubanos, lograr la plena independencia de su patria, como no lo fue mantener la libertad conquistada a costa del sufrimiento y la vida de muchas generaciones. Esa es una lección objetiva que no debemos olvidar cuando tratemos de explicarnos, y explicar a los demás, la causa de nuestros conflictos y perturbaciones.

Martí, que era un genio del bien, hizo el milagro de aglutinar una emigración dispersa, movediza, inquieta y díscola. Con su prédica ejemplarizante aunó voluntades, borró diferencias, disipó rencores, y organizó la guerra de 1895, convencido de que la muerte era preferible a la esclavitud, y que la libertad no se lograría sin el concurso y el sacrificio de todos. Su temprana muerte nos privó de sus valiosos consejos, clara visión, generoso patriotismo, inigualado desprendimiento y firme apostolado.

Desde el inicio de la última rebelión, los patriotas libraron una batalla diplomática por el reconocimiento de la beligerancia, que le permitiría adquirir medios económicos y bélicos para la lucha emprendida, a cubierto de confiscaciones, enconadas persecuciones y pérdidas irreparables. La más fuerte presión se concentraba en los Estados Unidos, por razones obvias: era la nación más poderosa de América, de gran desarrollo mercantil e industrial, de saneada economía, situada a corta distancia de las costas de Cuba. En este aspecto tuvimos menos suerte que los revolucionarios de 1868. Los países latinoamericanos, con excepción del Ecuador que se colocó a nuestro lado, simpatizaban con la revolución, pero no querían incurrir en el enojo de la vieja metrópoli. De ahí la célebre frase del dictador dominicano Ulises Hereaux, conocido por Lilis, al prestar ayuda a los conspiradores: «Cuba es mi amante, pero España es mi esposa. Cuide la amante de que no se entere la esposa».

El pueblo norteamericano estuvo decididamente de nuestra parte, no así su gobierno, a pesar de que en las altas esferas de éste siempre hubo algunos funcionarios favorables a nuestra causa. En los círculos oficiales prevalecía la prudencia, el cálculo, que pretendía suplantar el dominio español por el americano; a veces se manifestaba en gestiones de compra, en ocasiones, en forma encubierta, intentaba la anexión. Ocupar tierras ajenas era la moda del momento, el expansionismo Imperialista estaba en su apogeo.

Inglaterra y Francia extendían su poder sobre Asia, África y Oceanía, utilizando la fuerza de sus cañones, y hasta la pequeña Bélgica, la Italia y la Alemania, recién lograda la unidad nacional, tomaron parte en la distribución. Cuando terminó la guerra hispano-americana con la derrota de España, las grandes potencias se asombraron ante la noticia de que los Estados Unidos no se quedaban con Cuba.

Nuestro país no figuró como beligerante en la contienda librada entre España y Estados Unidos. A pesar de su lucha de casi un siglo por librarse del yugo español, no obstante la eficaz colaboración de nuestros aguerridos mambises, carecíamos de personalidad reconocida para sentarnos a discutir el tratado de paz. En las conversaciones de los mayores no intervienen los niños. Para la defensa de nuestros intereses no existía un Estado cubano, reconocido como tal. El derecho internacional no contemplaba la posible intervención de quien no estaba reconocido como beligerante. La Resolución Conjunta del Congreso norteamericano, que nos había declarado «libres e independientes», nos colocaba en la situación de menores sujetos a tutela, simples usufructuarios de una merced otorgada. España continuaría presente en nuestros destinos, a pesar de nuestra centuria de pelea.

El día primero de octubre de 1898, el Quai d'Orsay recibía en uno de sus salones las delegaciones que discutirían el tratado de paz, que pondría fin a la contienda hispano-americana. Su Majestad, la Reina Regente de España, en nombre de su Augusto hijo D. Alfonso XIII, se hizo representar por el presidente del Senado Don Eugenio Montero Ríos; Don Buenaventura de Abarzuza, senador del Reino, ex ministro de la Corona; Don José de Garnica, diputado a Cortes, magistrado del Tribunal Supremo; Don Wenceslao Ramírez de Villaurrutia, enviado extraordinario y ministro plenipotenciario en Bruselas y el General de División, Don Rafael Cerezo. Estados Unidos envió como sus representantes a los señores William R. Day, Cushman K. Davis, William P. Frye, George Gray y Whitelaw Reid, ciudadanos de su país. A la pomposa representación española, cargada de títulos y condecoraciones, símbolo de un poder en liquidación, los americanos opusieron la sencillez y el sentido democrático de sus libres instituciones.

Al inaugurarse las sesiones, que culminaron en el llamado «Tratado de París», parecía que no existían problemas insalvables; Cuba, manzana de la discordia, quedaba libre por renuncia de España a su soberanía, según constaba de la primera cláusula del armisticio, firmado en Washington el 12 de agosto de 1898, concordante con la declaración inicial de la Resolución conjunta. El resto de las cuestiones a tratar se refería a otras áreas afectadas por la guerra, situadas fuera del continente americano.

En las discusiones del tratado de paz, la delegación española no podía ocultar su resentimiento contra los cubanos. Montero Ríos, célebre jurista y buen diplomático, después de hacer una cálida defensa de Puerto Rico, a la que llamó «hija amantísima y fidelísima de España», mostrando el interés que ellos tenían de mantenerla bajo el dominio español; demandó que, al retirarse de Cuba el ejército español, fuera ocupada por fuerzas americanas, y que los Estados Unidos, durante la ocupación, tomarían sobre sí y cumplirían las obligaciones que, por el hecho de ocuparla, les imponía el Derecho Internacional, para la protección de vidas y haciendas de los españoles residentes en la Isla. No conforme con esto, quiso hacer pesar sobre Cuba «las cargas y obligaciones de todas clases que la Corona española hubiese contraído para el servicio de la Isla». Esto último constituía una arbitrariedad y un gravamen intolerable. Los americanos rechazaron esta absurda pretensión, alegando que no podían decidir que competía al gobierno de Cuba, no constituido aún, al que no podían obligar sin su consentimiento. No podían pagarse deudas contraídas, en su mayor parte, para sofocar la rebelión cubana. La obstinación española congeló las discusiones, que al cabo se reanudaron ante la firme actitud americana. Fue el plenipotenciario Mr. Day quien puso término al estancamiento con esta pregunta «¿se negará la delegación española a discutir cualesquiera artículos que no contengan algo explícito respecto a que Estados Unidos o Cuba, o ambos, asuman la deuda?». Era un ultimátum. Así lo entendió la delegación española que, siguiendo instrucciones de Madrid, dio de lado a su petición. Todo era una maniobra que iba encaminada a «salvar la cara de la nación vencida», y, al mismo tiempo, obtener ventajas a costa de limitar la acción de la futura República. Por el artículo séptimo se hizo formal renuncia, por ambas partes, «a toda reclamación de indemnización nacional o privada de cualquier género de un gobierno al otro, de sus súbditos o ciudadanos contra el otro gobierno, que hubiera surgido desde el comienzo de la última insurrección en Cuba y fuera anterior al canje de ratificaciones del tratado de paz, así como a toda indemnización en concepto de gastos ocasionados por la guerra».

Después de asegurar la integridad de vidas y haciendas y libertad religiosa de los españoles radicados en Cuba, los delegados de España lograron la aprobación del artículo XVI del tratado, que literalmente dice: «Queda entendido que cualquier obligación aceptada en este Tratado por los Estados Unidos con respecto a Cuba está limitada al tiempo que dure su ocupación en esa Isla, pero al terminar dicha ocupación, Aconsejarán al Gobierno que se Establezca en la Isla que Acepte las Mismas Obligaciones». Ese es el origen de la controvertible Enmienda Platt.

Anecdotario político

La Constitución cubana de 1940, al igual que la de 1901, estableció en el artículo 127 la inviolabilidad de los Senadores y Representantes por las opiniones y votos que emitieran en el ejercicio de sus cargos, y que sólo podían ser detenidos o procesados con autorización del cuerpo a que pertenecieran; en párrafos continuados señala el tratamiento que debe dársele al suplicatorio del Juez o Tribunal que conociera del caso, rechazándolo o accediendo. Ese precepto de excepción trata de impedir la invasión de otros organismos del Estado en las funciones legislativas. Rara vez el Senado o la Cámara accedieron a los suplicatorios que les fueron sometidos, dando lugar a comentarios adversos, porque el pueblo interpretó esa disposición como un privilegio contrario al espíritu y la letra del artículo 20 de la misma Constitución, que establecía la igualdad ante la ley rechazando todo fuero o privilegio personal. De ahí surgió el mote de «inmunes» aplicable a los legisladores, porque gozaban de inmunidad parlamentaria.

En la historia del Poder Legislativo de Cuba republicana hay un caso, por demás notable, que recogemos en este anecdotario: el de Don Mariano Corona Ferrer, elegido representante por su provincia de Oriente en 1901, 1905 y 1910, que se vio lamentablemente envuelto en un incidente que produjo la muerte de su antagonista. El Juez de Instrucción de Santiago de Cuba se dirigió a la Cámara en atento suplicatorio, para que se le permitiera seguir procedimiento contra el representante Corona, el cual rogó a ese cuerpo que accediera a lo pedido, y como sus compañeros persistieran en la oposición, ofreció su renuncia al cargo para someterse voluntariamente a la jurisdicción ordinaria, en cumplimiento de la ley y respeto a los tribunales de justicia.

Aunque el hecho imputado al legislador era cierto, él había obrado en legítima defensa, porque había sido agredido injustamente, sin provocación previa, y el medio empleado para repeler la agresión era racional. Por otra parte sus convicciones, como ciudadano y legislador, le impedían substraerse a la acción de los tribunales.

Mariano Corona fue un autodidacto; no cursó estudios superiores ni obtuvo títulos universitarios. Sus academias fueron la vida misma, los campos de batalla, donde peleara bravamente a las órdenes del lugarteniente general Antonio Maceo, y la redacción del periódico «El Triunfo», junto al distinguido escritor Don Eduardo Yero Baduén. En la manigua había sido director de lo que el notable periodista Enrique Cazade llamó «Hoja Mambisa», cuyo verdadero nombre era «El Cubano Libre», que siguió publicándose en la paz, siempre bajo su dirección, hasta su deceso en abril de 1912. Lo que no pudieron hacer las balas enemigas ni las inclemencias del tiempo, lo hizo una simple apendicitis que se lo llevó de este mundo apenas cumplidos 41 años.

En la causa a que fue sometido por el incidente de que hablamos anteriormente llevó su defensa el sabio jurisconsulto Don Antonio Sánchez de Bustamante y Sirvén, quien pronunció uno de los discursos forenses más brillantes de su vida profesional, recogido en una compilación que formaba parte de la primera biblioteca que nos saquearon, y que el autor nos dedicara generosamente. Habíamos sido su discípulo cuando explicaba Derecho Internacional en la Universidad de La Habana, donde aprendimos a admirarlo y quererlo.

Don Mariano, Corona pertenecía a una larga familia de patriotas, sirvió a su país en la paz con la misma devoción que lo hiciera en la guerra, exponiendo su vida, el sosiego y bienestar de su hogar, sin dudas ni vacilaciones. Orador de envidiable elocuencia, dejó un bello testimonio de su gran capacidad en el diario de sesiones de la Cámara de Representantes. El 7 de diciembre de cada año fue escogido para conmemorar el fallecimiento de los grandes de la patria, y se designaba a un legislador que haría el panegírico del gran Antonio Maceo. En los inicios de esa patriótica rememoración fue seleccionado por unanimidad Don Mariano Corona Ferrer para hacer el elogio del inolvidable caudillo. Nadie con mejor derecho para cumplir ese cometido; porque había sido su ayudante de campo, corresponsal en campaña, amigo íntimo y a veces confidente, y, como remate a tan magníficos títulos, poseía la profundidad del talento, la elegancia y dominio del lenguaje, el ferviente amor a la patria y a sus fundadores, el inviolable vínculo de la amistad y la admiración que le ataron al guerrero incomparable.

Mucho debe la prensa cubana al patricio Mariano Corona, porque en los vacilantes pasos de la recién nacida república fue un acertado orientador de la opinión pública, un celoso defensor de las buenas tradiciones, un abnegado pregonero de las virtudes de quienes todo lo ofrendaron por hacernos libres, un correcto caballero que jamás convirtió la tribuna en vehículo de escándalo, ni manchó su palabra con el denuesto, la calumnia y la mentira.

El cementerio de Santa Ifigenia, en Santiago de Cuba, guarda los restos de Don Mariano Corona Ferrer, cerca del relicario en que descansan los del Apóstol Martí. Para ellos parece escrito el epitafio que los antiguos griegos grabaron en la tumba de los que cayeron en la batalla de Las Termópilas: «Pasajero, di a la patria que hemos muerto por obedecer sus leyes».

Un mensaje de Navidad

«No ha habido un solo hombre sobre la tierra que no haya hablado el lenguaje del sufrimiento. Así, ¡Oh mi Dios!, Yo me someteré y, por grandes que sean mis dolores, me inclinaré pacientemente ante ellos, porque he aprendido que la vida, tal cual es, es un bien».
Máximo Gómez Báez. *(La Oración de cada día)*

Cada fin de año renovamos los votos de amistad y afecto a nuestros semejantes. A través de una postal, carta, llamada telefónica, un objeto, ratificamos nuestros sentimientos. Algunos lo hacen por cumplir una rutina social, los más por una tradición espiritual que arranca de los orígenes de nuestra religión: «Gloria a Dios en las alturas, y en la tierra paz a los hombres de buena voluntad». De niños aguardamos anhelosos la llegada de estos días, cuando nuestros hogares, por humildes que fueran, se llenaban de risas y exclamaciones acogedoras, parientes intercambiaban abrazos y besos, mientras la turba de pequeñuelos revolvía la casa tras los ansiados aguinaldos, ya los trajeran Melchor, Gaspar y Baltasar o el Santa Claus de los norteños, Recuerdos deliciosos de un ayer lejano que aún en la vejez procuramos revivir.

El tiempo va echando sobre nosotros una carga de dolores y sufrimientos que compensamos acudiendo a la creencia de que el pasado fue mejor que el presente, como si la amargura fuera de reciente data y no de siempre. Pero al cabo, todos sabemos que el mal con sus inseparables resultados, es un ingrediente que añade sabor al cotidiano vivir, sirve de punto de referencia para distinguir el bien, amansa rebeldías, limita nuestra soberbia, nos hace más humanos, comprensivos y proclives al perdón.

Enviemos nuestro mensaje de concordia y unión no sólo a quienes han sido y son objeto de nuestro amor, sino a todas las criaturas, siguiendo la norma de Cristo que, sin establecer diferencias, dijo: «Mi paz os doy, mi paz os dejo». Los que no nos han querido, los que impiadosamente han clavado en nuestras entrañas el venenoso aguijón de la envidia, del odio, de la infamia, también son acreedores a nuestra generosidad; porque no seríamos fieles a las prédicas cristianas si solamente prodigáramos el bien a los que nos han sido leales, nos han favorecido y nos han prodigado cuidados y atenciones. Devolver bien por bien es reciprocidad, gratitud debida, pero no constituye mérito alguno. Los réprobos, los malvados, también tienen derecho a nuestra benevolencia y generosidad, y si se arrepienten tendrán abierto el reino de los cielos.

Los que viven rodeados de bienestar y holgura, transeúntes perpetuos de fáciles senderos, no han menester de nuestro mensaje navideño. Los bienaventurados de la tierra tienen suficiente con el lote que les ha tocado; si por ambición desmedida o torpe vanidad aspiran a más, ¡que se haga en ellos la voluntad del Señor! Sea nuestro mensaje para que los que sufren, para los enfermos del cuerpo o del alma, para los que padecen en los hospitales y sufren en las prisiones, ya por culpa propia, error ajeno, incomprensión de sus semejantes. A los que penan día tras día en cárceles y centros de represión deben ir nuestros mejores pensamientos; porque no gozarán la compañía de sus deudos más queridos; porque sólo tendrán como obsequio desprender del calendario de la esperanza una hojita más, alentando la idea de que sería la última en el lugar de su confinamiento. Ojalá que de sus corazones brote suficiente luz que disipe la lobreguez del encierro en que vegetan; que la serenidad impere en sus espíritus, y perdonen a quienes les olvidaron, execraron o maldijeron; que jamás renieguen del supremo bien que el Gran Hacedor les otorgó al darles vida, y que acepten ésta, con todas sus asperezas, como un don magnífico, que les permitirá llevar la cruz hasta el calvario, sin desfallecimientos ni cobardías. Los cubanos vivimos esparcidos por el mundo en peregrinación doliente, pero nuestra tarea es más llevadera que la de aquellos hacinados en las prisiones que el despótico régimen de Cuba reserva para sus enemigos políticos. Lógico es que en estos días nuestros pensamientos, en alas del éter, pasen los mares, horaden murallas, descorran cerrojos, limen férreos barrotes, lleguen hasta nuestros hermanos presos y les digan: «Hermano, estamos junto a ti, mientras otros celebran espléndidos banquetes, para darte con palabras limpias de vilezas, la promesa de que pronto, con nuestra carne y nuestra sangre, celebraremos reunidos, con la bendición de Dios, la patriótica eucaristía».

Mencionar cada uno de los que guardan prisión en la Isla irredenta es casi imposible. Pero hay uno entre ellos unido a nosotros por firmes vínculos de amistad y atamientos de la hermandad que todo trabajo en común establece. Un cubano que lleva quince años deambulando por las prisiones de que está sembrada Cuba. Un criollo de irreprochable estirpe mambisa, nieto del Generalísimo Máximo Gómez, que tantas batallas libró y ganó para libertar a los cubanos. Ese preso ilustre es el Dr. Andrés Vargas Gómez, ciudadano pundonoroso, de superior inteligencia, rico en serios estudios, diplomático distinguido, miembro de esa familia espartana que en la mesa, al dar gracias al Señor por el pan de cada día, recitaba con los suyos la sublime oración, creada por el abuelo inolvidable, que encabeza este artículo.

Andrés Vargas Gómez fue condenado a muerte por haber desatado una enérgica campaña tribunicia contra el régimen castrocomunista. Asilado en una embajada amiga, optó por renunciar a la seguridad que su condición de asilado le ofrecía. Para quien había recorrido el mundo al servicio de la República, resultaba estrecha celda la gran residencia de un diplomático. Abogado, familiarizado con las normas que gobiernan las relaciones internacionales, creía en el derecho de gentes, en la eficacia de las leyes y tratados, por cuyo cumplimiento se había peleado durante la revolución triunfadora, en los principios universales que rigen todo lo creado, que residen en la misma naturaleza, que nacen por la voluntad divina y prevalecen como inmutable regla de equidad. Detenido a corta distancia de la sede diplomática, no se le encontró encima ni un cortaplumas ni un papel comprometedor. No se le complicó en la invasión de Playa Girón. Su acción de guerra había sido la propaganda verbal, por radio, periódico, televisión, y su vuelta al país de origen, de regreso de los Estados Unidos. La condena le fue conmutada por prisión perpetua, gracias a las gestiones de su abnegada y valerosa madre, cediendo más al temor del escándalo internacional que tan excesiva condena provocaría, que a la palabra de una anciana angustiada y al prestigio del antepasado glorioso.

Han transcurrido más de quince años y Vargas Gómez continúa prisionero. Los invasores de Playa Girón que no murieron en la contienda, fueron rescatados mediante acuerdos celebrados entre gobernantes cubanos y norteamericanos, traídos a esta tierra de libertad, donde normalizaron sus actividades, unos cursaron y terminaron carreras universitarias, y todos han sido factores útiles y dignos ciudadanos de la comunidad que les acogió con amor fraternal. Otros presos cubanos han conseguido su liberación y permiso para abandonar el país. El experto diplomático, el honesto retoño de aquel tronco vigoroso que se llamó Máximo Gómez, arrastra aún la cadena del prisionero.

Enfermedades graves han hecho peligrar su existencia. La virtuosa dama que le diera vida, le educara virtuosamente, le arrebatara al pelotón de fusilamiento, murió al fin con la pena de saberle en cautiverio irredimible. En este caso, como en tantos otros, la justicia revolucionaria no ha sido justicia sino arbitrariedad, venganza, odio implacable. Por un hecho que en cualquier circunstancia no sería sancionado o lo sería con una pena leve, mantiene prisionero por más de tres lustros a quien libró una campaña de publicidad contraria al régimen establecido.

La esencia de la justicia hay que buscarla en la equidad, en la correcta interpretación que dieron los antiguos cuando proclamaron que «el exceso de justicia es una gran injusticia». Aunque Andrés Vargas Gómez hubiera representado algún peligro para la revolución castrista, su actuación no merecía la condena que se le impuso, y es repudiable y perjudicial para esa misma revolución mantenerlo prisionero. Por lo demás, él ha sabido encontrar en sí mismo fuerza suficiente para sobrevivir; apoyado en sus recursos espirituales y en la tradición familiar, ha mantenido una actitud digna y decorosa, sublimando su tragedia, dando un ejemplo de estoicismo no exento de humildad cristiana. El dolor le ha abierto insospechados caminos de conformidad. Su fe, su sentido religioso de la vida, le mantiene en pie, mientras sus cabellos blanquean o caen, se pliega la piel de sus mejillas, se deforman los dedos de sus manos y sus pies, se le anquilosan las articulaciones. El cuerpo quizá vacile y caiga, pero el alma permanece erguida, enérgica y fuerte, desafiando la perversidad de los carceleros. A hombres de esta calidad se les puede aplicar el pensamiento de un perseguido por la defensa de un noble ideal: «Estamos pagando el precio normal de la vida. Nuestra generación, como otras en tantos lugares, ha tenido que compartir el drama de la historia, del cual vivíamos alejados por el esfuerzo de nuestros abuelos, que nos legaron bienestar y tranquilidad por muchos años. Hoy nos vemos obligados a vivir, también con ellos, peligrosamente, apurando el cáliz de la amargura. Pero acaso, también como ellos pensaremos algún día que este es el único fragmento hermoso de nuestra existencia».

El comienzo del caos

«Le negaron el pan, le negaron el agua y la luz y el aire. Acosado por las ratas, moribundo en el rincón más leve de su celda, le negaron la asistencia médica, hasta que su menudo cuerpo se fue hundiendo lentamente».
*(**A. Valladares**. «Desde mi silla de ruedas»)*

Una mañana, hace ya muchos años, al comienzo de la era comunista cubana, visitaba la prisión de La Cabaña en servicio profesional. Mientras esperaba a que me mostraran las actuaciones sumariales, un hombre, vestido con un viejo uniforme del ejército, de los que usaban en la vieja fortaleza para vestir a los presos políticos, me miraba con ojos nublados por lágrimas que en vano intentaba contener; la piel dejaba entrever los huesos de su cara descarnada: la triste sonrisa cuajada en su boca y la fijeza de su mirar atrajeron mi atención. Se trataba de un preso político, así lo delataban dos grandes «P» grabadas en la parte superior de la guerrera. En algún sitio había visto a esa persona, despojo humano más que hombre. Procuré, con la discreción que el caso aconsejaba, acercármele y hablarle. Cerca de él escuché que pronunciaba mi nombre, y por la voz, bastante debilitada, reconocí al individuo. Era un viejo compañero de las aulas universitarias, un excelente abogado y un cordial amigo, ciudadano y político ejemplar, de gran popularidad, de nombre Enrique Guiral, celebrado por la hidalguía, la cultura y las buenas maneras que distingue a los de su estirpe.

De nuestra conversación reproduzco lo siguiente: «Llevaba tres meses preso, había recorrido distintos reclusorios, tan malos, que en la lúgubre prisión del período colonial le parecía estar alojado en el Hotel Nacional, el más cómodo y lujoso de la capital. Estaba diabético y padecía de enfisema pulmonar». Después de ofrecerle mi ayuda, que rehusó, porque un socio de bufete le auxiliaba en lo que era posible, decidí poner fin al coloquio, para no despertar la suspicacia de sus carceleros. Antes de marcharme le pedí a Pedro Menocal, hijo de un matrimonio amigo y nieto del General del mismo apellido, a quien entrevistaba en uso de mi condición de letrado, que me avisara si a Enriquito le ocurría cualquier accidente, porque a mi parecer estaba herido de muerte y no saldría con vida de la prisión.

Cuarenta y ocho horas más tarde mi teléfono sonó largamente. Pedro me llamaba para notificarme que le habían puesto en libertad y que Enriquito había muerto la noche anterior, en medio de una terrible disnea. Sus compañeros gritaron demandando auxilio, un médico, oxígeno, pero se les contestó que «a los presos políticos no se les prestaban tales atenciones». Murió en el suelo, única cama que le ofrecieron desde su ingreso. Costó trabajo rescatar el cadáver, porque el régimen ignoraba que la prisión termina con la muerte, y quería mantener preso al difunto: se negaba a entregarlo a su familia. Al fin, tras muchos esfuerzos, la hermana consiguió que le permitieran rendirle postrer tributo. Había muerto sin conocer los motivos de su prisión, detenido en aquella redada posterior a la invasión de Playa Girón, cuando más de trescientas mil personas fueron confinadas hasta en corrales para ganado. Nunca se le instruyó de cargos ni se le tomó declaración. Estábamos al comienzo del caos. Cosas peores veríamos después.

Ahora llega a mi mesa un libro en que se narra el vía crucis de hombres y mujeres, cubanos en su casi totalidad, reducidos a prisión por temor. Se trata de la producción poética de un preso que cuenta las vejaciones, atropellos, hambre, palizas, aislamiento celular, a que son sometidos los que caen bajo las garras del sátrapa sanguinario que aniquila a nuestro pueblo.

Algunos se preguntarán, al leer los relatos que nos hace Armando F. Valladares: ¿Existe en las cárceles de Cuba alguien que responda a tal nombre? Son efectivamente suyos los versos que el libro contiene? ¿Hay posibilidad de hacer llegar hasta nosotros un documento de tal naturaleza? ¿No teme la señora Valladares que a su esposo le redoblen la pena o las torturas, y hasta lo maten, por haber hecho pública su terrible denuncia? Pero nadie se preguntará si son ciertas las terribles escenas de sevicia, de sadismo, de infinita crueldad, que se producen diariamente, cada hora, cada minuto, cada segundo, en las prisiones cubanas; donde al preso político se le trata en peor forma que al más inmundo o temible de los animales. Un perro, un gato, un lagarto, un lobo, una rata, reciben mejor trato que un cubano que discrepe del sistema o que exprese en alguna forma su inconformidad con el mismo. Todos hemos tenido un pariente, un amigo, un cliente, a quienes hemos visto martirizado, hambreado, sometido a bárbaras torturas, y tenemos la íntima convicción de que los hechos que se relatan en el mencionado libro son ciertos; que la mente humana es incapaz de concebir esa infinita suma de crueldades; que aceptamos sin discusión la certeza de las mismas, porque hemos padecido, directa o indirectamente, sus terribles zarpazos.

¿Qué importancia tiene el resto? ¿A qué perder el tiempo en averiguaciones sobre lo que llevamos impreso en la conciencia, fijado en la retina, sin que fuerza o saber humano pueda borrarlo?

El libro de referencia es el sangrante testimonio de una realidad, que asombra al más avezado a los sufrimientos y persecuciones. Es la escapada de un espíritu, atado a una silla de ruedas, inmovilizado por la maldad inaudita de un grupo de forajidos. Es el grito de quien provoca a sus verdugos, para que acaben de consumar su obra de exterminio; de quien desea su inmolación definitiva, si con ella puede contribuir a la liberación de sus hermanos de agonía.

La publicidad de tal protesta, su salida de Cuba, nos prueba que el miedo mata al miedo, que el temor, en fuerza de su permanencia, acaba por desaparecer de la conciencia humana; que nadie es bastante fuerte para sellar a perpetuidad la boca de un semejante, impidiendo arrojarle al rostro las acusaciones de su crueldad y de su infamia.

Ese libro está indicando que la tiranía comienza a resquebrajarse, y que el exilio intenta poner fin a la tragedia de nuestros hermanos torturados por fieras abominables. El contenido del libro no es una invención. No hay mente que pueda inventar las escenas de terror que nos describen. Esa obra que recoge gritos de dolor y espanto, tiene una innegable validez. No importa si nos llegó por vías clandestinas en forma escrita, ni si es resumen de dispersos relatos de exprisioneros. Lo importante, lo que clama al cielo impetrando castigo, es que tales hechos ocurren, y que el mundo democrático y civilizado, en vez de unir sus esfuerzos para terminarlos, trata de hacer pactos con los autores de esos crímenes.

Cuando terminamos la lectura del libro hay en nuestros labios sabor de ceniza y de sangre, el corazón palpita con violencia incontenible, nuestra conciencia demanda justicia. Pensamos en el autor de esos versos que representa sin duda las ansias de un pueblo sojuzgado y le decimos que puede estar seguro de que pronto, muy pronto, se hará realidad su anhelo «de que les nazcan alas a su silla de ruedas, para que pueda volar serena y libremente, sobre parques alfombrados de niños y violetas, como un sueño sin pupilas, como una golondrina metálica sin tierra».

El escudo de la Universidad de La Habana

 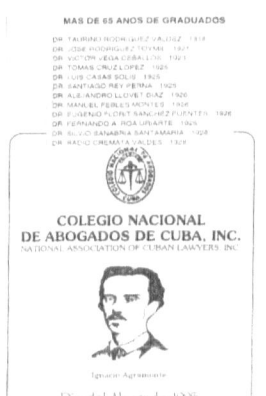 

En septiembre de 1920 la Universidad de La Habana ocupaba las ruinas de una fortaleza española enclavada en 27 y L, a la entrada del Vedado. Las barracas que ocuparon los soldados, sin apreciables modificaciones, fueron los salones de clases donde cursaron sus estudios doctorales, en franca camaradería, los hijos de los mambises y los de comerciantes españoles que formaron «El Cuerpo de Voluntarios al servicio de la Metrópoli». El famoso Patio de los Laureles fue consagrado por el amor, allí hurtábamos horas lectivas para conquistar a las chicas que no siempre nos otorgaron sus favores, porque según el refrán en boga: «la novia del estudiante no siempre será la esposa del Doctor».

Época feliz aquélla, cuando el sapientísimo Dr. José Antolín del Cueto llegaba al amanecer, en pleno invierno, a pasear por los jardines en espera de que se abrieran los salones de clases, y el Dr. Sergio Cuevas Zequeira pulía su próximo discurso en memoria de Juan Clemente Zenea y Don Antonio Sánchez de Bustamante y Sirvén nos contaba chispeantes anécdotas de la diplomacia en acción. Éramos alumno libre con derecho a asistir como oyente a las clases que nos convinieran. Tenemos que confesar que jamás vimos el Escudo de nuestra Alma Mater. Nos graduamos de Dr. en Derecho Civil en septiembre de 1923 y la Loma de la Universidad no pasaba de ser una áspera colina a la que se tenía acceso por una estrecha escalerilla del costado derecho, porque la famosa escalinata se construyó bajo el gobierno del General Machado, cuando hacía mucho tiempo que estábamos graduados y ejercíamos la abogacía en la provincia de Oriente de Cuba.

El Dr. Fernández Escobio nos describe el Escudo Universitario como vivo emblema de su trayectoria institucional, mostraba en sus cuarteles el origen y el primitivo nombre de la Universidad. En el cuartel superior izquierdo aparecía la imagen del cordero, símbolo del Redentor, ostentando el cordero el lema latino: «Ecce Agnus Dei», que quiere decir: «El cordero de Dios» en el cuartel superior derecho aparecía el símbolo de los dominicos: un perro, que sostenía en las mandíbulas la antorcha de la verdadera doctrina. Se fundamentaba el emblema del perro y de la antorcha en la combinación de las palabras latinas «dominicanis», que significaban «dominicos, sabuesos del Señor». Se distinguía la historia de la Orden de los Dominicos, por su confrontación con los franciscanos, persistencia y recta creencia, conforme a la doctrina de la Iglesia e intransigencia con la herejía.

En el cuartel inferior aparecía la imagen de san Jerónimo, patrón de la Universidad, traductor al latín de la famosa histórica biblia «Vulgata». Vestido a la usanza de la época, se hallaba San Jerónimo rodeado de sus tradicionales atributos: el león y la trompeta. Hoy, al describir la historia de su escudo, evocando la Universidad del ayer tan cercana en el vivo recuerdo de nuestra juventud y tan lejana en el tiempo y en la distancia, concluimos estas sencillas cuartillas, trazadas al correr de los recuerdos, evocando la monumental imagen del Alma Mater, en lo alto de la escalinata, recordando la última estrofa de la composición: ¿Dónde está mi ayer? del poeta y ex congresista cubano doctor Juan Francisco López, cuando exclamaba: «¡Ay ... quién pudiera rasgar mi noche/como si fuera un negro manto de tul/ y contemplar de nuevo mi campo verde ... / mi cielo azul!»

COLEGIO NACIONAL
DE ABOGADOS DE CUBA, INC.
NATIONAL ASSOCIATION OF CUBAN LAWYERS, INC.

Ignacio Agramonte

Día del Abogado 1995

MAS DE 65 AÑOS DE GRADUADOS

DR. TAURINO RODRIGUEZ VALDEZ - 1918
DR. JOSE RODRIGUEZ TOYMIL - 1921
DR. VICTOR VEGA CEBALLOS - 1923
DR. TOMAS CRUZ LOPEZ - 1925
DR. LUIS CASAS SOLIS - 1925
DR. SANTIAGO REY PERNA - 1925
DR. ALEJANDRO LLOVET DIAZ - 1926
DR. MANUEL FEBLES MONTES - 1926
DR. EUGENIO FLORIT SANCHEZ FUENTES - 1926
DR. FERNANDO A. ROA URIARTE - 1926
DR. SILVIO SANABRIA SANTAMARIA - 1928
DR. RADIO CREMATA VALDES - 1928

I. 2- Camagüey. El legendario Puerto Príncipe

En la antañona ciudad, donde las piedras dormían sueños de siglos.
«Cuando llovieron peces» *Diario Las Américas*
(24 de septiembre, 1978)

La gloriosa cantinera

> *«Mil veces por tener, dulce guerrera,*
> *con esos ojos paz muy confirmada,*
> *mi pecho os ofrecí, más no os agrada*
> *ocuparos en cosa tan rastrera».*
> ***(Francisco Petrarca**. «Rimas»)*

En los albores de la revolución de Yara, una bella guajira villareña cruzó el rio Jatibonico y se unió a las huestes que en Camagüey peleaban por la independencia de Cuba. Descendienta de canarios o isleños, como solemos llamar a los nacidos en las Islas Afortunadas, tenía el tipo de la raza guanchinesa: ojos rasgados y negros, cabellera de azabache, blancos dientes, labios rojos, talla alta, fuerte estructura. Los mambises cultos la comparaban con un clavel abrileño, mientras que los menos ilustrados utilizaban símiles realistas al referirse a su indiscutible belleza con un ingenuo: «Condená, mirá que estai linda, parecei una potra cerrera», ensalzando a la vez que su hermosura la destreza con que descargaba el puño sobre los insolentes que se propasaban con escarceos y avances atrevidos. Una mujer joven y bonita corría grandes riesgos entre hombres rudos, habituados a la vida peligrosa del insurrecto, a quienes cada paso conducía en veloz carrera hacia la muerte. Lo único cierto en la guerra que habían emprendido era la dura sentencia que sobre todos pesaba, de que pagarían con la vida el reto lanzado contra España. Esta apreciación de las realidades imperantes, el ardor e irreflexión de la juventud del soldado cubano, inclinan al perdón de los excesos que el apetito sexual provocaba. Muchos mambises respetables se unieron en matrimonio civil a inocentes campesinas, utilizando los servicios de prefectos autorizados por las leyes revolucionarias para realizarlos; si algo hubo que lamentar fue la deslealtad de quienes repudiaban esos enlaces cuando se logró la independencia, cediendo a prejuicios discriminatorios que hoy estimamos ridículos, y que en plena revolución lo eran también.

Nuestra biografiada de hoy se llamaba Cirila López y era una romántica enamorada de la gloria. Quiso ser cantinera del Mayor Agramonte y lo fue, impulsada por un amor que traspasaba los límites de la ideología política para adentrarse en los complicados senderos donde Eros entona su eterna canción; que, al cabo, Cupido es un dios armado y dispara sus flechas ciegamente contra sus víctimas.

No eran aquellos tiempos para tiernos deliquios amorosos, sino para violentas batallas y persecuciones impiadosas. Se había trabado combate contra una de las naciones más poderosas del orbe y no se concedía cuartel. La mujer que se agregara a las fuerzas libertadoras tendría a su cargo abundante tarea. La bella Cirila asumió diversas obligaciones: cocinar para el Mayor y su escolta, reponer botones perdidos en la manigua, remendar desgarrones de los uniformes de campaña, prestar los primeros auxilios a heridos y contusos, administrar el botiquín, lavar la ropa de oficiales y soldados, a todo lo cual dedicó lo mejor de su esfuerzo. Pero en su pecho latía un corazón bravío, que la impulsaba a mezclarse en la pelea cuando se producía un encuentro con el enemigo.

Eran vanos los requerimientos y amonestaciones que se le hacían, porque ella oponía siempre la misma argumentación: «En tiempo de guerra todo el que puede debe pelear; el peligro es el mismo para el hombre que para la mujer; establecer diferencias es debilitarnos frente al adversario». El Mayor sonreía con benevolencia, pero volvía a la carga cada vez que la guajirita olvidaba sus reprimendas y exponía su vida en la violenta contienda.

El ocho de octubre de 1871 fue un día de júbilo para Cirila López. Había sido sorprendido en su rancho el Brigadier Julio Sanguily, que acudía en demanda de sus servicios como lavandera, y tropas españolas al mando del Comandante César Matos se lo llevaban prisionero. Cirila, que pudo escapar, hizo llegar aviso al Mayor Agramonte, que se encontraba en el potrero Consuegra, lugar próximo al de la sorpresa, quien con sólo treinta y cinco hombres acudió a rescatar al valiente prisionero, enfrentándose a una tropa de más de cien hombres a la que derrotó, liberando al denodado patriota. En tanto Cirila recogía el valioso botín abandonado por los vencidos: ropas, calzados, monturas, caballos, armas de precisión, municiones, espadas y sables, fueron a engrosar el almacén de los mambises, gracias al coraje, la previsión y el buen sentido de la gloriosa cantinera.

Cirila López fue una ferviente admiradora del Mayor Ignacio Agramonte, a cuyas órdenes permaneció hasta que éste perdiera la vida en Jimaguayú. Su secreto amor le prestó fuerza para continuar viviendo y seguir la obra emprendida; la pérdida era incalculable, y sólo encontraba consuelo en el recuento de las proezas y en los sabios consejos de su ídolo. Los acontecimientos. se sucedieron con relativa rapidez: Pacto del Zanjón, Protesta de Baraguá, Guerra Chiquita, Guerra de Martí, ocupación americana... al fin la República que el Apóstol soñara «con todos y para el bien de todos». Siempre alerta ante los vaivenes de la política cubana, prestó su concurso a toda obra que favoreciera la independencia del país y afirmara sus instituciones. En plena ancianidad, sus ojos marchitos se animaban con destellos luminosos cuando hablaba de la gesta libertadora, y despedían chispas cuando mencionaba el nombre del Mayor y hablaba de su hidalguía y valor. Sus narraciones llenas de gráfica vivacidad transportaban a sus oyentes, quienes creían escuchar el ruido de la caballería galopando por las llanuras camagüeyanas en las cargas al machete. Su conversación era la mejor clase de historia que podía ofrecerse a la muchachada que nació con la República.

Como auxilió a muchos, asistiéndolos en sus enfermedades y curándoles heridas, tenía una legión de partidarios y amigos que se disputaban su grata compañía. Tenía un alma varonil en un cuerpo gallardamente femenino.

El tiempo, que todo lo aniquila, nubló la mente de esta heroína entorpeciendo sus recuerdos. Al final de su vida confundía con frecuencia los hechos en que había intervenido y los personajes que había conocido. Solamente permanecía nítida, clara, enhiesta, en aquel cerebro senil, la figura prócer del Mayor Agramonte, desafiando los embates de los años. Sin embargo, cuando narraba la muerte del Mayor, atribuía ésta a los propios cubanos. Su conciencia de enamorada incomprendida fabricaba una fábula, intentando explicarse el triste acontecimiento histórico que rehusaba aceptar en su total realidad. En ocasiones, como una muletilla, repetía: «A Ignacio lo mató el Buey de Oro», imputando el hecho a un señor Rafael Zaldívar, conocido por tal mote en virtud de su riqueza. Otras veces acusaba a Napoleón Arango, quizá por las discrepancias que separaron a los dos caudillos al comienzo de la guerra. Todo era producto de su pasión, que no aceptaba los hechos tal como ocurrieron y buscaba explicaciones arbitrarias y fantásticas, que la decrepitud fijaba dándoles relieves de veracidad. Agramonte cayó en brava pelea, a campo abierto, frente al enemigo que tantas veces derrotara; pero ella esgrimía razones absurdas frente a indiscutibles realidades.

Fue una complicada e interesante vida la de esta campesina analfabeta, más culta que muchos bachilleres, que consagró su afanosa existencia al servicio de una causa noble y a la devoción a un hombre ejemplar. Como figura de primera categoría no necesitó el reflejo de la gloria ajena, ni siquiera la del insigne patriota poseedor de su secreto amor. Ella pudo proclamar ante sus conciudadanos y ante el mundo que había sido fiel a sus únicos amores: Cuba, la libertad, y el Mayor Agramonte.

El valiente y magnánimo Bembeta

La guerra de independencia, librada por los cubanos contra España en la década de 1868 a 1878, fue pródiga en hechos heroicos en desprendimientos generosos y en sacrificios extraordinarios, pero también en actos de suma crueldad, realizados por las partes que intervinieron en ella, dando muestras de una ferocidad implacable. Fue una verdadera guerra civil, una lucha entre hermanos nacidos en distintas provincias del imperio español. Hubo peninsulares, partidarios de la revolución cubana, enrolados en el Ejército Libertador y también integristas furibundos nativos de Cuba devotos fervientes de España, que tomaron las armas para combatir a sus propios paisanos. Como todo converso, el español, transformado en mambí, no tenía piedad para sus contrarios, y el cubano, desdoblado en guerrillero, voluntario o camarón, cometía toda clase de atropellos y desmanes en perjuicio de sus coterráneos. Esa guerra, gloriosa en muchos aspectos, arruinó totalmente la Isla, volcando sobre medio mundo una gran parte de la riqueza intelectual y capacidad creadora de sus habitantes.

Entre la pléyade revolucionaria, que gestó el movimiento independentista, se destacó, con nítidos perfiles, Bernabé de Varona, conocido por Bembeta, nacido en Puerto Príncipe el 23 de noviembre de 1845. ¿De dónde le venía el sobrenombre de Bembeta? Algunos historiadores aseguran que lo heredó del padre, a quien solían llamarle de esa manera; otros dicen que procedía de tener el labio inferior algo grueso y caído, como acontecía a ciertos miembros de su familia, suposición que se contradice con el retrato que de él nos ofrece su biógrafo Don Benjamín Guerra, que lo conoció muy joven en la cárcel de Camagüey, al describirlo como «de faz noble, de mirada franca y viva, de constante sonrisa, de cutis fino y blanco, frente espaciosa y miembros que parecían modelados en bronce», lo que aleja toda posibilidad de que existiera en él una deformidad o falta de proporción en sus facciones. Es más aceptable la creencia de que el apodo debió adoptarlo para encubrir su verdadera personalidad durante sus actividades sediciosas, como entonces se acostumbraba. Lo que si podemos afirmar es que en su persona se concertaban, por raro contraste, lo apolíneo con lo dionisíaco; que a una figura atractiva y unos elevados sentimientos unía un espíritu inquieto batallador arrojado y audaz como si el mismo Dios griego Dionisos le hubiera comunicado su inagotable dinamismo, su fuerza creadora, su impulso avasallador.

Según Pirala, Bembeta fue un honrado maquinista. ¿Quiso decir que trabajó en la empresa ferroviaria, corriendo trenes del ferrocarril de Nuevitas a Camagüey, o ha pretendido señalarlo como individuo que maquinaba conspiraciones, creaba problemas o fomentaba disturbios? Lo primero constituye un reconocimiento de su dedicación al trabajo, de su formalidad y decoro personal; lo segundo riñe con el calificativo de «honrado», otorgado por un contrario que no se lo habría dado si lo consideraba un perturbador empecatado. Bembeta quedó huérfano de padre a los siete años de edad, al cuidado de su señora madre, quien no tardó en mandarlo a estudiar a los Estados Unidos, bajo la tutela de Don Manuel Arteaga, separatista convencido, que seguramente influyó en la formación de su pensamiento político. A comienzos de 1856 ya estaba de regreso en Camagüey donde permaneció hasta 1859 en que, por decisión de su progenitora, que deseaba sustraerlo a un medio saturado de peligros para un joven de sus inquietudes, volvió a Estados Unidos para continuar sus interrumpidos estudios. Al cumplir quince años decidió poner fin a las actividades docentes y dedicarse a trabajar ahincadamente por la independencia de Cuba. Era un niño aún, pero su amor por la libertad lo había madurado, y su permanencia en la vecina república americana había estimulado ese sentimiento, que fue guía de toda su vida. Su pobreza, juventud e inexperiencia, le impedían reunir los medios económicos que necesitaba para organizar un movimiento serio contra la dominación española. Mientras esperaba mejor ocasión para penetrar las capas superiores de su pueblo, centró su atención en las clases más humildes de la población camagüeyana; el elemento de color y los blancos sin fortuna fueron objeto de su propaganda y adoctrinamiento. Se convirtió en un líder popular. Los desposeídos y humillados le siguieron lealmente, por la admiración que en ellos despertaba con sus actos de generosidad y valentía.

Los límites de Camagüey eran estrechos para el incansable Bembeta. Recorrió la Isla en busca de elementos para la realización de sus sueños. Viajó a México, a Francia, a Inglaterra, a los Estados Unidos, siempre en procura de la ayuda necesaria para la revolución cubana, a la conquista de hombres y adquisición de armas y pertrechos para hacerla efectiva. En 1865 estuvo preso en Santiago de Cuba, por haber apaleado a varios españoles, que hablaron despectivamente de los cubanos en su presencia. Otra vez en Camagüey fue acusado de conspirar para sublevar a los negros caleseros de la ciudad, sufriendo prisión en la penitenciaría local, encerrado en la celda en que se guardaba el garrote artefacto que servía para privar de la vida a los condenados a muerte; remitido a la Habana, a disposición del Capitán General Lersundi, fue ordenada su libertad y devuelto a su tierra, porque no se creyó que un hombre tan joven fuera capaz de cometer los delitos que se le imputaban. De regreso por la vía de Nuevitas, se le pusieron guardias de vigilancia en el hospedaje que eligió porque el gobernador Mena estaba convencido de su labor conspirativa. Burló la vigilancia y se escapó mediante la estratagema de ceder su cama a otro. Vagó un tiempo por el campo, rehuyendo a sus perseguidores. Ganó el territorio oriental. Visitó las Tunas y Bayamo, reuniendo un grupo de adeptos y algún material de guerra, y con estos elementos se presentó al Consejo Revolucionario pidiendo el inicio de la revolución, a más tardar, en el mes de junio de 1868. Su proposición fue rechazada por mayoría, exigiéndosele que aplazara toda actividad revolucionaria durante tres meses y que entregara hombres, pertrecho y dinero al Consejo, a lo cual se negó. Permaneció en la insurrección que había organizado, hasta que Carlos Manuel de Céspedes inició la revolución, a la cual se incorporó. Tomó parte en múltiples acciones de guerra entre otras el ataque a Las Tunas, el del fuerte San José, y las batallas de Las Minas y Las Yeguas, habiéndosele nombrado general de brigada. Comisionado para que se trasladara al extranjero, a fin de promover expediciones armadas, se dirigió a New York, donde un comité de damas cubanas había reunido capital suficiente para comprar un barco, pero las divisiones, y discordias entre los emigrados hicieron fracasar el propósito de enviar esta expedición, a pesar de las gestiones realizadas por Bembeta. Le pidieron que se trasladara a Francia e Inglaterra, para recabar fondos entre la colonia cubana de esos países, pero nadie quiso aportar dinero para nuevas empresas, decepcionados por anteriores fracasos. De regreso en Estados Unidos, confrontó la repulsa de los exilados cubanos, que no le perdonaban la derrota personal de la encomienda que le confiaron. Pero estas contrariedades no hicieron mella en el ánimo del enérgico patriota, quien actuó incansablemente hasta lograr organizar una nueva expedición, regresando a Cuba en el vapor «Virginius» con un valioso refuerzo de hombres, armas y pertrechos de guerra y boca, tan necesarios a los cubanos en armas.

Avisadas las autoridades por medio de sus espías, destacaron el buque de guerra «Tornado», bien artillado y de superior velocidad al de los expedicionarios, quien dio caza al «Virginius» cerca de las costas de Jamaica, no sin que antes Bembeta, como jefe de la expedición, hubiera hecho arrojar al mar Caribe todo el cargamento, los caballos inclusive, y quemar toda documentación comprometedora, para privar de elementos de prueba a los contrarios de sus actividades bélicas. Cuando el barco fue remolcado hasta el puerto de Santiago de Cuba, no quedaba un solo elemento material que delatara los propósitos de quienes viajaban en él. Inútil precaución, porque gobernaba en la capital de Oriente el brigadier, después general, Juan N. Burriel, un monstruo sanguinario, cegado por el odio a los cubanos, quien, sin dar cuenta a las autoridades superiores ni someter a los sospechosos a tribunal alguno, ordenó el fusilamiento inmediato de Bernabé de Varona, conocido por Bembeta, Pedro de Céspedes, Jesús del Sol y el canadiense William O'Ryan, lo que se efectuó a las seis de la mañana del día 4 de noviembre de 1873, continuando las ejecuciones de más de cincuenta expedicionarios en los días sucesivos, y sólo se detuvo el furor punitivo del malvado gobernante ante las exigencias y presiones diplomáticas de los Estados Unidos y Gran Bretaña, y la decidida y enérgica actitud de Sir Lambton Lorraine, comandante del barco de guerra británico «Niobe», quien amenazó con bombardear la ciudad si no se ponía término a la carnicería.

La apasionante existencia de Bembeta está colmada de interesantes incidentes y curiosas anécdotas, que prueban no sólo sus condiciones de soldado valeroso, gran peleador y firme patriotismo, sino también su generosidad, sus magnánimos sentimientos, que le conquistaron la admiración y el afecto hasta de los enemigos. En una guerra a muerte, sin cuartel, en la que no se perdonaba la vida a los prisioneros, cuando padres e hijos con olvido del parentesco, se perseguían ensañadamente por diferencias políticas, Varona puso una nota de humanidad en los procedimientos, de piedad para los vencidos, de generosidad para los prisioneros.

Dos hechos se citan como demostrativos de su hidalguía y valor, son los siguientes: En el copo de una trinchera española, el jefe de las fuerzas insurrectas quiso vengar una bárbara matanza de cubanos realizada días antes por los españoles, y a ese efecto ordenó que se pasara a cuchillo a todos los soldados enemigos hechos prisioneros en la acción. Bembeta, que integraba el cuerpo de oficiales, se opuso resueltamente a esa despiadada decisión, logrando convencer a su superior de lo inhumano e impolítico de ella, dándose libertad a los prisioneros, muchos de los cuales se incorporaron al ejército revolucionario, y los que no lo hicieron partieron hacia Camagüey al grito de ¡Viva Bembeta!, en homenaje al hombre que les salvó la vida. La oficialidad del ejército español y los más altos jefes, enterados de tal proceder, tenían de él una gran estimación, y en sus conversaciones elogiaban su conducta, mientras censuraban la de algunos intransigentes que pasaban por las armas a los prisioneros, agudizando los odios y fomentando represalias. La otra anécdota es un poema romántico, que habla muy alto de la sensibilidad y bravura de nuestro héroe. Bembeta, joven y buen mozo, despertaba el interés de las mujeres que sentían una fuerte atracción hacia él. Una bella guajirita, vecina del campamento a que estaba adscripto, estableció relaciones amorosas con él, que solía pasar las horas de asueto junto a ella en el hogar paterno. Un envidioso, o tal vez celoso, denunció al jefe del campamento que la familia de la joven mantenía comunicaciones con el enemigo, lo que determinó se ordenara situar una guardia permanente en el domicilio de la joven, que vigilara los pasos y actuaciones de sus habitantes. Bembeta se negó resueltamente a que se cumpliera la orden, argumentando que se trataba de una familia honesta, de buenos cubanos, y que no permitiría que se afrentara a quienes le habían dispensado su amistad y afecto. A buen arreglo se accedió a que el mismo Bembeta ejerciera la vigilancia, situándose a prudente distancia del bohío en que vivían aquellos campesinos, dándosele trece soldados para que llevara a cabo su misión.

Una mañana, su ayudante llegó, nervioso y agitado, ante Bembeta, para avisarle que una columna enemiga, fuerte de trescientos hombres, se llevaba prisionera a su novia y familia. Sin medir la diferencia de fuerzas, aquel decidido peleador reunió su gente ordenándole atacar la columna, disponiendo que cinco soldados atacaran por el flanco derecho, otros cinco por el izquierdo, y los tres restantes, con él a la cabeza, por el frente; entre el toque a degüello, los gritos de combate y la sorpresa de quienes no contaban con tal agresión, lograron poner en fuga a las superiores fuerzas enemigas, que huyeron en la creencia de que eran atacadas por tropas numerosas. Así rescató Bembeta a su novia y a la familia de ésta. Proeza sólo comparable a la realizada por el Mayor Agramonte en su célebre rescate de Sanguily, aunque de menor resonancia por la modestia y humildad de los actores.

Bembeta fue clemente con sus enemigos y cordial y afectuoso con sus amigos. Jamás permitió que se cometiera una injusticia en su presencia, sin importarle quien pretendía cometerla ni quien era objeto de ella. Para él la más alta jerarquía era la justicia, por la cual había salido a pelear en plena juventud. Su muerte fue gloriosa, en el servicio de la noble causa que le había consumido la mayor parte de los veintiocho años de su breve existencia. El mejor epitafio para la tumba de este patriota excepcional lo escribieron sus enemigos, cuando en petición cursada al Presidente del Poder Ejecutivo de España, dijeron: «Los que suscriben, jefes y oficiales del ejército que han tenido la honra de combatir en Cuba por los derechos de España, creen interpretar los sentimientos generosos de sus compañeros de armas, suplicando a V.E. que se digne indultar de la pena de muerte, si le fuere impuesta, a Don Bernabé de Varona, conocido por Bembeta, cuyos valerosos rasgos le hacen digno de la compasión y el respeto que las almas nobles tributan al heroísmo. Algunos de los firmantes, Exmo. señor, han debido su existencia a la entereza y generosidad de este enemigo, y todos han tenido por verdadera honra la de medir sus armas con un hombre de guerra que ha sido, en la de Cuba, una gloriosa excepción y ha dado siempre cuartel a los vencidos». La correcta y humana petición llegó tarde, porque el impiadoso Burriel había hecho cumplir apresuradamente su arbitraria y sangrienta decisión. Los peticionarios olvidaron que la verdadera justicia no es un atributo de los tiranos.

Concurso camagüeyano a la Guerra de 1895

> *«Otros duden de mi patria, y la ofendan, y la acobarden, y la amarren al yugo: ¡que hay muchos modos de amarrarla! Yo, que la siento vibrar, que la veo perdonar, que la veo fundar, digo, humillada la cabeza: ¡Bendita sea mi patria!»*
> *(**José Martí**. Carta a José D. Poyo. Dic. 20-1893)*

Durante la llamada Guerra Grande, de 1868 a 1878, Camagüey fue el campo donde se libraron las mayores batallas: «Palo Seco», «Las Guásimas», «El Cocal del Olimpo». Guáimaro se constituyó en asiento del gobierno revolucionario; allí se promulgó la primera constitución, se eligió presidente a Carlos Manuel de Céspedes y jefe del Ejército Libertador al General Manuel de Quesada. En Ciego de Avila establecieron los españoles su cuartel general, trazaron la célebre trocha de Júcaro a Morón y el ferrocarril militar entre ambos puntos. La gran llanura camagüeyana facilitaba la acción de la caballería mambisa. Campesino era el camagüeyano, acostumbrado a las rudas labores del agro, a la vida al aire libre, a las jornadas a caballo, a improvisarse la comida y el medicamento con los medios que la naturaleza ofrece, independiente y fuerte, elemento capaz de soportar las penosas tareas bélicas. La guerra se libró esencialmente en Camagüey que era un eslabón que unía el Oriente bravío con las provincias Occidentales.

Martí, organizador de la gesta de 1895, conocía perfectamente la importancia del Camagüey y sus habitantes en cualquier movimiento de liberación que se intentara. Sabía de la reciedumbre de ellos, de su sagacidad, que les permitía sin grandes averiguaciones, descubrir a un traidor disfrazado de mambí, a un valiente en un tímido y a un cobarde en un bravucón; quien era capaz de guardar un secreto y quien de divulgarlo con su charlatanería. El campesino es sobrio en palabras y rápido en la acción, pero no toma decisiones por mero entusiasmo, sino que analiza a fondo los problemas, y cuando se convence de sus posibilidades toma el camino acertado, y triunfa o perece en la demanda.

Nuestro Apóstol, contrario acérrimo a toda aventura, a incursiones intrascendentes, que sólo sirven para alertar al enemigo, producir víctimas inocentes, y darle al contrario la oportunidad de cerrar filas, aumentar sus fuerzas y aplastar al que se rebela, desarrolló con cautela el plan revolucionario. Trató de galvanizar las energías de los viejos centauros del 68; sembró el ideal de independencia en las nuevas generaciones, extendiendo su propaganda a las clases populares de Cuba; frenó los impulsos irreflexivos de los impacientes; acumuló recursos económicos y armas; predicó la guerra, pero condicionándola a dos factores esenciales: la disciplina y la oportunidad. Por tales razones repudió el movimiento insurreccional de Cruces y Lajas, en las Villas, producto de la vehemencia y la insubordinación de Federico Zayas e Higinio Esquerra, como se opuso al de los hermanos Sartorio en Purnio, Oriente.

La guerra debía unir a los cubanos en una acción común, a la que todos se hallaran obligados. La futura acción debía ser coordinada, dentro y fuera de la Isla. Martí cuidó de que hubiera un núcleo de conspiradores en cada población de la Isla. En este propósito, su interés por atraerse al Camagüey resultaba evidente. Su oficial de enlace en Cuba era el patricio Juan Gualberto Gómez, experto conocedor de los hombres, sus virtudes y sus defectos, el cual designó a Salvador Cisneros Betancourt, Marqués de Santa Lucía, como delegado en Camagüey, de quien dijo en memorable conferencia lo siguiente: «En Camagüey yo no tuve relaciones más que con un hombre; pero en Camagüey contar en aquella época con ese hombre, era contar con todo el Camagüey; porque cualquiera que fuesen las vicisitudes por las cuales la vida política cubana hiciese pasar a aquella provincia, era para nosotros seguro, positivo, que la representación del sentimiento cubano en los camagüeyanos no podía encarnarse en ninguno que no fuera el Marqués de Santa Lucía». No hay duda de la certeza de lo expuesto por el insigne patriota, cuya vida relata y obra recoge, con amoroso empeño, la Doctora Angelina Edreira de Caballero, en forma compendiada, en un valioso estudio histórico que prueba las altas calidades de aquel ciudadano ejemplar depositario de la fe martiana.

El Marqués utilizó su magnética personalidad, su insobornable patriotismo, su dinamismo y su riqueza, para organizar el movimiento revolucionario en Camagüey, apelando al impulso generoso de los jóvenes y al entusiasmo delirante de las mujeres. Pocos de los antiguos guerreros se le unieron, no sólo porque la muerte había hecho enormes estragos en sus filas, sino porque los supervivientes, envejecidos, enfermos, decepcionados vacilaban ante un renovado esfuerzo de éxito discutible.

La encomienda retenía al Marqués en la provincia camagüeyana. Necesitó utilizar a personas que, por razones de negocios o de estudios, podían viajar sin hacerse sospechosos a las autoridades coloniales. Era indispensable mantenerse en contacto con Martí en Estados Unidos, con Máximo Gómez en República Dominicana, con Maceo en Costa Rica; llevar y traer mensajes, unas veces escrito, otras verbales, crear el correo interior revolucionario, difundir la propaganda escrita, periódicos, revistas manifiestos. La perspicacia del Marqués, el conocimiento de la región y sus habitantes, le permitió escoger con singular acierto a dos mensajeros de calidad de los que uno representaba la riqueza y la experiencia, y el otro la juventud impetuosa ganada por el ideal, ambos señalados por su acendrado patriotismo: Don Elpidio Marín, Presidente de la empresa dueña del ferrocarril de Camagüey a Nuevitas y Don Mauricio Montejo, mambí de nacimiento.

Una somera lectura de la correspondencia de Martí, correspondiente al período organizador de la guerra de 1895, nos ofrece una clara visión de lo que para él y sus propósitos significaban los camagüeyanos. Veámoslo a continuación: «Aquí está Enrique Loynaz, que es como hijo de usted: él viene a confirmar la disposición, que tengo por sincera, del Camagüey, para guerra que lleve o lo que podemos llevar; y lo tengan a Ud. a la cabeza». (Carta al General Máximo Gómez. Enero 4-1894). «Entendido esto por el General Gómez, decidió con la premura indispensable al éxito, ante un enemigo que no sospecha de nosotros tanta rapidez, enviar sus comisiones a Cuba, que, la del Camagüey sobre todo, le respondió con entusiasmo». (Carta al General Antonio Maceo. Enero 8-1894). «Del Camagüey es cierto cuanto Ud. dice, y algún impaciente, como Enrique, habrá que contenerlo; pero la cautela general de la comarca es freno bastante para ese peligro, y Enrique mismo nada osará, ni de ninguna manera lo pretende, sin el asentimiento del Marqués. Ahora, ni al Camagüey, ni a ninguna otra comarca, pero sobre todo al Camagüey, la dejaremos de la mano». (Carta al General Máximo Gómez. Marzo 24-1894). «El Camagüey se ha fortalecido en estos días, de modo que no oso fiar al papel» (Carta al General Antonio Maceo. Marzo 24 1894). «En el Príncipe (Camagüey), la situación es esta: suspendida toda producción en las haciendas; por miedo a los bandoleros: cada uno que sale de la ciudad, sale con guardia que él paga; el Gobierno ni responde de los que salen ni los alivia sino con nuevo impuesto al ganado que ha convertido hacia nosotros a los más tibios». (Carta al General Antonio Maceo. Julio 7 1894). «La inquietud del Camagüey, donde todo el mundo tiene que pagarse la escolta conque sale al campo, por los ocho bandidos que el gobierno no reprime». (Carta al General Máximo Gómez. Julio 15-1894). «Y la noticia de que Ud. depende, que es la que le pide en la carta al Marqués, tardará en ir a Ud. lo que tarde en llegar mi comisionado de respeto e influjo, que en la semana próxima, con las precauciones del caso, sale para Camagüey, a entregar la carta, activar la contestación, y ver que quien haya de ir se ponga en camino. Vendrá a llegar al Camagüey como tres o cuatro días después de que Ud. reciba esta carta, y allí pueden hacer lo que deban, en el tiempo mismo que Ud. ha de emplear en los arreglos de ahí». (Carta al General Máximo Gómez. Septiembre 8- 1894). «La comisión de Rodríguez llegó en el propicio momento en que, por sí, y como portador del sentimiento dominante y decidido de cuanto hay de solidez e influjo en el Camagüey, acababa de verme, en conversación que duró varios días, el Sr. Elpidio Marín hombre rico y puro, a quien acompaña Mauricio Montejo, de familia de pujanza e «insurrecto desde niño» que es el que, para no perder tiempo, lleva ahora los recados al Príncipe. Desde el primer instante de su visita, puso Marín en claro lo que tanto nos importaba saber a propósito del Camagüey, tanto, en verdad, que para no errar, ni caer allá a medio corazón, tenía yo determinado el viaje de un camagüeyano de respeto, que tiene aquí buenos negocios: Barranco, el socio de Guerra. Lo enviaba a saber la verdad: ¿Qué significación real tenía la junta? ¿Cuál era la opinión definitiva, y decisión, de la comarca? ¿Nos deseaban o no? ¿Estaban dispuestos a coadyuvar con el resto de la isla? Barranco iba con la carta de Ud. al Marqués. Pero la carta fue en sustancia, por no estar en N. York Gonzalo, que guarda la clave, a fin de que de allí se envíe la persona que ya se ha de quedar, y que, según sé ahora, había estado a punto de ser el mismo Montejo que ha venido aquí. Marín me contestó a todo categóricamente con sus propias preguntas: «El Camagüey Quiere la Guerra, y la quiere ahora, si las demás comarcas, en mucho o en poco, se levantan con él. No se levantará antes que las demás; ni dejará de levantarse con ellas. La única duda era que las otras comarcas los pudiesen dejar solos». Montejo, pues este es el resultado actual, sale en la semana entrante para el Camagüey, a activar la salida del comisionado, si no hubiese salido ya, y a decir la situación, para que inmediatamente, bajo la dirección del Marqués, se preparen a recibirnos y tengan noticia, sin demasiada anticipación, de lo que se va a hacer en las otras regiones. Marín, que es persona de mucho respeto y caudal, presidente actual del ferrocarril de Nuevitas, con ingenio y otros negocios de monta, ni pide tiempo ni vacila: según él, y Montejo, que también es de acomodo, el Camagüey no necesita ninguna preparación: «Ya estamos suficientemente preparados; lo que necesitamos saber es lo que ya sabemos: lo único que se temía era que nos quedáramos solos. Puede decir que la decisión es firme y absoluta. No se quedará frente a la guerra ningún hombre de valer. Los que tenemos algo ya nos ve Ud.; y el Marqués nos tiene a los ricos y a los pobres. Hoy mismo escribo al Marqués, como Ud. me pide, para que mi apoderado dé enseguida el dinero a la comisión». (Carta al General Máximo Gómez. Septiembre 24 1894). «Del Camagüey, lo mejor y con todo empuje. A Enrique he tenido que quitárselo, porque el Camagüey me lo pide para la arrancada. Hoy le telegrafié: aquí le esperan sus amigos, Ud. sabe qué clase de gente es: la que tarda en decidirse y es la decisiva». (Carta al General Antonio Maceo. Octubre 13 de 1894). «De la situación real del Camagüey, de su madurez revolucionaria, de la condición que Marín califica de **revolución popular y espontánea, que empuja y arrollará a los que no la quieran seguir**, sabía no sólo por la señal segura de las ventas apresuradas de ganados y casas, y colocación de fondos camagüeyanos en el Norte, sino por las declaraciones precisas de Elpidio Marín y Mauricio Montejo, este joven de alta casa, y aquel quien es, y de los cuales hablé a Ud. en mi carta anterior. Del Marqués no sólo recibí hace tres meses carta plena y confirmatoria sobre la situación favorable allí, sino que respondió que alzadas las demás comarcas contarán conque el Camagüey les ponía en pie no menos de mil quinientos hombres. El Marqués además, por comisiones graduales, ha ido recibiendo noticias de nuestros progresos afuera y en la Isla, y una de sus respuestas me vino por Enrique Loynaz, cuya venida, como contestación hablada e información sobre el Camagüey, anunció por carta a Serafín Sánchez y a mí». (Carta al General Máximo Gómez. Octubre 20- 1894) «Camagüey aunque sólidamente decidido a secundar, por sobre los que de allí se le quieran oponer limitará la primera parte de su acción a prepararse a recibir a Ud. sin alzarse en serio hasta que esto no suceda, a menos que el gobierno, contra lo probable en este instante allí, nos violente con la persecución». (Carta al General Máximo Gómez. Noviembre).

Difícil fue la preparación de la guerra de 1895. Importante la decisión del Camagüey que rehusaba la acción a destiempo y aislada. La Revolución de Baire encontró a los camagüeyanos en el puesto de honor, peleando nuevamente, con bravura y tesón, por la libertad de todos.

La firme devoción de un pueblo

El día ocho de Septiembre de mil setecientos treinta y cuatro se colocaron el Santísimo Sacramento y la imagen de Nuestra Señora de la Caridad del Cobre, en el templo que hicieron edificar los esposos Don Carlos Bringas de la Torre y Doña Juana de Varona Barrera en la sabana que daba acceso al camino real de Cuba, en las afueras de Camagüey. Los vecinos de la ciudad se preguntaban los motivos que impulsaron al piadoso matrimonio a levantar un santuario en sitio tan apartado, porque en un kilómetro a la redonda no había ni siquiera un bohío de guano y yagua donde viviera ser humano. No obstante, el acto inaugural estuvo rodeado de gran solemnidad, con asistencia de las altas autoridades civiles y militares, jerarquías eclesiásticas y numeroso público, lo que era un anticipo del triunfo de la obra y sus creadores. A partir de entonces, todos los años, desde el 28 de Agosto al 12 de Septiembre, una peregrinación de fieles colmaba el viejo camino, a la vera del cual se construyeron, con la celeridad que los medios de fabricación permitían, numerosas residencias, de amplios portales al frente, extensos patios con frutales y canteros de flores, convirtiendo el tramo del puente sobre el río Hatibonico a la Iglesia, en recta y ancha avenida, por la que se acudía a rendir tributo a la Santa Patrona, oír misa los días de precepto, y guarecerse cuando los temporales sacaban de cauce al Hatibonico, inundando la parte baja, poniendo en peligro la vida de los habitantes de ese sector.

La Virgencita del Cobre atrajo vecinos al área antes desierta y éstos cultivaron los predios aledaños hasta entonces improductivos; numerosos hacendados buscaron albergue en las cercanías, aproximándose a sus fincas situadas en las zonas de Maraguán, Vista Hermosa y La Yaba. Los descendientes de quienes elevaron el templo lo ampliaron agregándole dos naves a la primitiva. Doña

Josefa Agüero y Don Diego Alonso Betancourt, nieta y bisnieto, respectivamente, lo dotaron de riquísima custodia, reputada como la mejor de la Isla, le donaron numerosas alhajas que, sumadas a los ex-votos de agradecidos feligreses, lo convirtieron en el más rico de la Ciudad, inferior únicamente al de Las Mercedes, que era depositario del magnífico sepulcro de plata y otros valiosos ornamentos, como el altar barroco destruido por un incendio a principios del presente siglo.

Durante mucho tiempo, con excepción de sus famosos San Juanes, el pueblo camagüeyano no tuvo más fiestas populares que las religiosas, salía de una novena para entrar en una feria o ambas se hermanaban. La «Feria de la Caridad» ocupó de inmediato el primer lugar; se iniciaba con el «rompimiento», el 28 de Agosto, cuando el Alcalde en las primeras horas matinales, izaba la bandera en el atrio de la iglesia, una orquesta ejecutaba el Stabat Mater y otras piezas musicales religiosas, se disparaban cohetes y voladores, y a partir de ese instante, todo era fiesta y regocijo en la barriada. Muchos propietarios alquilaban sus casas para bailes y esparcimientos lícitos, como aquella «cabeza parlante», colocada en una bandeja sobre una mesa, que respondía a las preguntas del que la manejaba, mientras un esqueleto se contorsionaba contra los cortinajes de una pared. Cercanos a la avenida existían «El Casino Campestre», especie de jardín botánico y parque zoológico, un hipódromo y una plaza de toros, que se sumaban a las atracciones religiosas.

Los sábados y domingos del período feriado, más los días de la Santa Patrona y del Dulce Nombre, eran los mejor favorecidos. La belleza de la mujer camagüeyana se desbordaba, invadía los portales, la alameda, entretejida con las vendedoras de frutas, comidas, dulces y refrescos. En los primeros años de la república no existían transportes colectivos y los privados eran escasos; además, constituía una voluntaria penitencia hacer a pie todo el recorrido, como una ofrenda a la venerada Santa. El público calmaba su sed y mitigaba su apetito comprando en los tableros, protegidos de moscas y polvo por tapas de cristal o cubiertas de tarlatana, arroz con picadillo, masitas de puerco, frituras de bacalao, tayuyos, tasajo con boniato, biajacas cocidas, longanizas, butifarras, morcillas, rosquitas de catibía, polvorones, coco prieto amelcochado, turrón de ajonjolí, piñón y gofio de maíz o de trigo. Como bebida nadie pasaba de un vasito de chicha de piña, limonada, agualoja, aunque alguno, disimuladamente, solía beberse una cerveza marca «T», al tiempo, quebrando la regla de sobriedad establecida voluntaria y, libremente.

La gran plaza permanecía repleta de quioscos, o pequeños ventorrillos, donde se vendían comestibles, estampas, oraciones y algodón de azúcar, granizado, rositas de maíz, panales coloreados, confites de anís y galletitas de limón, deleite de los niños que alternaban con vueltas en estrellas giratorias, olas marinas, caballitos y otros artefactos. No faltaba alguna tienda de campaña, a la puerta de la cual un turco barrigón pregonaba: «Archiba va... la suerte de la andivinadore... ici todo di la linia di la mani'».

El beaterío se escurría entre tantos aparatos, mostradores y curiosos que impedían el fácil desplazamiento. Rosario en mano, bisbiseando oraciones, subía las gradas que conducían al atrio, abriéndose camino con los codos, lanzando miradas furibundas a los que cerraban el paso. Muchos, en cumplimiento de alguna promesa, hacían el tránsito hasta el altar mayor de rodillas, dejando parte de la piel en el trayecto, besaban la parte inferior del cubre altar, se ponían en pie y disimulaban el dolor de las lesiones recibidas en esa caminata sobre ladrillos ásperos, piedrecillas desperdigadas, granos de arena, y hasta trozos de vidrios, dejados caer por algún despreocupado.

Lo más impresionante eran las misas de alba, celebradas los días ocho y doce de Septiembre. Por el año de 1908 el alumbrado público cesaba a las diez de la noche, por ello había que atravesar grandes distancias en completa oscuridad, para llegar al santo sacrificio. Como los portales de las casas del barrio estaban a distintos niveles, se necesitaba tener ojos de lechuza para no tropezar y caer. Sin embargo, era raro algún accidente, a pesar de los numerosos penitentes que marchaban descalzos o de rodillas, con grandes piedras sobre la cabeza, en señal de humildad, y arrepentimiento. El rumor de las pisadas se confundía con el de los rezos. El aire se llenaba de sonidos apagados, como un secretear de almas transidas de fe con la divinidad objeto de sus devociones. Confundidos pobres y ricos, blancos y negros, aristócratas y plebeyos, parecían una sola alma y un solo cuerpo; jamás se conoció de alguna agresión, majadería o desliz, que alterara la paz y la armonía emanada del profundo sentido religioso, de aquel pueblo. De alguna casa modesta, por grietas de puertas y ventanas que el tiempo maltratara, se filtraba un rayo de luz de un quinqué, celoso alumbrador de una tarea temprana de honrada planchadora, que aprovechaba el fresco amanecer para adelantar su trabajo. Los que pasaban solían dar los buenos días a quienes más adivinaban que veían: «Buenos días os dé Dios, doña Fulana», «Buenos os los dé Nuestra Señora»; y el ruido de la plancha se añadía al de plegarias y marcha, como si faltara solamente esa muestra de abnegación y laboriosidad para bendecir la jornada que empezaba.

Una vez viajó la Virgen de la Caridad, desde su residencia del Cobre hasta la Habana, en los días iniciales del gobierno comunista. Por la ruta que siglos antes recorrieran las huestes de Diego Velázquez en afán de conquista y evangelización marchó el ejército de fieles tras la gloriosa imagen de la Santa. Una multitud fervorosa iba renovándose en la jornada. La llegada a la Capital fue apoteósica. El pueblo de Cuba en masa se dio cita para rendirle tributo a su Patrona. Todo anunciaba la enorme tragedia que se desencadenaría sobre el país y que había anticipado sus frutos de odios, amenazas, persecuciones, prisiones y muertes. Nunca estuvo el cubano más cerca de Dios, ni el demonio tejió redes más sutiles para envolverle. Seguramente merecimos el tormento que nos vino. Seguramente también, cuando hayamos purgado nuestras culpas, los poderes del mal serán aniquilados y podremos retornar a la patria liberada, sin odios y sin ira, para ratificarle a nuestra amada Patrona el testimonio de nuestra invariable fe.

Donde la magia se hizo realidad

A las afueras de Roma, junto a la vía Apia Antigua, una modesta capilla alza su humilde estructura. A la entrada, junto a una pieza de mármol blanco que muestra la huella de un pie gigantesco, el guía explica a los visitantes la historia del pequeño templo: «Se llama: «Quo Vadis», porque en este lugar se apareció Cristo a San Pedro, que huía de la persecución de los paganos, y al preguntarle sorprendido: «¿Adónde vas, Señor?», Jesús le respondió: «Voy a Roma, a morir otra vez por ti», y el Apóstol, arrepentido, volvió sobre sus pasos, continuó predicando el cristianismo a los romanos, y encarcelado por éstos pagó con la vida su afán evangelizador». La narración parecía encerrar un mandato: el cumplimiento del deber, a costa de todos los sacrificios. Contenía la enseñanza de que nadie escapa a las inmutables leyes que rigen el universo. Esas palabras se grabaron en la mente de los oyentes y la existencia cobró para ellos una nueva dimensión.

En los momentos de graves dificultades, solemos buscar la solución de ellas apelando a lo sobrenatural. Cuando la tierra se estremece, sacudida por fenómenos naturales, o la sociedad es conmovida por conflictos que el hombre provoca, se busca un asidero que nos permita resistir al torbellino, o un escape, que nos ofrezca la manera de seguir adelante burlando la violencia de los acontecimientos. Cada uno trata de hallar al Dios de Misericordia dentro de sí mismo, crea una imagen a su manera, la traslada al medio circundante, y el tiempo se encarga de modificarlo, aumentar su magnitud y convertirlo en fuente de creencias inviolables.

De lo recóndito del alma de la criatura brota un manantial de fe, que le permite aceptar la adversidad como una lección de la divinidad que presta fuerzas para resistirla, superarla y vencerla. Desgraciado el que sabe extender el horizonte de su vida, más allá de sus miserias, porque no gozará de la augusta conformidad reservada a los creyentes.

El pueblo de Camagüey no estaba exceptuado de las leyes fundamentales de la vida. El mes de Mayo de 1838 lo sumió en una especie de confusión, atonía, o pasmo, que paralizó su actividad, alejándolo de la realidad inmediata. El motor que había puesto en función sus dormidas energías, había desaparecido, y sólo restaba el piadoso deber de dar sepultura digna a los restos del Padre Valencia, y a ello dedicaron sus mejores esfuerzos. Misas, confesiones, comuniones, rogativas, y las campanas de las iglesias doblando una semana entera, único ruido que alteraba la paz de nuestra Villa. Fue una especie de suspensión de hostilidades en la aguda querella provocada por la campaña abolicionista, los asomos separatistas y el repunte anexionista, que mantenía en ascuas a las autoridades coloniales. Entre tanto los asilados en el hospicio de «San Lázaro» permanecían ignorados, veían disminuir sus provisiones, cesar las limosnas, declinar la atención y tratamiento de sus males, y, abatidos y hambrientos, elevaban sus preces al santo hombre que se les había escapado hacia la eternidad. En medio del abandono en que se hallaban, mantuvieron la confianza en su viejo protector, y aseguraban que él intercedería con el Supremo Hacedor, para que pusiera fin a sus cuitas y penurias.

Los días se alargaban como siglos, porque para el necesitado todo es infinito como su pena. El socorro no llegaba. Los que tenían más de avaros que de cristianos, regresaron a su inveterada sordidez; los que necesitan del aguijón que estimule su generosidad, olvidaron que la caridad es una virtud necesitada de continuidad; el resto abrazó la tarea fácil de cambiar por rezos y prácticas rituales los servicios a la comunidad. Las obras superficiales de la religión crecían mientras disminuían las ayudas a los infelices asilados. La cristiana grey abandonaba el camino recto, y confiaba su salvación en lo aparente y pasajero, mientras dejaba extinguir la verdadera llama de las virtudes teologales. Faltaba la palabra y la acción enérgica de quien ponía en movimiento la piedad cristiana, recababa auxilios, asustaba a los renuentes con el fuego eterno, si regateaban la ayuda a su excelsa labor de redención humana.

Sentados en los bancos del jardín, los pobres asilados entretenían su miseria recordando las bondades y los hechos casi milagrosos del venerable Padre Valencia, al que rogaban pusiera término a sus congojas. Una de esas tristes mañanas, en que el abandono era más visible y la esperanza de ayuda más lejana, vieron posarse en el césped una bandada de auras tiñosas, entre las que se destacaba una por su blanco plumaje, en contraste con el negro mate de sus compañeras. De pronto creyeron que se trataba de otra clase de ave; pero una observación más cuidadosa les convenció de que era un tipo especial, que pudiera llamarse albina, jamás vista en Cuba, la que tomaron como una aparición del implorado sacerdote, que acudía a sus llamadas, venía a proporcionarles un poco de consuelo, y a demostrarle a los indiferentes y descreídos que protegía a sus enfermos a pesar de su muerte. La creencia se acentuó cuando se acercaron al animal y éste, mientras sus compañeras escapaban a todo vuelo, permaneció quieta, dejándose apresar y acariciar, comportándose como una vieja amiga, de costumbres domésticas. No dudaron del milagro y se dispusieron a obtener provecho exhibiendo el ejemplar mediante pago; porque de algo había de valerles lo que del buen sacerdote aprendieron.

Varios hospitalizados, escogidos entre los menos afectados por el mal, fueron enviados a la Villa, para propagar la noticia e invitar al vecindario a visitar el asilo, para que comprobaran que el Padre Valencia, dando una prueba de santa humildad, había reencarnado en un ave repulsiva, que en esta ocasión se presentaba con la alba vestimenta de los puros. El cambio que se operó en Camagüey fue extraordinario. Una fila interminable de penitentes acudió al asilo, para ver al Padre Valencia transformado en «aura blanca», abogando por los necesitados. Los peregrinos pagaban voluntariamente la cuota establecida, las limosnas volvieron a prodigarse, y las necesidades del establecimiento fueron ampliamente cubiertas.

La noticia corrió por toda la Isla, a pesar de las difíciles comunicaciones de entonces. Pueblos, villas y ciudades, demandaban se les enviara el «aura blanca», que consideraban un presente de Dios, que jamás desampara a sus criaturas y ofrecía a la humanidad un testimonio de su omnímodo poder. El ave, cuidada y protegida, cruzó la llanura camagüeyana en dirección a las provincias occidentales, dejando a su paso una estela de fervorosa devoción y aumentando los ingresos del asilo. Después de un largo recorrido fue a morir en la ciudad de Matanzas, donde un experto la disecó, y pasó a formar parte del gabinete de historia natural del Instituto de Segunda Enseñanza, donde se conservó hasta 1,959.

La ilustre poetisa Doña Gertrudis Gómez de Avellaneda recogió esta leyenda en una de sus magistrales crónicas, y a sus palabras y al recuerdo de viejas narraciones, nos atenemos.

El benemérito Padre Olallo

Cansado y maltrecho, con la ropa en jirones, manchado de tierra roja, descalzo, con los pies sangrando, una mañana de julio de 1835, un espigado joven llamaba a la puerta de la rústica residencia de Don José Marrero, en lo más escabroso de la Sierra de Cubitas, junto al primitivo camino que unía el embarcadero de la Guanaja con la antigua villa de Puerto Príncipe, hoy Camagüey. Un ciclón acababa de azotar la comarca; a las asperezas propias del rudimentario sendero, se añadían los obstáculos constituidos por grandes árboles derribados por la tormenta, haciendo casi imposible el tránsito. El extraviado viajero llevaba caminadas doce leguas, desconocía el rumbo correcto, andaba y desandaba la ruta buscando orientación, cuando, hambriento y cansado, acertó a ver la casa de referencia, ante la que pronunció las palabras sacramentales de la época: «Ave María Purísima», que fueron contestadas con un «Sin pecado concebida», por el dueño de la misma. Acogido a la generosa hospitalidad del acaudalado campesino, pudo descansar, calmar el hambre, reponer sus fuerzas y adecentar su vestimenta, aquel recién llegado, que se arriesgaba sin una mala cabalgadura por las espesuras de la serranía, sin otro guía que su instinto.

Varios días necesitó el inesperado visitante para recuperarse, durante ellos contó su breve historia. Procedía de la Casa Cuna de la Habana, donde había sido depositado en su tierna infancia por una madre que no conoció; su nombre era José Olallo Valdés; su edad quince años; pertenecía como hermano, a la orden hospitalaria de «San Juan de Dios» y venía consignado al hospital del mismo nombre, existente en Puerto Príncipe. La goleta en que había hecho el viaje, sorprendida y vapuleada por la tormenta, a duras penas pudo arribar al embarcadero de «La Guanaja» que entonces contaba con una docena de ranchos de vara en tierra y un enorme galpón para almacenar mercancías. En el muelle lo dejaron, diciéndole que ya estaba en el lugar de su destino. Un piadoso vecino le sacó del error y le indicó el camino hacia la capital de la región, y echó a andar, guiado por la necesidad, hasta llegar al refugio generoso del señor Marrero.

Provisto de un buen caballo, préstamo de su bondadoso hospedero, que además le acompañó en el trayecto, reemprendió la ruta hacia su definitivo paradero. Fue oportuna la llegada de Olallo Valdés a Puerto Príncipe. Una epidemia de cólera diezmaba la población; cada día, una carreta cargada de cadáveres franqueaba la puerta del cementerio del Santo Cristo del Buen Viaje, realizando una tarea interminable. Nadie parecía escapar al terrible mal, que mataba en pocas horas. El terror se apoderaba de todos. La medicina y la higiene, en pañales, no acertaban a detener la enfermedad. Los curanderos hacían fortuna con pócimas y mejunjes, que mataban en vez de curar. Unidos huracán y epidemia, amenazaban despoblar la religiosa Villa, que sólo hallaba consuelo en rezos, novenas y rosarios. El hermano Olallo no perdió el impulso. Con los escasos conocimientos adquiridos como ayudante de enfermero en la Habana, se dio a la tarea de asistir coléricos, aseándolos, medicinándolos, velándoles el agitado sueño. Era de admirar la fortaleza de aquel imberbe, casi un niño, delgado y pálido, que no descansaba y apenas se alimentaba o dormía, como si un poder sobrenatural le prestara fuerzas para afrontar la dura empresa. En la práctica diaria enriqueció sus conocimientos, amplió sus estudios de medicina, se hizo ayudante de cirugía. El dolor ajeno y la fatiga propia fueron sus maestros; las miserias que le rodeaban afirmaron su voluntad, moldearon su carácter, acentuaron su humildad. Su piedad crecía. No se hizo cura, pero todos le llamaban Padre, y lo era con mayúscula, como tal pasó a la historia: El Padre Olallo, nadie lo conocería por otro nombre.

Durante la revolución de 1868, el gobernador de Puerto Príncipe, general Ampudia, ordenó el desalojo del hospital para convertirlo en albergue del ejército. El Padre Olallo se opuso, con tal vehemencia y claros argumentos, que logró convencerlo de que la medida era impolítica y cruel, porque más daño haría la intemperie a los enfermos que a los soldados. El hábil e inteligente militar comprendió la argumentación del piadoso juanino, dejando sin efecto la orden y permitiéndole continuar al frente de su benéfica obra.

El 13 de mayo de 1873 fue llevado al hospital de referencia el cadáver del Mayor Ignacio Agramonte ídolo de la juventud revolucionaria camagüeyana. Atado al lomo de un caballo, sin cubierta que lo defendiera de las inclemencias del tiempo, el polvo del camino y la sangre coagulada le habían cubierto el rostro, deformado su fisonomía. El Padre Olallo lo hizo depositar en una camilla, lo situó en la esquina de un amplio corredor, a fin de que pudiera ser reconocido sin someterlo a tratamientos irreverentes; con su propio pañuelo, humedecido en agua destilada, limpió el rostro venerable del ínclito guerrero, con sus manos le alisó la revuelta cabellera; procedió a la descripción de las heridas que le produjeron la muerte; después de realizadas estas penosas faenas, se unió al padre Manuel Martínez Saltage, rezándole las oraciones pertinentes. Una tarja de bronce señala, en el lugar adecuado, ese piadoso acto.

En 1888 una epidemia de viruelas azotó la población. Otra vez la peste recorría pueblos y campiñas segando vidas, deformando rostros, aniquilando energías. El padre Olallo continuaba su tarea. Las pústulas y lacerías no le atemorizaban; con los medios a su alcance, utilizando manteca de cacao y aceite de higuereta, calmaba la incontenible picazón de los enfermos, sus intolerables sufrimientos. Miles de atacados se salvaron, recuperaron la salud, se libraron de las deformaciones que, en las partes más visibles del cuerpo, afectaban a los variolosos cuando eran sometidos a tratamientos inadecuados. Los que caían en manos del Padre Olallo estaban seguros de encontrar una asistencia cuidadosa, un tratamiento racional, el amparo y protección que otorga un corazón generoso y altamente cristiano.

Más de cincuenta años vivió el Padre Olallo en Puerto Príncipe, dedicado a obras de caridad, socorriendo a víctimas de enfermedades y accidentes.

El hospital de «San Juan de Dios» fue su hogar, su domicilio habitual, de donde solamente salió alguna vez, cuando la defensa de sus protegidos lo exigió, y definitivamente cuando Dios lo llamó a su Reino el 7 de Marzo de 1889. Durante tres días permaneció insepulto, en capilla ardiente, para que los principeños pudieran desfilar ante sus despojos mortales, para que pudieran contemplar por última vez el rostro venerable del generoso hijo de la inclusa, que consagró su vida entera al servicio del pueblo.

Por decisión del Ayuntamiento, cuando legalmente Puerto Príncipe pasó a llamarse Camagüey, reivindicando su nombre tradicional, se acordó sustituir el nombre de la calle de los Pobres, donde antiguamente sólo vivían familias menesterosas. La vieja calle nacía en la Plaza de San Juan de Dios, frente al hospital de ese nombre, hacía un largo et retorcido recorrido hasta desembocar en otra plazuela cercana a la estación actual del ferrocarril central, precisamente donde se levantaba la lujosa residencia de un rico vecino, cuyo nombre no es necesario citar, la que estaba rodeada de un amplio y cuidado jardín en medio del cual había un asta donde lucieron sus colores las banderas de España, de Estados Unidos y de Cuba, según los cambios políticos y las veleidades de su encumbrado dueño. Los concejales camagüeyanos, haciendo buena la frase de Cervantes en su inmortal «Quijote»: «La sangre se hereda y la virtud se aquista, y la virtud por sí sola vale lo que la sangre no vale», se olvidaron del vanidoso vecino que vivió en la holgura y la ostentación, y dieron el nombre del Padre Olallo a la calle de los Pobres, donde tanto bien hizo el hombre humilde y generoso que se hermanó piadoso con los desheredados.

El relicario de la Iglesia de las Mercedes

Las iglesias de Camagüey tenían pobres relicarios, sin joyas valiosas, capas pluviales de lujo, ánforas de cristal con restos de santos, ni siquiera una falange o un metacarpiano que pudiéramos enseñar. Los objetos sagrados de algún valor estaban expuestos al público en las naves de los templos, venerados y respetados por todos. Sin grandes candelabros cincelados en oro, como los que se exhiben en la Catedral de Toledo y que se dicen fabricados con el primer oro que se llevó de Cuba; carentes de un manto bordado con ochenta mil perlas orientales como el de Nuestra Señora de los Reyes, que se adora en Sevilla; sin una espina de la corona ni un trocito del madero de la cruz con que crucificaron a Cristo, nos enorgullecíamos enseñando la tabla y el ladrillo que sirvieron de cama y almohada al venerable Padre Valencia, los restos de la pequeña cruz de sal y el Santo Sepulcro de plata y cristal, obra de un modesto artífice, algún trono con más valor material que artístico, porque el magnífico altar barroco y las grandes lámparas de plata se fundieron en un pavoroso incendio, que por poco reduce el templo a cenizas, salvándose el famoso sepulcro, legado de fray Manuel Agüero, porque la sólida devoción del vecindario lo rescató de entre las llamas, a pesar de los estorbos que opuso un loco a quien llamaban Uva, que reclamaba para sí el derecho de salvar la preciada reliquia.

Aunque el susto fue grande, el fuego, como todo lo que ocurre en este mundo, tuvo su lado bueno: se remodeló el templo, se cambió por finos mosaicos el enladrillado del piso, se le proveyó de hermosos bancos de caoba tallada, en sustitución de aquellas sillitas y catrecillos que las beatas solían llevar debajo del brazo o cargados por alguna sirvienta, y el altar mayor fue reemplazado por otro majestuoso, construido de fino cedro, recubierto con láminas de oro de veintidós quilates, una maravilla del gótico florido, que relumbra como si hubiera apresado las llamas del incendio que destruyó el anterior, elevándolas hacia la cúpula como votiva ofrenda. De paso fueron renovadas las imágenes, desplazándose las pinturas de santos para entronizar las que llamamos «de bulto», frutos de la pericia de imagineros españoles, que en esto de hacer santos y renegar de ellos no tienen rivales.

Nuestra iglesia de Las Mercedes es la de mayores proporciones de Camagüey, su torre la más elevada. No es de piedra de cantería ni de mármol, porque no los hubo en toda la jurisdicción, pero sí de espesos muros de ladrillo y argamasa de arena y cal viva, que le daban solidez y fortaleza; la gran arquería basilical sostenía techumbre, cúpula y torre, y en ella el único reloj público señalaba las horas, porque el de la Parroquial Mayor era un simple adorno, que jamás anduvo ni siquiera tropezando.

Los camagüeyanos podían decir que eso era una Iglesia, y lo demás jarana, simples capillas u oratorios, aunque los hubiera de muchas pretensiones. Como de la plazuela que de ella recibe nombre parten las principales calles: Mayor, Soledad, Candelaria, Merced, Padre Valencia y Popular, donde vivían ricos terratenientes, jueces, magistrados, alcaldes y gobernadores, a ella concurrían las más bellas y encopetadas damas y damitas que, como las Sirven, Tunga y Nana, las Biosca, Blanca y Cuca, con su palmito y salero, tenían hecho agua el cerebro al mocerío local. Nadie perdía una misa en que el boato de la parroquia se acrecentaba con tanta mujer linda; donde la voz de Argentina Barroso llenaba el ámbito del templo, acompañada por el selecto coro que ella dirigía, y la música de Palestrina y Jacopponi di Todi era interpretada por la orquesta de Víctor Pacheco y su prole, notables músicos que nada tenían que envidiar a los mas empinados de cualquier importante ciudad. De allí se salía, pasada la ceremonia como dijo Bossuet en su elogio fúnebre de Ana de Gonzaga, «o más cristianos o más culpables».

Desde el Viernes de Dolores hasta el Domingo de Resurrección, «las Mercedes» lucía todo su esplendor, los mejores monumentos, las más imponentes ceremonias, los sermones más edificantes y elocuentes; las mujeres, tocadas con negras mantillas de blonda, rosario y devocionario en mano, dejaban escapar suspiros y hasta sollozos, cuando el orador sagrado de turno extremaba el acento conmovedor en su exposición de «Las siete palabras», «las tinieblas» o «el descendimiento». Muchos fieles entraban de rodillas, después de haber desfilado en tal posición por las calles mal empedradas, y llegaban desollados y sangrantes, sufrimientos que se imponían para expiar algún pecado o como demostración de fe; todos procuraban dejar en blanco el libro de sus cuentas para volverlo a llenar en lo futuro; pero el rito se practicaba con toda unción y respeto, y ni siquiera los dementes eran capaces de una acción reprensible.

En la sacristía de esta afamada Iglesia se almacenaron algunos objetos, que fueron retirados de la circulación cuando se hicieron las reformas de que hemos hablado. Allí estaban, si los incrédulos y blasfemos que ahora mandan en Cuba y quieren tapiar el pensamiento del pueblo, no los han retirado, dos hermosas pinturas dignas de figurar en alguna afamada pinacoteca: Una excelente copia de la famosa Purísima Concepción de Murillo, y un cuadro de Nuestra Señora de Sopetrán, pintado por Santa Cruz, que llama la atención por la minuciosidad de sus múltiples detalles; representa un paisaje agreste, desolado, una colina yerma coronada por una vieja fortaleza, donde los cristianos, rodeados por un ejército de moros, coronan las almenas, unos en actitud bélica y otros implorantes: fuera del recinto hay un pozo y dominando el conjunto una Virgen derrama el agua salvadora sobre la cabeza del jefe de los sitiadores, mientras del castillo comienzan a bajar jubilosos los cristianos. Según la leyenda relatada en el propio cuadro por su autor, la fortaleza estaba situada en un plano por debajo de una aldehuela llamada Piedrahita, junto a Valladolid, y le llamaron «Sopetrán» por una deformación, común en las lenguas romances en su periodo inicial, del término latino «Sub-petran» (bajo la piedra). De acuerdo a la tradición allí se construyó una abadía benedictina en conmemoración del milagro que hizo la Virgen María obligando a los

113

moros a suspender el asedio, liberando a los cristianos que estaban a punto de morir de hambre y de sed, y lo que es aún más notable: derramando el agua redentora sobre el jefe sarraceno llamado «Alá», que, como todos sabemos, es el nombre que a su dios dan los que siguen la doctrina mahometana.

El convento benedictino fue muy famoso y harto conocido de la grey católica hispana desde 1103 año de su fundación. Protegido por el arzobispo de Toledo Gómez Manrique, quien le hizo valiosas donaciones y modifico sus reglas, así como el marqués de Santillana, Iñigo López de Mendoza y sus descendientes Don Diego y Don Bernardino Hurtado de Mendoza. De ese convento salieron hombres notables por su piedad y sabiduría como fray Antonio de Sea, Alonso Barrantes, Martín Riaño, Antonio de Heredia y el célebre fray Juan de Talavera, predicador de los reyes de Portugal y Abad de Coimbra. Llegó a tener doce abadías en el período de 1,600 a 1,758. Las revoluciones, guerras y desamortizaciones fueron mermando su poderío, y hoy apenas quedan de sus imponentes construcciones un arco, que oculta su basamento bajo escombros, y las paredes de la parte Sur del Monasterio, que se utilizan como caballeriza.

La Virgen de Sopetrán figuró en el santuario de los benedictinos en un cuadro debido al pincel de un desconocido pintor, pero más tarde fue sustituido el lienzo por una bella estatua adquirida en Flandes. ¿Sería acaso, el cuadro existente en la sacristía de la Iglesia de las Mercedes, traído a Camagüey por designio de la Providencia? No lo sabemos. Pero sí podemos afirmar que hubo una época en que estuvo muy arraigada la devoción a la Santa Virgen de Sopetrán en nuestra América española, porque en Colombia, departamento de Antioquía, hay una provincia que lleva su nombre, y Sopetrán se llama su capital, quizá por la parroquia que allí se fundó en 1793.

El habla de mi tierra

«No importa que extendidas las blancas velas,
al Oriente volvieran los españoles,
si hablan el mismo idioma nuestras abuelas,
bajo las lumbraradas de iguales soles».
***(Emilia Bernal**. «Salutación a Villaespesa»)*

Los camagüeyanos teníamos la creencia de hablar el mejor español de Cuba. Alguna razón abonaba tal pretensión. Es verdad que nuestro lenguaje resultaba un tanto fosilizado, anclado en un tiempo lejano, como vieja barca abandonada. Por excepción entraba en nuestro medio de comunicación un vocablo de origen extraño. Hasta el idioma de taínos y ciboneyes desapareció ante el empuje victorioso del conquistador hispano. Salvo algún nombre de lugar o de fruto nativo, nada nos recuerda que en nuestra Isla, hace poco más de cuatro siglos, se hablaba otra lengua.

La pureza idiomática camagüeyana, que no es tanta como se cree es la resultante del aislamiento en que vivió la capital de esa región, la más alejada del mar entre las de su clase, rodeada de bosques y haciendas ganaderas, sin otro vehículo de transportación que la pesada carreta tirada por bueyes. En toda la provincia hay un solo puerto: Nuevitas, porque el resto lo constituyen pequeñas ensenadas, útiles para una arribada en caso de emergencia o para el alijo de contrabandos. El escaso intercambio con forasteros, y la ganadería como única riqueza local, nos mantuvieron enquistados dentro del complejo imperio colonial español que, aunque tropezando, avanzaba en otras regiones de la América.

El latifundio y la ganadería normaron nuestra forma de vida y permearon nuestro lenguaje. Vivíamos de una explotación agraria lenta, cuyas cosechas sólo podían recogerse al cabo de cuatro o cinco años de iniciado el ciclo reproductor, y toda nuestra actividad se acomodó a ese ritmo demorado. El predio rústico, lo que llamaban la finca, atrajo toda la atención, y a ella se subordinaba cualquier empresa. Las costumbres campesinas predominaron, el campo absorbió a la ciudad, lo rústico primó sobre lo urbano. Hasta las casas en la población imitaban a las de las haciendas; en salas y dormitorios existían argollas fijadas en las paredes para «amarrar hamacas», colgar sillas y aperos de montar, y, en casos no muy raros, algún caballo de calidad pasaba la noche amarrado a una de esas argollas, en la misma habitación en que dormía el amo, celoso de tal prenda. Los frutos del predio propio se vendían al público en la cochera de la casa, o en el espacio hurtado a la sala de recibir visitas; porque no era de mal gusto que la señora de la casa, alguna hermana solterona, o alguna sirvienta, que descansaba alternando fuertes labores domésticas con faenas comerciales, prestaran vigilante atención a un mercadeo, que aumentaba el patrimonio familiar.

Nuestra economía dominó nuestro lenguaje. Hablábamos de lo que hacíamos, y empleábamos términos rurales, sin hacer mucha distinción entre bestias y hombres. Al cabo, un idioma es un ente vivo, formado de palabras que nacen, crecen, se casan, se divorcian, se reproducen y mueren. Los escasos extranjeros que nos visitaban cuando no teníamos ferrocarriles, y los que después nos llegaban por éstos, se quedaban asombrados ante el mundo que descubrían. Ni Cristóbal Colón y sus compañeros sufrieron tan violento deslumbramiento. Nuestro lenguaje, colmado de términos que solamente escuchamos en las regiones ganaderas de Chile, Venezuela, Uruguay y la Argentina, le resultaba casi incomprensible; porque el tiempo se había detenido fijando hábitos, palabras, ideas, que estaban abolidos en el resto de Cuba. A continuación ofrecemos algunos ejemplos que ilustran estas afirmaciones:

«AJUMARSE»: Esta palabra es una deformación de la voz castiza «ahumar». En Camagüey significa embriagarse. Posiblemente el cambio semántico nace de la observación: «un borracho ve todas las cosas envueltas en el humo de su embriaguez».

«ARRECHERA»: Palabra castellana que significa «tieso», «erguido», «brioso». Es término que se aplica a los animales cuando están en celo. En Camagüey se aplica igualmente a las personas dé tendencias libidinosas. Igual empleo tiene en Venezuela, país de ganadería. En Puerto Rico se le sustituye por su tercera acepción o sea «brioso».

«ARRUMAZÓN»: Voz castiza que se refiere al conjunto de nubes oscuras que se presentan en el horizonte anunciando tempestad. «Hoy llueve, porque hay gran arrumazón», dicen nuestros guajiros en magnifico español.

«AGUALOJA»: Nombre que se le da a una bebida refrescante compuesta de miel de abejas, agua y un polvito de pimienta o canela, que a veces se sustituía por un retoño de limonero o naranjo. Fue de mucho uso durante la guerra de 1868 y se le llamaba Cuba Libre. A veces se bebía caliente, y es la generosa antepasada de la moderna mezcla de ron y coca-cola.

«AGUATERO»: El que vende o acarrea agua. La palabra correcta es aguador, pero en Camagüey y en la Argentina se le llama «aguatero».

«ANONCILLO»: Fruta en racimo, de corteza verde y quebradiza, de pulpa ligeramente rosada y acidulada, con un hueso o semilla que contiene una substancia blanca, comestible, de sabor parecido a la almendra. En otras regiones de Cuba se le llama «mamoncillo» y en Venezuela «mamón».

«BARRUNTO»: Término español que significa «anuncio», «predicción» o «augurio» que se apoya en indicios racionales. «Hay barruntos de agua», «hay barruntos de revolución», dicen nuestros guajiros cuando el cielo está encapotado o notan inconformidad en la gente, y hablan como nuestro padre Cervantes.

«BARAMBA»: Exclamación con que sustituyen a la usadísima «Caramba», para demostrar asombro o enfado.

«BAJETON»: Voz popular que se aplica a la persona rechoncha de estatura mediana.

«BEJIGO»: Niño de poco tiempo de nacido o jovencito que quiere dárselas de hombre maduro: Ej: «Usted es un bejigo»; «esta conversación no es para bejigos». Tiene su origen en la palabra «BEJIN», conque se designa comúnmente en España a los niños llorones y a las personas irritables y querellonas.

«CIPOTE»: Del latín CIPPUS, nombre que se daba a las piedras miliares de los caminos romanos. En Camagüey, quizá por parecido físico, se emplea en lugar del término grosero muy usado por los españoles como expresión de agravio. «Váyase al cipote», o en forma peyorativa: «eso no vale un cipote».

«CANGILÓN»: Se le llama de este modo a la parte de los dulces que forman repliegues en cañón y también a las rocas que poseen tal forma. Un cangilón no es todo un dulce, sino aquella parte que posee forma de cangilón. En Camagüey son famosos los cangilones del río Máximo. La palabra es castiza y la emplean en España para objetos que poseen determinada forma.

«CANCHANCHARA»: Bebida compuesta de azúcar parda quemada y agua. Suele emplearse despectivamente para cualquier bebida desagradable.

«FAINO»: Voz muy popular, al parecer de origen local, que significa bobo, tonto o distraído. Se dice del que habla o hace simplezas. Ej: «Fulano es un faino», «se pasa la vida haciendo faineras o fainerías».

«FACISTOR»: Deformación por sustitución de «l» final por «r». Se aplica al tipo engreído, pedante, que se da aires de superioridad. Viene de la palabra «FACISTOL», que es el atril grande donde se colocan los libros del coro en las iglesias. Venezuela usa el mismo término con igual sentido, tal vez porque antiguamente tenía connotación de «pedante».

«FALTRIQUERA»: Bolsillo del traje para guardar monedas u otros objetos pequeños. Generalmente una bolsa tejida, con una abertura central protejida por dos anillos, en las que depositaban el dinero metálico los campesinos. Es voz castiza.

«FRUTA BOMBA»: Papaya. Es un eufemismo para evitar el empleo del nombre de la fruta, por otorgársele connotación indecorosa.

«GUASAPALO»: De la voz taína «guasábara». Se aplica a indiviuo de baja clase social, amigo de pendencias y escándalos. Un guasápalo es un chusma revoltoso.

«GUATIVERE»: Es una deformación de la expresión inglesa «WHATEVER» que significa «cualquiera». En Camagüey un guativere es un cualquiera, un individuo del montón, alguien de clase inferior. Se supone que la palabra fue introducida por los ingleses durante la ocupación de La Habana a mediados del siglo diez y ocho.

«GUAGUA»: Voz quechua que significa niño. Un Guagua es un niño de corta edad. En Camagüey se usa para designar algo que nos resultó barato o que nos lo dieron gratis; también un vehículo de transportación colectiva. La palabra nos llegó a través de los marinos que hacían la carrera de las Indias, transportando los tesoros de América a España. La carta de naturaleza la obtuvo de un bando dictado por el Virrey del Perú, Amat, el célebre amante de la «Parricholi», quien reguló el pasaje de la diligencia que hacía el recorrido del Callao a Lima, consignando que los «guaguas» viajarían gratis. Con el tiempo «viajar de guagua» era viajar de gratis, y más tarde se trasladó el nombre al medio de transportación, al que todavía llamamos «guagua».

«GUAMPARA»: Machete corto, de hoja ancha, que se emplea en el corte de la caña de azúcar. También se le da el nombre de «MOCHA». Solamente encontramos una palabra parecida en Chile, donde los campesinos llaman «GUAMPARO», con O final, a una especie de vaso rústico que hacen con cuerno de res.

«HUACA»: Voz de origen quechua. Se emplea en Camagüey con el mismo sentido de sitio donde se esconden objetos de valor o frutas. Una huaca es un escondrijo donde se ha ocultado algo de valor. «Hice una huaca», «encontré una huaca».

«IMPROSULTA»: Deformación de la expresión latina: «NON PLUS ULTRA». En Camagüey expresa lo máximo de algo, pero refiriendose a malas cualidades. Ej: «Esa mujer es la improsulta», quiere decir que es una malísima mujer «Ese hombre es la improsulta» o sea que nadie puede igualarle o superarle en perversidad. En la zona de Bayamo se emplea la palabra con la misma deformación y en igual sentido.

«JERINGANDOLA»: Nombre que se daba a un artefacto que se utilizaba para administrar lavativas. Tenía una forma peculiar de embudo, provisto de un brazo largo, vuelto hacia arriba, que remataba en una boquilla de madera; el aparato era de hojalata y lo manejaba el paciente. Es corrupción de la palabra «jeringa». Los muchachos solían utilizarla como corneta, cuando jugaban a tocar retretas. La fuerza de la pronunciación recae en la penúltima sílaba.

«MANGRINO»: Del inglés «green man». Se da el nombre de «mangrinos» a los campesinos acomodados carentes de modales urbanos. En inglés quiere decir «hombre verde» y se usaba en el mismo sentido que los camagüeyanos. Se supone que la expresión fue importada por jóvenes que estudiaron en Estados Unidos a mediados del siglo pasado.

«MAPIANGO»: Palabra que llegó a Camagüey con los poquísimos franceses que allí se asentaron, huyendo a la revolución de los esclavos de Haití. Es una deformación de la frase francesa «MALPEINGNE», con que se designa a la persona sucia, descuidada en el vestir, despeinada. En Camagüey decir mapiango es decir sucio, puerco, de baja condición.

«LUEGO»: Es voz castiza. En Camagüey han alterado su sentido cambiándolo de «más tarde» o «después» por «algunas veces» o «de vez en cuando».

«MATAJIBARO»: Especie de machuquillo de plátano verde frito con chicharrones y ajos. Es comida fuerte, pesada de digerir. En Puerto Rico le llaman «MOFONGO».

«PERILLO»: Niño o niña que trata de sobresalir mostrando conocimientos impropios de su edad.

«PEROL»: Voz castiza con que designamos un tipo de jarro, generalmente de hojalata. A veces le damos sentido de embriaguez, quizá por haberse embriagado alguno bebiéndose el contenido de uno o dos peroles. Ej: «Me puse un perol», «se pegó un perol».

«PIRINOLA»: Deformación de la voz española «perinola». Se usa correctamente para designar un pequeño trompo o peonza, y en sentido figurado para nombrar el órgano viril de un niño.

«SALIDA»: Se dice de la persona coqueta y excitable sexualmente. Es término castizo que se aplica a los animales.

«SATO»: El mismo sentido que «salida», menos enfatizado en lo sexual.

«TASAJO BRUJO»: Carne salada, cortada en bandas y secada al sol. En una época se importaba del Uruguay en grandes cantidades, por lo que en Vuelta Abajo se le llamaba «tasajo de Montevideo». En Camagüey le daban el calificativo de «brujo», porque después de hervido y aporreado daba la impresión de aumentar.

«TOTENEMOS»: Tela barata de color blanco, listada de azul-gris o rojo, de aspecto rugoso, de que se vestía la gente pobre. La palabra es deformación de «todos tenemos».

«TAYUYO»: Especie de tamal hecho con harina de maíz y carne de cerdo o pollo, envuelto en hojas de la mazorca o de plátano, y cocinado en agua hirviendo. También suele cocinarse en cazucla, sin hojas. Es comida popular y de mucha demanda.

«VAINA»: Palabra castiza. Los camagüeyanos la usan en sentido figurado para designar a un mentecato o a cosas inaceptables. Encierra idea de simpleza unida a cierta malignidad. Un vaina puede ser un tonto, pero también un taimado o socarrón que quiere engañarnos. Ej: «No me venga con vainas», «Ese tipo es un vaina». A veces significa regaño: «Me echaron una vaina». El origen de esta palabra podemos hallarlo en la expresión española «meter fajina», que se aplica a quienes hablan tonterías, haciendo ruido y mezclando impertinencias.

«VENDUTA»: Establecimiento dedicado a la venta de frutas y vegetales. Posiblemente la palabra viene del italiano «VENDITA», cambiando el acento de la primera sílaba a la penúltima y la «i» en «u», porque la referida voz significa «venta».

«YERBATERO»: Vendedor de yerba. El término correcto es herbolario. Los camagüeyanos emplean la palabra «yerbatero», como los argentinos «yerbero» para el recipiente donde depositan la yerba mate. No pretendemos hacer un diccionario de voces camagüeyanas, porque el espacio, el tiempo y los lectores no lo permitirían. Pongamos punto final a estas disquisiciones lexicográficas, recordando que el camagüeyano usó hasta hace muy poco el pronombre personal «VOS» para la formación coloquial, y dejaba el usted para tratamiento de superioridad y respeto; excluía el tú en sus conversaciones, por considerarlo despectivo e inferiorizante, y se transportaba a la gloria cuando alguien le demostraba su cariño con el «voceo» habitual: «Vení acá, no seai faino, que ahorita colamos un buen café». Un pueblo tan aferrado a sus tradiciones no puede cambiar, por mucho que se empeñen los recitadores comunistas, que lo atormentan día y noche con obsoletas consignas y falsas propagandas de perverso contenido.

Nuestras viejas instituciones camagüeyanas

El Municipio de Camagüey en el exilio, bajo la eficiente dirección del señor Feliciano Sabatés Belizón, celebró, el día diecisiete del presente mes, un acto en recuerdo de las sociedades fundadas en el pasado por los camagüeyanos. No se trataba de rendirles homenaje a determinadas personas, sino a la ingente labor desarrollada por generaciones del pasado, que honraron a la tierra nativa impulsándola por caminos de la cultura y del amor al prójimo. Se procuró, con notables resultados, de colocar lo colectivo por encima de lo individual, actuar con sentido de pueblo y no con sentido de clase; porque fue así como actuaron nuestros antepasados y debemos hacerlo nosotros, si es que en realidad aspiramos a regresar a Cuba, no para recuperar bienes perdidos ni obtener ventajas materiales de un regreso lleno de dificultades, sino para despedirnos de la vida en la tierra donde nacimos, de la que nos mantienen alejados la violencia y el odio de los que hoy la tiranizan.

Muchas fueron las sociedades de instrucción y recreo que se constituyeron en Camagüey durante el pasado siglo, nuestro verdadero siglo de las luces, del que existen testimonios indubitables. La primera que nos legó documentos históricos elocuentes fue la llamada «Sociedad Filarmónica», que al andar del tiempo cambió su nombre por el de «Liceo de Puerto Príncipe», fundada en 1842, establecida en la casa enclavada en el encuentro de las calles de Santa Ana y San Diego, próximo a la plazoleta de San Francisco, trasladada al año siguiente a la casa de alto de Don José Bocio, situada en la calle Mayor esquina a la del Ángel, hasta que en 1859 se le dio residencia permanente en la casa del Marqués de Santa Lucía, frente a la Plaza de Armas, adquirida más tarde por los socios en venta que de ella les hiciera la nueva propietaria Doña Belén Loret de Mola, madre del ilustre patricio Don Manuel Márquez Sterling, donde permaneció hasta nuestra salida de Cuba. Esa decana de nuestras asociaciones tuvo una bella historia cultural y patriótica. En ella se le ofreció una brillante recepción, el 10 de mayo de 1860, a la famosa escritora Gertrudis Gómez de Avellaneda, se le ciñó una corona de laurel, y a la terminación se le acompañó hasta su residencia temporal por la directiva, socios y una nutrida representación del pueblo. En ese mismo año comenzó «La Filarmónica» a ofrecer clases de ciencia y literatura a sus socios, ampliándolas en 1867 con las de música, solfeo, vocalización, inglés, francés, italiano, gramática castellana y teneduría de libros, dirigidas por competentes profesores.

«La Filarmónica» fue también un centro de conspiración para liberar a Cuba del dominio español. La casi totalidad de sus asociados, en edad militar o con capacidad para emplear un arma ofensiva, secundó, el 4 de noviembre de 1868, el movimiento revolucionario que iniciara Carlos Manuel de Céspedes, en su ingenio «La Demajagua», el 10 de Octubre de dicho año. Las autoridades españolas, en represalia, decretaron el cierre de las sociedades cubanas cuyos socios eran partidarios del movimiento independentista. El día primero de febrero de 1870 le fue aplicado a «La Filarmónica» el referido decreto, entregándose el local al «Casino Español», que lo ocupó inmediatamente, manteniéndose esa situación hasta finales de la guerra de 1868, cuando España inició un movimiento de pacificación, suavizando las medidas extraordinarias con que había pretendido rendir a los revolucionarios. La reapertura de la sociedad se produjo a finales de 1875.

La segunda sociedad creada por los camagüeyanos fue la «Sociedad Popular de Santa Cecilia», que se fundó el 20 de Noviembre de 1864, a iniciativa de Don Raúl Lamar, secundado por los señores Fernando Betancourt, Juan García de la Linde, Gabriel Juncadella, Manuel Socarrás y Manuel Cadenas, en la que tuvo amplia acogida la clase media. Sus socios, como lo revela el calificativo de «popular», centraron sus esfuerzos en la propagación de la cultura musical y teatral, formaron grupos de aficionados para que representaran dramas, comedias y juguetes musicales, que gozaron de bastante popularidad. Muchos socios e hijos de socios, discípulos de esos cuadros artísticos llegaron a ser músicos y actores de gran fama, que viajaron fuera del país y pusieron muy alto el nombre de Cuba y de la «Sociedad Popular de Santa Cecilia». Esta sociedad fue cerrada por disposición gubernativa en 1870 y reabierta en 1875 al ponerse fin a la interdicción.

Otra sociedad que influyó poderosamente en el auge de la economía local fue la «Liga Agraria», situada en una casa contigua al «Liceo», en Cisneros frente al parque Agramonte. En ella se reunían los ganaderos de la jurisdicción para tratar del mejoramiento de sus hatos de ganado vacuno y caballar, estudiar la manera de aumentar sus crianzas por medio de cruces con ejemplares de alta calidad, que aumentaran la cantidad de carne y leche de los primeros, la alzada de los segundos, la resistencia de ambos a las plagas tropicales, regular el precio de sus productos en el mercado y favorecer la exportación. Fue una sociedad de gran poder económico, que influyó positivamente en la vida económica de la nación a la que prestó eminentes servicios.

En el campo proletario, tuvimos el llamado «Círculo de Trabajadores», ubicado en la calle de San Ramón esquina al callejón de Mojarrieta, que no sólo defendió a los obreros contra la explotación de empresarios abusivos, sino que facilitó estudios superiores a estudiantes pobres creando becas para ellos, que gracias a esa iniciativa generosa pudieron graduarse en la Universidad de La Habana y algunos llegaron a ocupar altos cargos políticos y administrativos en el país.

Una sociedad que se distinguió por su empeño en lograr el acercamiento de las clases sociales de Camagüey fue la orden o hermandad de «La Perseverancia», fundada por Liborio Vega

Beltrán, Juan de Dios Romero y el Dr. Oscar Fonts Sterling. Quizá todavía está instalada en la antigua casa de los Condes de Villamar, calle de la Candelaria esquina a San Clemente. Esta sociedad concentró sus esfuerzos en ayudar al estudiante de pocos recursos y socorrer a familias necesitadas. Profesionales de gran prestigio debieron a esa organización la obtención de una carrera que sin su apoyo tal vez nunca la habrían logrado.

Los españoles, dueños de casi todo el comercio de Camagüey, de varios ingenios y fábricas de tabacos, licorerías y jabones, se agruparon en defensa de sus ideales integristas. A partir de las invasiones dirigidas por el general Narciso López crearon sociedades mutualistas bautizadas con los nombres de «Casino Español» o «Colonia Española». Estaban ligados a la metrópoli por la sangre, el idioma, la religión, las costumbres y los intereses, frente al criollo que aspiraba a la independencia política, obedecía a otra forma de vida y tenía costumbres diferentes. Pero hay que reconocer que los componentes de esas sociedades fundaron sólidas familias, contribuyeron con su constante labor al crecimiento de la riqueza cubana y fomentaron la generosa institución del «fiado», refaccionando a ganaderos y agricultores hasta que vendieran sus productos, costumbre que extendieron a la venta al pormenor de víveres a clientes particulares, a quienes rara vez inquietaban exigiéndoles paga adelantada o negándoles espera en el pago de sus adeudos.

Pero el mayor de los servicios que prestaron a nuestro país fue la implantación del sistema mutualista, que daba a los asociados esparcimientos, enseñanzas, asistencia médica, hospitalización, servicio dental y hasta funerario, por la insignificante suma de un peso cincuenta centavos. Sus quintas de salud eran monumentales y el columbario edificado en el Cementerio de Colón, en La Habana, por los «Hijos de Santa Marta de Ortigueira», era verdaderamente digno de admiración.

La población de color organizó varias asociaciones muy respetables: «El Fénix» y «El Progreso» para los mulatos; «Victoria» y «Maceo» para los negros. Todas preocupadas en el adelanto cultural de su raza, enseñando a sus socios música, teneduría de libros, canto, inglés y francés. El contacto con los Estados Unidos llevó a Cuba el entusiasmo por los deportes. Proliferaron en Camagüey centros como el «Club Deportivo Bernabé de Varona», situado en terrenos del «Casino Campestre»; «El Club Deportivo Ferroviario», situado en la Vigía, un apéndice de «La Hermandad Ferroviaria», que reunía a empleados y obreros del Ferrocarril de Cuba, y el «Camagüey Tennis Club», sociedad de señoritas, que inclinó a las mujeres de Camagüey hacia el deporte. Fue creada por dos tesoneras damas: La bellísima Pilar Garcés de la Marsilla y la incansable luchadora Isabel Garcerán de Val Laredo, hija del entonces Presidente de la Audiencia y sobrina del Presidente de la República, Dr. Federico Laredo Bru. En una vieja casa que sirvió de vivienda al guardaparque del Casino Campestre Don Manuel Estrada, conocido por «Mandico» durante la conspiración que preparó la guerra de 1895, estableció su sede la novel sociedad. Con esfuerzos extraordinarios repararon la ruinosa construcción haciéndola habitable. Allí se adiestraron las bellas camagüeyanas que compitieron ventajosamente en un concurso de natación celebrado en Santiago de Cuba y otro en La Habana, dejando bien acreditados nuestros valores deportivos, a pesar de que nuestra legendaria ciudad distaba de la costa dieciocho leguas por el Norte y veintidós por el Sur lo que dificultaba a sus habitantes las prácticas de ese deporte. Siguiendo la tradición de las precedentes sociedades, el «Camagüey Tennis Club» añadió al deporte la instrucción y el servicio público. En sus salones se ofrecieron clases de corte y costura, bordado y tejido, literatura y labores manuales; por ellos desfilaron conferencistas, recitadores, músicos y cantantes de fama universal. La directiva puso singular empeño en ayudar económicamente a la altruista señorita Julieta Arango Montejo para que terminara, el hospital para niños huérfanos y pobres en el antiguo convento de San Juan de Dios, obra piadosa que debe haberle ganado un sitio destacado en el reino del Señor, a donde éste la llamara recientemente.

Al establecerse en Cuba el régimen comunista, fueron cerrados los centros sociales y confiscadas sus propiedades. El «Camagüey Tennis Club» no pudo escapar a la medida. La señorita Garcerán de Val, que había presidido repetidas veces la institución, fue acusada por uno de esos judas, que siempre surgen de la nada cuando una grave convulsión trastorna el orden social, y tratan de crearse una reputación a costa de la ajena. Isabelita enfrentó a su acusador con serenidad y entereza, rechazó cortésmente el auxilio de abogados y amigos, no quiso que corrieran riesgos en su defensa. Se le imputaban malos tratamientos a la empleomanía del Club, y cuando los tribunales decretaron su absolución por falta de pruebas, la llevaron ante el gremio de empleados para que respondiera a los cargos, negándolos otra vez, y tuvo el consuelo de ver erguirse a una joven miliciana que asumió su defensa tachando de mentiroso al empleado desleal e informando ante esa especie de jurado los servicios prestados por Isabelita a sus subalternos en sus enfermedades y contratiempos, obteniendo el sobreseimiento libre. Pronto comenzó el desfile de los perseguidos por la nueva situación. Isabelita vino al exilio con su amada familia espiritual, instalándose en el estado de Texas, de donde, con más de noventa años de edad, ha venido a reunirse en Miami con sus viejos afectos en el grandioso acto del día diecisiete, presidiéndolo con la gallardía y gentileza que le son habituales.

Dos sociedades camagüeyanas organizadas al comienzo de la tercera década del siglo actual: «El Lugareño» y el «Círculo de la Cultura Francesa», se dedicaron a expandir la cultura en nuestra tierra. La primera fue fundada por un grupo de profesionales distinguidos y la segunda por la notable poetisa Isabel Esperanza Betancourt. Tuvieron corta vida. Al escribir estas líneas sobre los que de alguna manera han coadyuvado al desarrollo cultural de nuestro inolvidable Camagüey, conmovido por recuerdos imborrables, pedimos al Altísimo nos conceda la merced de señalarnos la ruta que debemos transitar para liberar a Cuba de sus opresores, aunque dejemos la vida en esa empresa, porque al cabo, según la letra de nuestro himno nacional, «morir por la patria es vivir».

«Cuando llovieron peces»

Hasta bien entrado este siglo los ciclones tenían por nombre el santo del día en que desataban su furia, o cuando más el del año. Antes se hablaba del ciclón de Santa Teresa o de San Francisco, a veces la referencia era al del año 1793 o 1844, y hasta hace poco al de Santa Cruz del Sur, que barrió al pueblo de este nombre, hizo morir ahogados a sus cinco mil habitantes, salvo un pequeño grupo que cambió de plaza a tiempo, escapando al desastre.

La mayoría de los huracanes que afectan a Cuba se originan en el Caribe; corresponden por lo general al segundo período ciclónico, de septiembre a noviembre. Los del Atlántico, que se forman de junio a agosto, rara vez descargan su fuerza sobre nuestro país. La parte occidental de la Isla ha sido siempre la más atacada por ese fenómeno, venga del Norte o del Sur; estos últimos tienen una trayectoria bien marcada, hacia Pinar del Río, en tanto que los primeros se dirigen sobre la Habana o algunos lugares de la costa Norte de Las Villas.

Camagüey se halla salvo de ciclones y temblores de tierra, aunque no siempre. Cuando la Habana y Pinar del Río eran batidas por vientos furiosos de más de cien millas por hora, que arrasaban cosechas, mataban ganados, derribaban bosques y arruinaban casas, los camagüeyanos disfrutaban de días soleados, apacibles y serenos, como si habitaran en un mundo aparte. Solamente cuando una tormenta tropical, procedente del Caribe, chocaba con el macizo montañoso de la Sierra Maestra y recurvaba hacia Santa Cruz del Sur, nuestras fincas y caseríos eran gravemente afectados. En ese caso la tormenta se movía de Sur a Norte, cruzaba la extensa llanura camagüeyana, y avanzaba sobre la Florida o el Atlántico. De su paso dejaba pocas huellas: algunas tejas voladas, desguarneciendo un trozo de techumbre. Con unas trancas guachinangas, una barra de hierro sobre alguna puerta-ventana, los vecinos podían cobijarse en sus hogares y esperar tranquilamente a que amainara el tiempo, se despejara el cielo, y pudiera volverse a la tarea cotidiana de recorrer fincas, tapar portillos, revisar ganados, ordeñar vacas y domar potros. En la antañona ciudad, donde las piedras dormían sueños de siglos, los muchachos aprovechaban el acontecimiento para darse un chapuzón bajo el chorro de la canal maestra del patio central, desoyendo represiones y amenazas de los mayores, que anunciaban catarros, enfriamientos, pulmonías, y hasta una molesta enfermedad de los pies, llamada «mazamorra», que se adquiría por andar descalzo entre fangueros y aguas sucias. Los grandes aguaceros fueron, durante mucho tiempo, eficaces obreros de limpieza, reemplazados después por cuadrillas a cargo de la higiene organizadas por el departamento de salubridad.

Ahora, que todos los días nos sorprenden con el anuncio de algún huracán en formación, bautizado con nombre femenino sin respeto para la igualdad de derechos, viene a nuestra memoria una interesante leyenda que escuchamos de labios de ancianos, muchos de los cuales contarían ciento cincuenta años si vivieran, y que aceptamos con la autoridad de «cosa juzgada» porque entonces creíamos que la verdad era patrimonio de los viejos.

El hecho que nos narraban había ocurrido el 13 de octubre de 1793 que trajo a nuestra tierra novedades capaces de erizar los pelos de un calvo, aunque su cabeza estuviera más pelada que una bola de billar. Entre cinco y seis de la tarde (entonces no existían relojes de precisión, como tampoco ahora), empezó a soplar un viento del Sur Sureste, que fue aumentando hasta adquirir fuerza de galerna; el cielo enrojeció como si lo hubieran pintado con bermellón, y hubo que acudir a viejas aldabas herrumbrosas, fuertes trancas de madera dura, y hasta a clavos de a cuarta, para asegurar puertas y ventanas. Los vecinos, encerrados en sus casas, esperaban a que se acabara el mundo, porque las señales eran de que tal ocurriría. Las viejas echaron mano de sus rosarios, abrieron sus libros de oraciones, y en sus rezos se encomendaban a Nuestra Señora del Perpetuo Socorro, santa nueva, recién estrenada como tal, y por tanto de última moda. La juventud se daba a la faena de encaramar muebles livianos sobre otros más pesados, y envolverlos en sábanas y frazadas, para que el agua colada por las goteras no los dañaran. Alguna muchacha, pasada de joven sin llegar a vieja, repartía café en tacitas barrigonas, acompañado de queso rompedientes, de fabricación casera, y pedazos de raspadura, para entretener el susto y disimular el hambre; porque nada despierta tanto el apetito como el temor ante la amenaza de un peligro cierto. La noche se vino encima, hubo que encender velones de sebo, que fabricaba un catalán de apellido Boves, y los detallaba a tres pesetas la unidad, que para los parroquianos significaba el precio de un congo. No hubo quien durmiera con el ruido del viento, los crujidos del maderamen de techos y puertas, y el estampido de truenos, rayos y centellas, que ponían pavor en el ánimo mas entero.

Nadie se atrevía a entreabrir una ventana o mirar hacia la calle por el ojo de las cerraduras que aseguraban los portones. De haberlo hecho nada hubieran podido distinguir, porque afuera imperaba la oscuridad más absoluta, sólo las descargas eléctricas iluminaban de vez en cuando las desiertas callejas, y todos rehuían ese atisbadero, porque el metal atrae el rayo y nadie quería morir fulminado. Fue un siglo lo que en horas vivieron los camagüeyanos, haciendo mil suposiciones acerca de la suerte corrida por familiares y amigos, de quienes estaban separados por la mayor de las distancias: el susto y la amenaza de un terrible accidente. En tales ocasiones merma el coraje tanto como crece el miedo, y ante la fuerza de la naturaleza se detiene hasta el «Mocho Hernández», general venezolano famoso por su arrojo y valentía.

Al amanecer del catorce cesó la ventolera, disminuyó la lluvia, y se disipó la zozobra que mantuvo aislado al vecindario. Los más audaces salieron a la calle para enterarse de los estragos ocasionados por la tormenta. El cuadro que presenciaron era espantoso: casas descalabradas, con huecos en los techos, por donde cabía un mulo corpulento con su carga, y por donde el agua había entrado en catarata, inundándolo todo. Camas, de las llamadas de carroza, se balanceaban en el agua, con gatos domésticos trepados por los mosquiteros para salvar la vida; árboles destrozados por una fuerza satánica, que se había divertido haciéndolos pedazos; gallinas, chivos y cerdos ahogados que la corriente arrastraba en dirección al río próximo, mientras la gente trataba de atraparlos para el indispensable cocinado. Pero lo que causó el asombro de la vecindad entera, lo que constituyó el tema de conversación por muchos años, fue ver que techos, patios y calles, estaban colmados de peces, como si el mar hubiera lanzado su apetitosa cosecha sobre la población, para compensarla por los sufrimientos padecidos.

El pueblo creyó en un milagro, en una especie de «maná» que el buen Jehová había hecho descender del cielo para consolar a su pueblo afligido. Pero los pocos letrados que en la localidad existían, afirmaron que esa pesca, sin anzuelo ni tarraya, era obra de una «magna de viento», «rabo de nube» o «tromba marina», que había comenzado su tarea en el mar, al Sureste de Camagüey, succionando el agua y su fauna, recorrido más de quince leguas, hasta disolverse sobre la ciudad, depositando sobre ella su preciosa carga. ¡Así lo oí contar y así lo cuento... Y que Dios me perdone si es que miento!

.

Gloriosas remembranzas del siglo que termina

El último día del mes de diciembre todavía estaremos en el siglo XX, durante el cual experimentó Cuba un cambio de costumbres y un progreso extraordinario. Desde 1868 hasta 1918, a la terminación de la primera Guerra Mundial, no se había construido en el perímetro de la antigua Villa, bautizada con el nombre de Santa María del Puerto del Príncipe, que siguió arrastrando el indígena de Camagüey, una sola casa, pero se habían destruido muchas para remozar las que merecían tal esfuerzo.

A la terminación de la guerra de 1895, nuestra amada ciudad sólo tenía un vehículo para la transportación individual: un maltratado quitrín propiedad de un moreno de apellido Agüero, que pocas veces, se alquilaba para conducir a los que se aventuraban a transitar por los vericuetos mal empedrados de las retorcidas calles y callejuelas de la vieja ciudad, de la que sobresalía por lo recta y amplia la llamada Calle Real de la Caridad, un viejo camino convertido en Avenida que arrancaba del puente sobre el río Hatibonico, que la separaba del recinto urbano y se extendía hasta la parroquia de nuestra Señora de la Caridad del Cobre, alrededor de cuatro kilómetros, con una alameda de lozas de San Miguel y matas de mangos como ornamento, a la que se agregaron unos bancos de cemento para que descansaran los transeúntes y paseantes para tomar el fresco en las tardes veraniegas. Los mangos sirvieron a los muchachos para divertirse en el juego de «ladrones» y «policías», usando los frutos verdes como proyectiles durante las batallas.

Hasta el año 1909, bajo el gobierno del General José Miguel Gómez, no se inauguró el acueducto que surtía de agua a la población cuando prolongadas sequías agotaban la reserva de los tinajones de las casas particulares, porque los pozos de la ciudad eran de agua salobre, salvo uno que había por La Vigía, llamado «el pozo artesiano», que por su escasa salinidad tenía agua potable que se vendía a diez centavos el garrafón y se usaba para cocinar; la empleada para el aseo personal se obtenía del arroyo Juan de Toro, represada en la Quinta de Iraola, en las afueras del famoso Casino Campestre, que en un tiempo fue el primero en extensión y belleza de Cuba.

Las ferias religiosas, con sus novenarios, misas y procesiones eran las fiestas más importantes para recreo del pueblo camagüeyano, con excepción de los carnavales, llamados «San Juan y San Pedro», que tenían lugar en el mes de junio de cada año, a partir del día quince, que fueron severamente criticados por Don Gaspar Betancourt Cisneros, más conocido por El Lugareño, seudónimo que además de «Narizotas» y «Najaza» solía emplear aquel sabio progresista que sacó a Camagüey del aislamiento comunicándolo con el exterior a través del ferrocarril a Nuevitas reputado como el segundo en los de su clase.

La vida del camagüeyano estaba permeada por la ganadería, su verdadero elemento de riqueza, que le proveía de carne, leche, queso y mantequilla para su alimentación, y cuero que, curtido o en pelo, empleaba en la construcción de calzado, fondo de taburetes y alforjas para carga liviana y sillas de montar.

Las Navidades se celebraban en familia, con una moderada comida el día veinticuatro de diciembre, que llamaban Noche Buena, y terminaba a las doce de la noche para asistir a la «misa del gallo», que se cantaba a esa hora, en que según la tradición había nacido el niño Jesús.

El camagüeyano rancio, que proclamaba orgullosamente su descendencia del señor Vasco Porcallo de Figueroa, pariente por vía materna del Duque de Feria, que había ayudado a crear las siete primeras villas que ordenara el gobernador Diego Velázquez, se tomó la libertad de crear una más a su costa que fue llamada San Juan de la Sabana de Porcallo, nombre sustituido después por el de San Juan de los Remedios, que con Trinidad, Sancti Spíritus y Puerto Príncipe constituyeron el feudo de aquel magnate, que según las malas lenguas tuvo una larga prole, porque en acaparar terrenos y engendrar hijos ganó el nombre de «gran poblador» de Cuba.

La famosa comida navideña de los camagüeyanos consistía en un arroz con gallina, porque el pollo estaba reservado para los enfermos, y lechón asado al horno en vara o en barbacoa, sin sal ni pimienta que debería agregarle el comensal, el fabuloso «pastelón camagüeyano», relleno con huevos duros, jamón, pasas y aceitunas; un fritada llamada «gandinga», hecha con el hígado, los riñones y el corazón del cerdo, cortados en menudos pedazos y cocinados con vino seco, ajos, cebollas, ajíes, perejil y cilantro, servido en una fuente sobre casabe remojado en la salsa, que haría chuparse los dedos al comensal más discreto.

Luego venían los postres caseros entre los que predominaba el dulce de naranja en almíbar o cubierta con una ligera capa de azúcar refinada. De licor sólo se tomaba un poco de cerveza marca Y o T, que olía a orines de caballo haciéndola poco apetecible, a la que sólo tenían acceso «las personas mayores en edad, dignidad y gobierno»; para las damas y los niños se reservaba una bebida compuesta de miel de abeja diluida en agua y sazonada con canela en polvo y zumo de limón criollo, algunas veces sustituida por la llamada «Agua loja», elaborada con miel quemada y agua lluvia a la que se agregaban unas hojas verdes de yerba buena como adorno y perfume que con el tiempo derivó en el mojito criollo tan celebrado y consumido por nativos y extranjeros. No podía faltar el café carretero, los tabacos y cigarrillos para consumo de los hombres, porque no era propio de señoras y señoritas decentes fumar en público. Rara vez se amenizaba el convivio con los acordes de la guitarra llamada «tres» y alguna danza criolla, porque la rumba, la salsa, el tango, no eran de buen tono y sólo el zapateo y los llamados bailes de cuadro, una variante del minué francés, eran permitidos. La danza, el danzón y el danzonete si no en plena gestación estaban en la infancia y los buenos bailadores se contaban con los dedos de las manos y sobraban dedos.

Hoy, a la distancia, cuando sobre nuestro tejado han caído las aguas de millares de aguaceros, y se visita la luna como a la discoteca más cercana, se le da la vuelta al mundo en breves horas, se le injerta el corazón a cualquier cristiano y si no se consigue algún donante se le coloca un sustituto artificial que funciona perfectamente, y los amigos nos hablan de que se les ha hecho una operación de corazón abierto como si estuvieran contándonos que habían sido condecorados con la Orden Laureada de San Fernando, solemos exclamar asombrados: «¡Cosas veredes, Mío Cid, que farán fablar las piedras!» ... y por si dudares del comento, según lo que he visto te lo cuento, ¡Qué Dios conceda a todos paz y salud en las próximas Navidades y el año venidero.

A planes fallidos ilusiones renovadas

> *«Si juzgamos sabiamente,*
> *daremos lo no venido por pasado»*
> **Jorge Manrique.** *«Coplas»*

Es vieja costumbre hacer planes de futuro cuando un año finaliza. Tras el recuento de bienes alcanzados e ilusiones frustradas, nos proponemos nuevas metas. La imaginación se pierde en el intrincado bosque de proyectos nuevos. Nuestro entusiasmo los adivina hechos realidad, a veces modificados, ampliados en ocasiones. En ese tejer y destejer nos sorprende un año más, mientras el péndulo de nuestras aspiraciones se mueve incansable de un extremo al otro, deteniéndose sólo ante la muerte.

Es grato soñar despierto, hacer acto de contricción, examinarse uno mismo, repetirse una y otra vez: «Te equivocaste en esto, no utilizaste al máximo tu capacidad en lo de más allá, en aquello te faltó coraje». Los reproches nos envuelven como un ofidio venenoso, para desaparecer luego y ceder el paso a empresas novedosas que jamás cristalizan en realidad. Es privilegio del ser humano mantener la capacidad de interesarse por algo, que puede o no convertirse en objeto tangible.

Nosotros, como todo hijo de vecino, hemos recorrido ese mismo camino: creer en la posibilidad hasta de lo imposible, fabricar castillos en el aire, levantar fortalezas inexpugnables sobre un simple grano de arena. ¡Desgraciado quien vive lamentando la quiebra de un propósito, en vez de sustituirlo por uno nuevo y esforzarse por hacerlo triunfar!

Entre las aspiraciones que abrigamos en nuestra juventud hubo una que fracasó por nuestra propia decisión, y vale la pena contarla siquiera para estímulo de los que, ante el primer fracaso, se niegan a probar otra vez. En una época, difícil por múltiples motivos, habitábamos una vieja casa, que en otra época había sido de nuestra familia. Un antepasado rumboso le había quitado el encanto colonial; encargó su modificación a un maestro de obra catalán, quien destrozó la fachada, eliminó rejas de caoba torneada, suprimió airosas ménsulas, graciosos balcones, y ocultó la viguetería labrada, de cedro oloroso, bajo un falso cielo raso, ajustado sobre débiles tablillas de pino recién cortado, que pronto se convirtió en pasto de polillas y comejenes. Lo único que el Herodes arquitectónico dejó en su virginal inocencia fueron los espacios y puertas interiores. En uno de sus salones que medía cuarenta pies cuadrados, instalamos nuestro despacho y biblioteca, y allí recibíamos a clientes y amigos, muchos de ellos atraídos por el buen café que les brindaba y no por nuestra limitada sabiduría o simple charla.

Los voraces insectos, que perforaban el cielo raso y formaban arabescos en las paredes cercanas, nos mortificaron bastante. Los esfuerzos por eliminarlos resultaban estériles; contra ellos nada podían la química moderna, los detergentes al uso ni la pericia de los fumigadores. Los insectos, que un día eran barridos por la fumigación practicada, reaparecían a la mañana siguiente, más insolentes y agresivos, amenazando reducir a polvo libros, papeles y muebles, y si no echaban a bajo la techumbre era por la resistencia que ofrecía el maderamen centenario, de cedro bien curado. Algunos visitantes indiscretos, al contemplar el efecto que la acometida de los insectos causaba en el cielo raso y los dibujos que hacían en las paredes, exclamaban en son de burla: «Mire la obra del comején; pronto acabará con la casa; si no le pone remedio derrumbará el techo sobre nosotros». A lo que contestábamos, olvidando toda cortesía: «Ya pueden marcharse, porque ni soñar en que matemos a esos animalitos, ellos son de nuestra propiedad y no toleramos que los ataquen». En lo sucesivo nadie se atrevió a formular comentarios tan ácidos, aunque de vez en cuando alguno aventuraba una frase hiriente: «¿Cómo le va a tu amigo el comején?».

A veces, cuando nuestros contertulios se marchaban, nos dedicábamos a proyectar reformas en la vieja casa. Intentábamos mentalmente una vuelta a la época feliz cuando ella era una construcción típicamente camagüeyana, sin retoques ni añadidos ridículos, que trataban de ocultar su caducidad con afeites mal administrados. Con la imaginación arrancábamos el mamarracho que tapaba la viguetería, restaurábamos las ventanas de madera torneada, reinstalábamos ménsulas y guardapolvos, devolvíamos a su sitio venerables ladrillos, y nos regodeábamos pensando en lo que disfrutaríamos en la vivienda edificada por un abuelo, que tuvo mejor gusto y más tino que sus descendientes. Pero la obra era difícil, casi imposible; porque ya no existían alfareros expertos, cuidadosos oficiales y aprendices de albañilería, con sentido artístico y paciencia suficiente, para producir ladrillos finos, imitando lozas catalanas, los jornales habían subido excesivamente y las modificaciones a emprender resultaban incosteables.

En lo más penoso de nuestras cavilaciones y desencantos, la sombra del vetusto palacio de, Bernal, frontero a nuestra vivienda, nos hacía mirar hacia él, como un niño goloso, a un codiciado caramelo. Se trataba de un edificio que levantó el oidor Bernal, bisabuelo de la poetisa Emilia, del mismo apellido, en un solar que le cedió a censo irredimible el Ayuntamiento. El tal palacio conservaba la majestad de sus proporciones y algo de los pisos de mármol, ya averiados por el tiempo y el descuido; las rejas habían desaparecido y las numerosas habitaciones, con vistas a la calle de San Clemente, estaban habitadas por viudas pobres y viejos arruinados, que en su casi totalidad formaban parte de nuestra clientela política.

Las construcción de enfrente seguía ejerciendo su embrujo sobre nosotros. De ella emigraban durante las borrascas primaverales, infinidad de gorriones, que eran huéspedes habituales de las tejas que cubrían su techumbre y venían a refugiarse en las cornisas y rincones de nuestra morada. Meses y años pensamos en adquirir el vecino palacio y trasladarnos a él. Nuestra fantasía trazaba planes magníficos, lo volvíamos a su mocedad, cuando los curiales amigos de Bernal celebraban tertulia en sus salones; disfrutábamos pensando en la siesta que dormiríamos en el patio, en una hamaca colgada de las columnas, del corredor central, al rumor de la brisa embalsamada por las flores de los arriates.

La dueña del inmueble era una distinguida dama, cargada de años, viuda de un abogado, sin sucesores directos. Recordamos el refrán: «Con el tiempo y un ganchito, hasta las verdes se alcanzan». Un buen día, inesperadamente, recibimos invitación de la propietaria para que la visitáramos, porque deseaba vendernos el caserón, con un terreno que alcanzaba los dos mil metros cuadrados, por once mil dólares. ¡Una ganga, un verdadero regalo, nos salía de guagua! Le rogamos nos concediera veinticuatro horas para pensarlo. Necesitábamos obtener esa suma a préstamo, ya de un banco o de algún amigo adinerado. Esa tarde no pudimos comer y a la noche nos fue imposible dormir. El apetito y el sueño huyeron, cediendo el turno a otro sueño, a otra esperanza, a una ilusión largo tiempo acariciada. Al despuntar el día encontramos salida a nuestra preocupación. El remedio estaba en nosotros mismos. Si no habíamos querido arreglar nuestra vieja casa, porque costaba muy caro repararla; ¿cómo íbamos a desalojar a un puñado de vecinos pobres, que eran nuestros buenos amigos y fieles votantes? Arriesgar tanto era un solemne disparate. Rechazamos la oferta de la excelente señora, a pesar de que nos ofreció facilidades de pago.

El inmóvil caminante que es el tiempo nos fue empujando. Altos cargos y la educación de nuestros hijos impusieron un cambio y nos trasladamos a la Habana. Nuevas obligaciones y deseos ocuparon nuestra atención. El comunismo nos echó de la patria, y a Estados Unidos vinimos en busca de libertad y a la espera de un pronto regreso que cada día se aleja más. Empezamos de nuevo, cuando ya estábamos terminando. La edad ha dejado caer su peso sobre nosotros, pero no ha logrado apagar nuestras energías, marchitar nuestras esperanzas, porque permanecemos aferrados a la idea de que la vida sólo es digna de vivirse mientras podemos renovar nuestras ilusiones.

II. PERSONAJES

Afición a la lectura.

La geografía fue siempre un motivo de expansión para su espíritu. Con el Atlas en la mano recorría islas lejanas, inhóspitas selvas, caudalosos ríos y reconocía ciudades famosas por atesorar el arte de pasados siglos. Llegó a ser un experto en la historia de esos países que diariamente visitaba.

Sus conocimientos del derecho romano y del mundo clásico, su portentosa habilidad para recordar genealogías de los reyes franceses, sucesos de la historia de América y personajes inolvidables históricos y ficticios aumentaron su bagaje cultural.

La geografía y la historia lo llevaron a admirar otras culturas, a ensanchar sus horizontes, lo hicieron sin lugar a dudas «ciudadano del mundo».

«Víctor Vega, el bueno» (Ibid)

El milagro de 1895, más que a la valentía de nuestros guerreros suficientemente probada en anteriores hazañas bélicas, se debió a la fe que mantuvo José Martí en los destinos de Cuba, a su claridad para predicarla y a su capacidad para transmitirla.

Dr. Víctor Vega. «La obra immortal de un genio», *Diario Las Américas* (22 de febrero, 1976)

La obra inmortal de un genio

«Yace aquí Láscaris, en tierra extranjera un extraño.
Un huésped, aunque no considere demasiado ajeno este suelo.
Dulcemente lo acogió, aunque deplora que estos aqueos
No hayan tenido jamás la dicha de descansar,
*   libres, en suelo patrio.»*
          Juan Láscaris. *(Epitafio)*

El día veinticuatro de Febrero de 1895 comenzó la guerra definitiva que había de culminar en la independencia de Cuba. Generalmente se le conoce como la «guerra de Martí», en justo homenaje a quien, con su palabra y sus acciones, logró hacerla realidad. Cualquier cubano amante de nuestra historia, puede relatar sin dificultades los variados incidentes de aquella vida, que tuvo humilde inicio en una modesta casita de la calle de Paula, en la llamada Habana Vieja, padeció trabajos forzados en las prisiones políticas, transitó los caminos del destierro por Europa y América, hasta consagrarse en el sacrificio de Dos Ríos, sellando con su sangre generosa el acta de manumisión de nuestra patria.

    Su compleja vida amorosa, las dificultades hogareñas, la incomprensión de los seres más queridos, los choques ideológicos con su familia, el delicado romance de la niña de Guatemala, las relaciones con Carmen Mantilla, todo ha sido aventado, analizado, discutido, porque es privilegio del hombre público carecer de vida secreta, y que el crítico y el estudioso no se detengan en los umbrales de esa intimidad que, como inviolable santuario, cada ser humano quiere crearse. Sabemos hoy de José Martí mucho más de lo que supieron sus contemporáneos; porque ellos carecieron de la perspectiva que el tiempo ofrece y se vieron ceñidos, en la interpretación del personaje y de sus actos, por rivalidades y diferencias políticas del momento.

Las grandes figuras de la historia, como ciertas obras de arte, se magnifican con el tiempo; ni los embates de la naturaleza ni la desidia humana logran mermar su majestad y su belleza. Son como el sol, cuyo deslumbrante resplandor nos impide ver sus manchas. Los hombres de alta calidad opacan, con el brillo de sus acciones, las huellas de sus errores, presentándose a nuestra contemplación siempre nuevos, como si un sublime artífice los sometiera a constante pulimento. Así es la figura de José Martí, en perpetuo crecimiento y purificación, hasta cobrar vida corporal en las más nobles y limpias aspiraciones del cubano. Cada día su personalidad nos muestra una nueva faceta, su policromía una tonalidad inadvertida. Aún hablamos de él en presente; tratamos de reactualizar su pensamiento; pretendemos, desdichadamente sin lograrlo, colocarnos a la altura de sus prédicas.

¿Cuál fue la característica esencial, la cualidad predominante, de este hombre, nacido de padre español y funcionario colonial, de progenitores de limitada cultura, de escasos recursos económicos, que supo elevarse por encima de su medio, y en un estremecimiento de su yo espiritual, colocarse, a impulsos de amor y bondad infinitos, en el más alto lugar de la historia de su tierra? ¿Qué fuerza misteriosa le prestó ayuda en la tarea ingente de reunir las dispersas agrupaciones del destierro, en una acción común para la conquista de la independencia y libertad de Cuba? Poeta de fina sensibilidad, orador grandilocuente, prosista galano, ágil periodista, maestro por vocación, gladiador sin desmayo, hijo respetuoso, padre apasionado, amigo cordial, todo esto era, y, con ser mucho, no explica satisfactoriamente su liderazgo en perpetua vigencia, ni la fervorosa vocación que su pueblo le prodiga. ¿Cuál es la explicación de las preguntas precedentes?

Nuestra razón cree hallarla en el calificativo de «Apóstol», que le dieron los que tuvieron la dicha de conocerle personalmente, de convivir y compartir con él las duras tareas del destierro y de la guerra. Apóstol es lo mismo que decir «enviado», «propagador de la fe», y eso fue a plenitud y sin quiebras. El milagro de 1895, más que a la valentía de los guerreros suficientemente probada en anteriores hazañas bélicas, se debió a la fe que mantuvo José Martí en los destinos de Cuba, a su claridad para predicarla y a su capacidad para transmitirla. Las diferencias ideológicas no sellaron sus labios ni apagaron su voz; los obstáculos y las decepciones no hicieron flaquear su ánimo; el exceso de trabajo no menguó sus energías. Supo comprender y supo perdonar a sus detractores; predicó que el amor apasionado por la patria irredenta no debe cerrar el camino a los que, arrepentidos de pasados errores, quisieran incorporarse a la empresa libertadora, aportando capacidad de pelea y actividades útiles.

Martí sabía que el reino de los cielos no es sólo de los justos, sino de los que se arrepienten de sus pecados, y que la obra piadosa y el sacrificio continuado son vehículos que también conducen al paraíso. Hombre cabal, cristiano por convicción, nunca imitó la torpe conducta de los que se colocan por encima de Dios, fuente de indulgencia y de perdón. En el escrutinio minucioso de sus actos jamás encontraremos una quiebra en lo que fue norma de su vida: «libertar a Cuba». A conseguirlo dedicó todos sus esfuerzos; soportó afrentas, negaciones, desdenes; toleró generosamente la arrogancia de quienes se consideraban superiores porque habían nacido antes o habían peleado primero. Cuba y su libertad en primer lugar, todo lo demás después, no importaba que fueran las elementales comodidades de la vida, las dulzuras del hogar, la compañía de la esposa o la gracia del pequeño hijo. Esa fue la gran lección que él nos legara y que no hemos aprendido todavía.

Si dirigimos nuestra mirada hacia el pasado podemos encontrar consuelo para nuestros males de hoy y estímulos para encarar el futuro. Los problemas y conflictos que envolvieron a los cubanos del período que corre de 1868 a 1895 son los mismos que perturban a la generación actual. Entonces los cubanos estaban divididos en «integristas», partidarios a todo trance de la unión con España, sin discusiones ni reservas; «reformistas», que creían en la reforma administrativa y política como medicina curativa de nuestros males; «asimilistas», que predicaban para Cuba iguales derechos que para el resto de las provincias de la península; «autonomistas», que buscaban en una cámara insular y un gobernador impuesto por España la solución de nuestros problemas; «anexionistas», aspirantes a convertir nuestra Isla en un estado más de la Unión Norteamericana, para el pacífico disfrute de sus libertades y el desarrollo de su industria y comercio; y los más radicales de todos: los «separatistas», que consideraban a Cuba como algo diferente de Europa, con un pueblo de personalidad propia, con tradiciones y formas de vida nacidas de las necesidades y costumbres de la Isla, y confiaban a la independencia el progreso y la felicidad de todos.

Por sobre este mundo de contradicciones se dejó oír la voz de José Martí, quien, atrayendo los elementos afines, logró incorporar a la mayoría al movimiento revolucionario. Supo disipar temores en el ánimo de irreductibles contradictores, midiendo el alcance de sus palabras, para que nadie se sintiera amenazado en sus intereses o excluido de la acción gloriosa. Ahora el cuadro no ha variado mucho. No tenemos integristas, pero no faltan simpatizadores encubiertos del régimen que tiraniza a Cuba, elementos que en intransigencia, violencia, desprecio a la dignidad humana y negación de la libertad, están situados al nivel de aquéllos.

También hay reformistas de última hora, que creen que por sobre el lago de sangre y la montaña de cruces, de tantos inmolados en defensa de la democracia, podemos mansamente tender un puente de transigencia y reintegrarnos a la patria esclava, confiados en las falsas promesas de un régimen que se caracteriza por no admitir la libre discusión de las ideas. No faltan asimilistas, que nos invitan a olvidar nuestra lengua y nuestras tradiciones en prueba de gratitud por favores recibidos, como si la ayuda ajena valiera más que el honroso legado de varias generaciones de heroicos combatientes, creadores de nuestras libertades. Ocultos bajo el mismo manto tenemos a los nuevos anexionistas, inermes del espíritu, que, incapaces del esfuerzo valeroso, niegan a los demás el derecho a intentarlo; los que en el amor a la riqueza recién adquirida y a la comodidad de que gozan, olvidan las miserias y dolores de los que dejamos atrás, y se resisten a creer que el tesón noble y la fe constante hacen grandes a los pueblos chicos; que el problema no es de tamaño sino de coraje; que nunca podremos fundirnos en el mundo anglo-sajón, al estilo norteamericano, porque nuestra psicología guajira nos mantendrá siempre ajenos a la nacionalidad de adopción.

El panorama no ha cambiado. Han cambiado los actores y el momento en que se actúa. La escena es la misma y la obra a realizar es igual. La escena está constituida en parte por esta gran nación que nos acoge como huéspedes, y que utilizamos para agrupar fuerzas, trazar planes, forjar el porvenir. La escena es también el territorio cubano, adonde algún día iremos en son de guerra, sin que los apaciguadores o conformistas puedan impedirlo. La obra es la liberación de un pueblo esclavizado, sometido a bárbara tiranía, convertido en hato de ganado, bajo la insolente voz del amo despiadado, sintiendo en el costado la hincada de la garrocha.

Mientras haya un cubano perseguido por sus ideas políticas: mientras haya una madre cubana llorando la muerte injusta del hijo de sus entrañas; mientras haya un niño vistiendo luto, por la insania de un régimen de malvados que le mató el padre o se lo mantiene en prisión; mientras en nuestra conciencia vibren, como clarines de fuego, las palabras del Apóstol, que ordena a los caracoles de la playa llamar a los indios muertos a la pelea, ya que los vivos no acuden a ella, no debemos, no podemos, no habremos de renunciar a la guerra contra los que han convertido nuestra patria en una cárcel, ni hemos de pactar, en inicua componenda, con los que han consumado la ruina de nuestro país y la desgracia de nuestros paisanos.

A nadie se le escapa que más de tres lustros de frustraciones, acciones incoherentes, imprudencias e irreflexiones, de actos que a veces han lindado con la traición, tienen que haber hecho mella en el espíritu de la emigración; que el cansancio, aliado generoso de nuestros enemigos, ha hecho presa en algunos expatriados: que la muerte diezma constantemente nuestras filas, y la inactividad ha debilitado el coraje de bravos combatientes; que existe una corriente de acomodamiento, matizada de indiferencia, y que estamos caminando descalzos por ásperos senderos, donde las energías que un día se agrupan suelen dispersarse al siguiente o perderse en proyectos infecundos o fracasados intentos. Pero estas son peripecias de las que debemos partir para un nuevo recuento y una labor más ajustada a los fines que perseguimos y a los medios con que contamos.

Si algún cubano quiere regresar a la Isla esclava no trataremos de impedirlo ni deberemos levantar nuestra voz para condenarlo; si es sincero en sus creencias y no agente vendido al enemigo, pronto recibirá el desengaño de su error, y para entonces le esperaremos en el exilio, con los brazos abiertos, como a un hijo pródigo, sin afearle su equivocación. Ese cubano que yerra no es nuestro enemigo. El enemigo, el monstruo, está del lado de allá del estrecho de la Florida, en nuestra verde isla, como el caimán artero en el paso del río, atrayendo con gemidos de niño al incauto, para una vez a su alcance cerrar las mandíbulas y triturarlo. No es nuevo el fenómeno. Quien haya estudiado el desarrollo de la política interna de los países comunistas, conoce el método, y sabe de los dolorosos fracasos de quienes volvieron a la tierra nativa en la cándida creencia de que al golpe de una palabra, que no les permitieron pronunciar, modificarían el sistema imperante.

En estos momentos no podemos entregarnos al desaliento. Cerremos filas. Pasemos revista a nuestros cuadros. No miremos al tiempo perdido o mal empleado. Miremos adelante, a lo que nos queda por hacer y debemos hacer. Mantengamos viva la llama de la fe, esa infinita fe que iluminó a Martí y lo llevó al sacrificio de su vida por liberarnos. Trabajemos porque cada día se agregue un buen soldado a nuestras huestes. No preguntemos a nadie de dónde viene sino adónde va. Seamos todos soldados de una nueva y leal cruzada, sin diferencias que entorpezcan nuestro crecimiento, sin recelos que aviven pasadas discordias. Nos esperan momentos difíciles; nos aguardan obstáculos que parecen insalvables pero que no lo son.

    Vendrán nuevos dolores a sumarse a los pasados, pero ellos serán el medicamento que afirme nuestra decisión. Tenemos un ejemplo que imitar: el de Martí. Hay una palabra que escuchar: la del Apóstol. Cuando imitemos su ejemplo, cuando escuchemos su palabra, ningún esfuerzo será débil, ninguna acción que realicemos será inútil. Marchando firmes por la ruta que él nos ha trazado, rescataremos a Cuba de sus verdugos, devolveremos nuestro pueblo al trabajo honesto y libre, estableceremos formas humanas de convivencia social. Cuando esto ocurra, unidos todos, los que tuvimos fe en la victoria final y los que dudaron escuchando pérfidos consejos, podremos acudir a la tumba del mártir de Dos Ríos, en patriótica peregrinación, para jurarle que nunca más permitiremos que manos perversas destruyan el hermoso legado que fue un resumen de su atormentada vida.

La mujer en la poesía del Apóstol

«Esta, es rubia; esa, oscura; aquella, extraña,
«Mujer de ojos de mar y cejas negras;
«Y una, cual palma egipcia, alta y solemne,
«Y otra, como un canario, gorjeadora».
José Martí. (Versos libres)

La corta vida de Martí fue abundosa en amores. La mujer tuvo en él cantor sublime. Supo, como pocos, fijar los diferentes tipos femeninos que influyen en los destinos del hombre, que forjan su carácter y dejan huella profunda, que graban un recuerdo a veces agri-dulce, en ocasiones amargo. En toda su obra lírica encontramos una exaltación de los valores de esa mitad del género humano de la que todos traemos causa, y una firme resistencia a maldecirla o condenarla. Revisando la obra poética de nuestro Apóstol, veremos que gira en torno a cinco tipos claves, que están presentes en la vida de todo hombre fundamental. Hagamos el análisis obligado:

I. La Madre

Era de las Islas Afortunadas y tuvo el privilegio de dar vida en su seno a una criatura de excepción, a quien el talento besó en su cuna y, como al bardo griego, una abeja se posó en su boca. Dotado de elocuencia incomparable, su oratoria fue catarata arrasadora, su poesía panal de rica miel, su prosa mar infinito que arrulla todas las riberas. La madre fue para él blando cojín en el reposo necesario, consuelo para su vivir atormentado, escudo y espada a un tiempo mismo. Cuando el padre se erguía airado ante el hijo rebelde que le había salido mambí, Doña Leonor mediaba entre esos dos mundos políticos adversos, hasta reducirlos a un denominador común: el amor a la familia, a la unión, a la paz interna del hogar. El hijo reconoce las excepcionales virtudes de la mujer «que le ha dado el ser», y le devuelve en frases amorosas todo el puro sentir de su alma. De ahí que, en sus versos primigenios le diga:

«*Madre del alma, madre querida,*
Son tus natales, quiero cantar;
Porque mi alma, de amor henchida,
Aunque muy joven, nunca se olvida
De la que vida me hubo de dar.»

Errante por el mundo, peregrino de un hermoso ideal, recorre a veces el camino de la expatriación en plena soledad. Entonces los recuerdos se agolpan en su mente. Revive los días de su infancia, en un hogar de medios escasos, donde si el pan llegaba no siempre alcanzaba, la madre se materializa en su pensamiento y él le habla de esta suerte:

«*Mi madre: el débil resplandor te baña*
«*De esta mísera luz con que me alumbro,*
«*Y aquí, desde mi lecho*
«*Te miro, y no me extraña*
«*Si tu vives en mí-que venga estrecho*
«*A mi gigante corazón mi pecho.*»

Ella lo había amparado y protegido con su cuerpo en difícil ocasión, cuando voluntarios y soldados asaltaban el colegio de Mendive, donde se educaba. La brava entereza de la agraciada guanchinesa le acrecía el orgullo. Admiraba a la sublime mujer, que como una leona, defendía a zarpazos su cachorro. Y nos cuenta esa gesta en sus versos:

«No hay bala que no taladre
«El portón; y la mujer
«Que llama, me ha dado el ser;
«Me viene a buscar mi madre.»
«A la boca de la muerte,
«Los valientes habaneros
«Se quitaron los sombreros,
«Ante la matrona fuerte».

«Y después que nos besamos
«Como dos locos, me dijo:
«Vamos pronto, vamos hijo:
«La niña está sola: vamos.»

II. La hermana

No era la mayor ni la más pequeña, pero sí la que mejor se avenía a sus sueños de gloria, a su amor al desvalido, a sus ansias de libertad. Bella flor que el aquilón arrancara tempranamente de su tallo, derramó sobre el hermano perfume y gracia. Ella mimaba con filial cariño, a veces como si se tratara de una hija temprana que le divertía con ingenuas travesuras. El destino aciago se la arrebató después de una larga y penosa dolencia, que él trató de hacer llevadera con sus caricias y devociones. Prendida a su corazón quedó por siempre la encantadora hermana, y su recuerdo le acompañaba por doquiera en sus afanes y batallas. Oigámosle en la delicada manifestación de ese gran amor:

«Si quieren, por gran favor,
«Que lleve más, llevaré
«La copia que hizo el pintor
«De la hermana que adoré.»

III. La amiga

El hombre, en su marcha por el mundo, adquiere relaciones femeninas que a veces constituyen su tortura, pero que son necesarias porque representan la mejor terapia espiritual. ¡Pobre del que no ha tenido cerca la mano de mujer que enjuga el sudor de la agonía, que disipa las angustias del cotidiano vivir, que ahuyenta las pesadumbres y aplaca las violencias! Una caricia de mujer es don del cielo, y quien no la aprecia es indigno del nombre de varón. Ni el alimento que repara nuestras fuerzas, ni el sueño que repone las energías perdidas, logran hacernos poseedores del necesario equilibrio sensorial, que solamente obtenemos por la presencia de esa agente del bien que el Creador puso en nuestro sendero para consuelo de nuestras penas. No importa que una mujer nos engañe o nos olvide, siempre habrá otra que ponga ventura donde aquella sembró infelicidad. Martí, profundo conocedor del alma femenina, nos habla del tema en la forma siguiente:

«*Mi amor del aire se azora;*
«*Eva es rubia, falsa es Eva:*
«*Viene una nube y se lleva*
«*Mi amor que sufre y que llora.*»

«*Se lleva mi amor que llora*
«*Esa nube que se va:*
«*Eva me ha sido traidora,*
«*¡Eva me consolará!.*»

IV. La mujer imposible

¿Quién no ha tenido un amor imposible? ¿Quién ha permanecido libre del yugo atormentador de un amor de tentación, mal frenado por deberes insoslayables? El pecado no está en amar a quien no debemos, sino en abandonarnos a ese amor, en no resistir sus embestidas, tanto más encendidas e irrefrenables cuanto más opuestos son nuestros deberes y compromisos.

Martí, emigrado en Guatemala, se dedicó a la enseñanza. Fue preceptor de una linda criatura que se deslumbró con el saber del profesor poeta. La estrecha relación de alumna a maestro hizo nacer una admiración que pronto se transformó en amor vehemente, apasionado, avasallador. En el alma de aquel hombre honrado se desarrolló una lucha violenta. Prometido en matrimonio a otra mujer, ésta, que ahora se le ofrecía como generoso presente, le estaba vedada. Se reñía una cruel batalla entre el deseo y el deber, y para Martí el deber primaba sobre cualquier otra razón. Se alejó de la tierna niña con el pretexto de superiores obligaciones que le impedían continuar trabajando en la docencia, y partió a México en busca de la novia idealizada con la que regresó casado. A su vuelta la supo enferma, más del ánima que del cuerpo, y rehuyó un encuentro que podía desembocar en tragedia. Ninguno de los dos olvidó. Ella, un día aciago, «salió a verlo al mirador», lo vio pasar con la esposa del brazo, y esto colmó el cáliz de su decepción. Lentamente fue languideciendo, víctima de un amor imposible. Fiebres y desabrimientos, como al enamorado Don Quijote, la consumían. ¿Tuberculosis, paludismo, melancolía? Su vida fue apagándose pausadamente. Después, según el verso sencillo....

>   «Se entró de tarde en el río,
>   «La sacó muerta, el doctor:
>   «Dicen, que murió de frío;
>   «Yo sé que murió de amor.»

V. La esposa

No la buscó, se encontraron. Desde entonces ella quedó presa en el embrujo de su palabra, en la armonía de sus versos, en la arrogancia patriótica que le iluminaba el gesto. A nadie había oído hablar tan melodiosamente de amor, ni tan enérgicamente de independencia y libertad. El, a su vez, se enamoró del porte aristocrático y de la gracia encantadora que le acompañó hasta el sepulcro. La camagüeyana hechicera que le arrebató el sosiego lucía con orgullo un apellido ilustre de la vieja España. Alvaros y Briandas formaban legión entre sus abuelos, y la educación refinada, producto de buenos profesores y de amistades selectas, completaban su exquisita personalidad. Ambos se equivocaron. Ella esperaba grandes triunfos del marido abogado, cuya oratoria forense debía andar pareja en fuerza y poder persuasivo con sus discursos políticos; una carrera de éxitos brillantes le esperaba, para ello le bastaba distraer un poco de su tiempo a la tarea de libertar a Cuba. Ella pidió demasiado: la subordinación de un gran sueño. El dio lo que tenía: amor y solo amor. Luchó a brazo partido con la suerte contraria para abrirse paso, en la academia, en el periodismo, en cargos consulares y diplomáticos; pero la patria le consumía las horas, le robaba el sueño, le impedía la victoria económica, esa señora tras la cual se agotan las mejores energías y fracasan los propósitos más altos. Ni el hijo, tan tiernamente cantado en sus poemas, pudo llenar el abismo que iba separando a los dos. El mundo del sufrimiento no es conciliable con el del acomodamiento y bien pasar. La separación llegó lacerando ambos corazones. La dama, defraudada en sus proyectos, retornó al hogar paterno saboreando la sal del desencanto, mientras el Apóstol continuó su ardua tarea de zurcir voluntades, unir esfuerzos, limar asperezas, para lograr en un común esfuerzo liberar a su patria. En esa empresa le acompañó siempre un dolor sordo, terrible: la quiebra del hogar que creara al calor de nobles esperanzas. La ausencia de la esposa y del hijo fueron gotas de acíbar en su existencia enfebrecida. En los versos sencillos esta doliente realidad se expone como un hondo lamento. Atenaceado por la angustia nos cuenta sus cuitas de esta suerte:

«Corazón que lleva rota
«El ancla fiel del hogar,
«Va como barca perdida,
«Que no sabe adonde va.»

Charla sobre Máximo Gómez

La isla de Santo Domingo, que Cristóbal Colón bautizó con el nombre de La Española, es el país más próximo a Cuba. Como enormes brazos que pretendieran estrecharnos en gesto de fraternidad, se extienden sus dos penínsulas occidentales, y desde el extremo oriental de nuestra patria, en días claros, podemos divisar las cumbres de su sistema montañoso, perdiéndose en las nubes. A través de la historia ha estado unida a nosotros por acontecimientos resonantes. El cubano, en Santo Domingo, es un hermano llegado de vecinas tierras; el dominicano, en Cuba, es un cubano más. No podemos descontar que de allá nos vino el indio Hatuey, el primer rebelde, que levantó a nuestros ciboneyes contra los conquistadores; allá tuvo su asiento la Real Audiencia, a cuya jurisdicción pertenecimos hasta finales del siglo diez y ocho; y cuando la parte española pasó a poder de Francia, en virtud del tratado de Basilea, Audiencia y Contaduría de Hacienda pasaron a Cuba, y un grupo de eminentes personalidades dominicanas nos trajeron su aporte cultural y su capacidad de trabajo. Santo Domingo, en sus dos porciones: la francesa y la española, ha sido para nuestro país, una fuente de energía, un faro de esperanza, un factor de progreso y un manantial de inspiración.

De esa tierra, tan unida a nuestros recuerdos, llegó a Cuba el formidable guerrero Máximo Gómez Báez, gran estratega, que con su conducta ejemplar y su capacidad militar, encauzó nuestra revolución liberadora, le dio forma y la condujo al triunfo a pesar de los obstáculos que el localismo infecundo levantaba a su paso. Su delicada posición de hombre nacido en otros predios, no limitó sus impulsos generosos, no mermó su capacidad de pelea, no le hizo vacilar ante el cumplimiento de un deber que asumió como ciudadano de América. Se dice Máximo Gómez y se ha dicho todo un tratado de sano panamericanismo. Hay que hablar de él con la unción y el respeto que merece, usando el lenguaje sencillo y limpio que solemos emplear para hablar de las cosas sagradas.

En un caserío que apenas podía llamarse aldea, en Baní, en lo que hoy llamamos República Dominicana, nació el ilustre patricio, en el año 1836. Dios lo escogió como instrumento adecuado para liberar pueblos; lo utilizó para cambiar a enemigos superiores en armas y vencerlos; le dio abnegación suficiente para sufrir desdenes; le frenó el enojo; encauzó sus energías por sabios caminos de prudencia, como se reparten las aguas de un río para que fertilicen las tierras sin arrastrarlas al mar.

Los que tienen alma de pergamino, se dedicarán a la inútil tarea de buscarle una genealogía ilustre, en un afán de encender vanidades que nunca tuvo. Su origen fue humilde y no se afrentó por ello. Del padre y la madre, honesta pareja, heredó la reciedumbre moral que siempre le adornó. Un cura de campo, el padre Andrés Rosón, fue su padrino y maestro, hombre de limitada cultura, pocas letras pudo enseñarle; de ahí su parco lenguaje y sus faltas ortográficas que le señalaban sus enemigos, con olvido de que los militares llevan la gramática en la punta de la espada, y su retórica es el estampido de los fusiles y el tronar de los cañones. Quien busque pureza y brillo en las palabras de Máximo Gómez quedará defraudado; pero el que persiga claridad de pensamiento, exposición precisa, sentido humano de la vida, encontrará una mina inagotable, de donde extraer sublimes enseñanzas.

El medio en que nació y creció le dio consistencia y alertó la conciencia de su propia dignidad. Apenas cumplidos veinte años se enfrenta a un caudillo de la comarca, hombre rudo, violento, dado al alcohol, que pretendía con su mesnada pasar a cuchillo la población de Baní, y a golpe de machete lo pone en fuga, salvando al poblado del incendio y a sus habitantes de la muerte. En adelante figurará en las milicias dominicanas, poniendo fin a las invasiones haitianas. Más tarde ingresará en el ejército español, cuando Santo Domingo se decidió por la anexión a España, y se inauguró el gobierno que el ingenio dominicano llamó «la España boba». Deviene Capitán, y en su condición de militar en servicio activo pasa a Cuba con el ejército de ocupación, refugiándose en Santiago de Cuba, donde renuncia y pide licenciamiento absoluto, trasladándose a la región de Bayamo, al barrio de «El Dátil», donde se dedica a las faenas agrícolas, en una parcela de terreno cedida por un amigo dominicano. Allí, en compañía de la madre y las hermanas, comienza su proceso de cubanización. La esclavitud, con sus miserias y atrocidades, le avivó el deseo de libertad y de justicia, comprometiéndose en las conspiraciones por la independencia de Cuba, con un propósito de redención humana. La abolición fue su primera divisa. Ajeno a la diabólica institución, que convertía a unos hombres en bestias y a otros en arrieros, nutrido en el ejemplo de libertad que predominaba en su país de origen, quería destruir el atroz sistema y a sus beneficiarios. Heredaba una tradición de rebeldía: Caonabo y Enriquillo, caciques indios que trataron de expulsar a los españoles; Roldán y sus secuaces, rebelados contra los señores de horca y cuchillo de la conquista, fueron sus modelos; el resto lo hicieron su tesón y su fe.

La revolución cubana se nutrió con los conocimientos militares de los dominicanos: Máximo Gómez, Luis Marcano, Modesto Díaz, Lorenzo Despradel, Marcos del Rosario, quienes con una legión de sus paisanos defendieron nuestra causa como propia, y ayudaron eficazmente el logro de nuestra independencia.

Los que iniciaron la guerra de 1868 carecían de instrucción militar; eran guerreros improvisados, con mucha voluntad y horros de conocimientos tácticos. En ese momento difícil de la arrancada, se incorpora al movimiento Máximo Gómez, con el grado de sargento, conferido por el poeta José Joaquín Palma, y la rebaja de jerarquía no le humilló, porque para él todos los cargos eran honrosos, siempre que se tratara del servicio del pueblo y de luchar por su emancipación. Unido a una mujer excepcional, perteneciente a la familia Toro, que de sus catorce hijos siete hombres y cuatro mujeres murieron en la guerra, sobreviviendo solamente tres, Sixto, Juana y Bernanda, esta última fue su compañera fiel y abnegada, refugio de sus penas y quebrantos. De tan recios troncos nacieron retoños fuertes, que adornaron con sus virtudes los comienzos de nuestra República.

Entre sus cualidades sobresalientes, más que las del guerrero, deben señalarse la reciedumbre de su carácter y la firmeza de su voluntad. Tuvo la capacidad de saber decir NO y mantener su negativa, a despecho de cualquier halago, amistoso ruego, o presión afectiva. Bien nos vendría, en este dilatado exilio de casi veinte años, repasar un poco la historia de Máximo Gómez y sacar de su vida y de sus obras las provechosas lecciones.

Con extraordinaria clarividencia interpretaba la actitud del enemigo, lo que permitía saber, con un mínimo de error, lo que haría en determinadas circunstancias, y llevarlo como de la mano a fracasar, mediante maniobras de desgaste, impidiéndole descansar, atacándole sorpresivamente. Su primer hecho de armas de importancia, durante la llamada guerra grande, fue la acción de Pino de Baire, en que atacó la columna mandada por el coronel español Demetrio Quirós; fue allí donde se dio la primera carga al machete, que llenó de pánico al enemigo, y donde el cañón de un fusil español fue cortado en pedazos de un machetazo. El empleo del machete como arma de combate imprimió un nuevo giro a la guerra; de uso común en las faenas agrarias, abundaba en las haciendas ganaderas, que vinieron a constituir el arsenal del ejército libertador. Esta acción le gana la admiración de cubanos y españoles y le prende las estrellas de general. En lo futuro se le verá siempre al frente de sus hombres, en los lugares de mayor peligro, parado en los estribos, más que sentado en el lomo de su cabalgadura, empinado y magro de carnes, pobremente vestido, cual otro Alonso Quijano, enfebrecido y terco, tras la conquista del ideal soñado, desafiando a los valientes españoles, de quienes heredaba la decisión y el coraje, haciendo buenas las palabras de Doña Emilia Bernal en su salutación a Villaespesa:

> *«Nos dio su estirpe genio, que rompe maza*
> *«contra toda injusticia, vengo o azote,*

«¡ Somos hijos legítimos de aquella raza
«y nietos inmortales de Don Quijote!»

Predicaba con el ejemplo. Cuando Policarpo Pineda, el temible Rustán, levantisco y cruel, pero de valor indomable, resistió su orden de atacar y tomar un fortín español, alegando «que sus soldados sólo tenían tres tiros por cabeza y que con elementos tan escasos no se manda a los hombres al matadero», quitó un tiro a cada hombre, se puso al frente de los soldados y tomó el fortín con escasas bajas. El valor era la cualidad que más admiraba, y a los valientes les excusaba sus errores, menos cuando estos envolvían actos criminales o vergonzosos. Cuando el Capitán Cervantes, a quien había encargado de la zona de Sancti Spíritus en una ausencia suya, fue acusado de imperdonables negligencias, le privó de sus armas y mando, diciéndole: «Esto se lo hago por cobarde», y como el increpado le respondiera: «General, yo no soy un cobarde», le preguntó: «¿Es usted capaz de venir conmigo, pararse donde yo me paro, y tirarle a la columna enemiga?», a lo que Cervantes repuso: «Yo me paro diez pasos delante usted, General», y Máximo Gómez, tocado en su fibra más sensible, puso fin a la penosa escena exclamando complacido: «Este hombre es un bravo, devuélvanle sus armas y sus fuerzas». Así era aquel admirable guerrero: severo con los transgresores, justiciero siempre.

El riesgo no hacía mella en su espíritu. En 1875, cuando la guerra empezaba a languidecer, víctima de intestinas querellas, decidió el General Gómez galvanizarla, pasando la trocha de Júcaro a Morón e invadiendo Las Villas. En el paso de ese campo fortificado, desde un fortín enemigo, le hicieron fuego, hiriéndolo en el cuello; a duras penas pudo mantenerse sobre la silla de su caballo mientras la sangre brotaba impetuosamente y él daba órdenes con voz enronquecida: «Corneta, la marcha de la bandera»; los soldados recobraban la calma alterada por el lamentable suceso, y el Dr. José Figueroa Velis trataba de contener la hemorragia con jirones de pañuelos empapados en agua. Pocos días después iniciaba la serie de triunfos en su nuevo campo de batalla, con la toma del poblado «El Jíbaro», y en mes y medio corona su obra apoderándose de poblaciones y fuertes como «El Naranjo», «El Estero», «Ranchuelo, Río Grande, Marroquín, Jicotea, San Juan de los Yeras, Jatibonico, Chambas, Ojo de Agua, Arimao, Lomas Grandes, El Guao y Las Eras». Quemó ingenios y cañaverales, arruinó plantaciones, e hizo patente a los españoles que la guerra no había terminado; que él, a quien solían dar por muerto, estaba vivo y asestaba rudos golpes al aparato colonial.

Estos hechos luminosos se vieron oscurecidos por el pronunciamiento de Vicente García en «Lagunas de Varona», precursor del de «Santa Rita», y de la insubordinación de parte del ejército libertador, que tuvo su triste culminación en el acuerdo o pacto del Zanjón, que Máximo Gómez, con su marcial y digna actitud, rubricó rechazando toda ayuda española, exilándose en Jamaica, carente de recursos económicos, acosado por la maledicencia de los estrategas de café, para comenzar una nueva vida, ganar el sustento para sí y los suyos, y esperar la ocasión propicia para reanudar su lucha por Cuba.

Durante el período que corre del Zanjón a Baire, le fue solicitada su intervención en nuevas intentonas guerreras, a las que siempre se negó; porque su lúcido entendimiento rechazaba el esfuerzo estéril, el gesto inútil, que sólo sirve para acrecentar el prestigio del enemigo y justificar sus persecuciones. Ni la llamada «Guerra Chiquita», ni otros pronunciamientos de menor empuje, conquistaron su adhesión. Se reservó para la embestida final, a la que daría lo mejor de su esfuerzo y de su capacidad guerrera.

***

La palabra subyugante de José Martí imprimió rumbos definitivos a la inconformidad cubana. Sus encendidos discursos, sus brillantes artículos, su habilidad para unir voluntades, vació en un molde al exilio cubano. El tiempo había realizado su obra; ineptos funcionarios españoles precipitaban la ruina de la metrópoli; en los Estados Unidos la opinión era cada día más favorable a las aspiraciones cubanas; la prensa, esa gran conductora, hizo suya nuestra causa, contribuyendo a crear un clima de antiespañolismo que beneficiaba a los cubanos independentistas.

No le fue difícil al Apóstol convencer al guerrero. Visitas, largas conversaciones, condujeron a la comprensión mutua, y ambas voluntades se concertaron para desencadenar otra vez la guerra, que ahora sería definitiva. Reunido el armamento necesario, alertados los patriotas de la isla, se preparó la llamada expedición de Fernandina, en la que tantas ilusiones se quebraron por la imprudencia o la maldad de alguno. En ese desdichado minuto, cuando todo parecía perdido, es cuando el General Gómez, con noticias del pronunciamiento de Baire, decide el desembarco en Cuba, para impulsar el movimiento iniciado por un grupo de patriotas. Su intuición le decía que la frase de Martí: «Para mí, ya es hora», no era simple retórica, sino producto de seria reflexión; y en su compañía, con un pequeño número de amigos, venciendo toda clase de dificultades, desembarca en Playitas, en, la provincia de Oriente, poniendo su inteligencia y su brazo al servicio de nuestra causa.

La guerra de 1895 no acaba de tomar vuelo. En Oriente y Las Villas la revolución había comenzado, pero Camagüey permanecía en paz; interponiéndose entre las otras dos impedía el indispensable enlace entre ellas, reduciendo el campo de operaciones en beneficio del enemigo. Máximo Gómez quería llevar la guerra a Camagüey, pero los informes que recibía eran desalentadores. Los generales del sesenta y ocho, en su mayoría, habían muerto en campaña, o posteriormente a consecuencia de las heridas y enfermedades contraídas en el campo. El Marqués de Santa Lucía le comunicaba que los posibles jefes de esa provincia se negaban a enrolarse en una nueva guerra, y que sólo podía contarse con el coraje de la mujer camagüeyana y de la juventud inexperta y agresiva, ansiosa de pelea. Con estos datos tuvo Máximo Gómez elementos de juicio suficientes para trazar un plan: «¿No quieren guerra? Pues yo se la voy a meter a la fuerza, como taco de escopeta», exclamó, y se dispuso a pasar el Jobabo con una escolta de veinticinco hombres y el auxilio de doscientos más al mando del General Capote quien, aunque no era partidario de la medida, no quiso dejar solo a su compañero de 1868, que había declarado su firme propósito de marchar sobre Camagüey, «aunque se quedara sin un hombre».

Pasado el Jobabo se internó en las sabanas y maniguales de la vieja región central que tan bien conocía, y se unió al Marqués y a sus jóvenes partidarios en Sabanilla de Guaicanámar; pocos días más tarde toma e incendia el poblado de Altagracia, a corta distancia de la capital del departamento; rinde la guarnición de «El Mulato»; sorprende al guerrillero Agüero en «La Larga» y le hace setenta bajas; obtiene la rendición del poblado de San Jerónimo, y comienza la campaña circular en derredor de la ciudad de Camagüey, tiroteándola todas las noches. Avisa a las Villas su próxima visita y transmite a Maceo las órdenes para la invasión de las provincias occidentales, que llevará la guerra hasta el más lejano rincón de Pinar del Río. En Ciego Molina tiene un encuentro formal con una columna española salida de Nuevitas, batiéndola durante más de dos horas; y aunque tuvo que retirarse por falta de municiones, le sirvió para conocer el alcance del mauser, superior al remington en precisión, por lo que modifica su táctica en el combate, ordenando filas abiertas para que sus soldados no se expusieran demasiado al fuego enemigo, y organiza fuerzas de infantería, debidamente abrigadas, para batir al enemigo.

Camino de Las Villas, dispone Gómez la destrucción de ingenios y cañaverales, contrariando el criterio de la mayoría de los militares cubanos de alta graduación. Su criterio lo encontramos en una breve expresión: «Es preciso quemar colmena para que se vaya el enjambre», «Vale mucho la sangre cubana para que se derrame por el azúcar». Los intereses de latifundistas, dueños de ingenios y cafetales, y grandes agricultores, estaban en peligro, porque sus riquezas estaban al servicio del gobierno español y en contra de la revolución cubana, por tanto era necesario y conveniente destruirla.

Los cubanos no vacilaron en quemar Bayamo y Guáimaro durante la guerra del 68, consumiendo en las llamas su propio patrimonio. ¿Por qué habían de vacilar en el empleo del mismo sistema, cuando se trataba de bienes de enemigos? Durante su estancia en Las Villas, el General Gómez fue huésped ocasional de un magnate, propietario de un ingenio, quien lo colmó de atenciones y alojó a sus tropas; terminada la visita, el rico hacendado, señalando para su fábrica de azúcar, le dijo: «General, espero que usted no pegará fuego a mi ingenio» y él, despidiendo rayos de cólera por sus pequeños ojos, le contestó: «Llevamos tras nosotros a un pueblo crucificado, perseguido, acosado, que vivaquea en campo abierto, expuesto a las inclemencias de la naturaleza, esperando todos los días la muerte. Y se atreve usted a pedirme que no le queme el ingenio, que respetemos sus cañas y unos pedazos de hierro» y volviéndose al jefe de su escolta: «Reduzca inmediatamente a cenizas esos cañaverales y ese ingenio», lo que verificó en el acto.

El General Gómez era ciego y sordo ante el halago y las promesas. En cierta ocasión, durante la campaña de La Reforma, se apareció en su campamento el administrador de un ingenio, propiedad de una distinguida cubana; el visitante le llevaba un regalo de parte de su patrona: un bello caballo hispano-árabe, moro empedrado, verdadero ejemplar de su raza que representaba una gran adquisición para quien sólo se apeaba de su cabalgadura para dormir y comer. El huésped se deshacía en alabanzas al regalo, y en lo mejor de sus loas le detiene el General diciéndole: «Ese caballo tiene el mal»; «Perdón General, dice el portador, este caballo ha sido atendido por el mejor veterinario de la zona y su salud es perfecta». El buen hombre es invitado a almorzar y de sobremesa, después de algunos circunloquios, le dice al General: «Mi patrona, doña fulana de tal (aquí el nombre de la ilustre dama) es viuda, tiene un solo hijo de apenas veinte años, el cual forma parte del ejército a sus órdenes; se trata de un muchacho bien educado, que habla el idioma inglés a la perfección. Ella quisiera, para sustraerlo a los naturales riesgos de la campaña, que usted le diera una comisión en los Estados Unidos»; ante esa petición se pone en pie el General Gómez y le increpa: «¿No le dije a usted que el caballo tenía el mal? Ese es el mal del caballo». El joven permaneció en las filas insurrectas, y la fatalidad quiso que los presentimientos maternos se convirtieran en luctuosa realidad.

En la guerra del noventa y cinco no se dieron combates espectaculares como los de La Sacra, Palo Seco y Las Guásimas. Lo importante ahora era destruir al enemigo en una guerra de desgaste; sorprenderlo en la noche, cansado, tirotearlo cuando menos lo esperaba, fatigarlo con marchas y contramarchas, jugar «al ratón y el gato», rendirlo por cansancio y aniquilarlo en una emboscada. Ese fue el plan de campaña de «La Reforma», territorio empastado de guinea y yerba del paral, más alta que un jinete y su caballo, donde con cinco mil hombres mantuvo Máximo Gómez en jaque a un ejército español de cuarenta mil, liberando de la presión enemiga a los combatientes de Matanzas, la Habana y Pinar del Río. Los terrenos de La Reforma se extendían desde Sancti Spíritus hasta la trocha de Júcaro a Morón, donde decía el General que mantenía prisioneros a diez mil soldados españoles. Allí se mantuvo hasta la terminación de la guerra, realizando una de las hazañas más portentosas de su difícil carrera y una de las más brillantes de la historia militar.

Escrutaba el porvenir como un sabio augur. Cierta vez le pregunta un periodista americano, que visitaba su campamento, su opinión sobre la posibilidad de una intervención americana en la contienda y respondió: «¿La intervención americana? Es como el agua, buena si cae y buena si no cae». Una clara definición de un posible problema, porque la intervención, como el agua, es buena si cae a tiempo y es mala si llega fuera de oportunidad o abunda en demasía. A quienes desconfiaban del éxito cubano y todo lo esperaban de la benevolencia y generosidad del extranjero, solía estigmatizarlos con frases lapidarias: «Hay dos clases de presentados: los que se van al campo español, y los que moralmente ya lo están; son éstos los que sueñan con reconocimientos y creen que el nuevo presidente de los

Estados Unidos nos dará la independencia. ¡Estos hojalateros son también presentados!». Siempre trató de resolver el problema cubano con los cubanos, por los cubanos, con medios y esfuerzos cubanos. España frustró estos propósitos dejándose conducir por torpes manos de funcionarios ineptos y egoístas que extremaron su rigor contra el pueblo cubano.

Los americanos, después de muchas vacilaciones entrevistas y proyectos de compra de nuestra isla, se decidieron por la guerra contra España, que fue más rápida que mortífera, en la que vencieron al león español y le despojaron de los restos de su imperio colonial. Ocupada Cuba por tropas americanas, que prolongaban su estancia en ella, nuestro viejo caudillo, siempre activo, enérgico y mentalmente claro, decía a Sotero Figueroa en expresiva carta: «Nunca, ni cuando combatimos a Weyler y sus doscientos cincuenta mil soldados, corrió mayores peligros la patria cubana como en estos momentos. Tenemos al extranjero metido en casa. La mayor cantidad de independencia que puede recabar la futura república de Cuba, se consolidará cada día más por la seriedad, la cultura y la riqueza». Proféticas palabras que debemos tener presentes cada vez que de los intereses de nuestra patria se trate. Mientras no ajustemos nuestra conducta a esos principios, no podremos lograr la independencia de nuestra tierra ni ganaremos la libertad que tanto ansiamos.

Los años finales del gran caudillo fueron melancólicos. Contra él levantaron su voz los envidiosos para acallar el ruido de sus triunfos. Un grupo de cubanos, renegando de su historia de mambises, lo despojó del cargo de Jefe del Ejército Libertador, como si hubieran sido inútiles sus servicios y se olvidaran sus hechos gloriosos. Esa mezquina acción tuvo un origen turbio, influida por un judío alemán, naturalizado americano, que intentaba comprometer el crédito de la naciente república con un empréstito de veinte millones de pesos, de los que solamente entregarían doce, reservándose los ocho restantes en pago de corretajes, con un interés del cinco por ciento anual, operación leonina, imposible de realizar, porque no se había constituido aún la República de Cuba y no existían órganos de gobierno capaces de acordar tales transacciones. El General Gómez, como Jefe del Ejército Libertador, se oponía a esas pretensiones absurdas, por no llamarlas de otro modo, y se quiso remover el obstáculo decretando su deposición. Afortunadamente el empréstito fracasó, pero la mala semilla de la división estaba echada, arraigaría y sus frutos nocivos envenenarían la conciencia pública.

Retirado a su casa de Calabazar, en los alrededores de la Habana, vio deslizarse el corto tiempo que le separaba del sepulcro, y solamente salió de ese retiro para impulsar la candidatura presidencial de Don Tomás Estrada Palma, que apoyó enérgicamente. Triunfante su candidato, retornó al retiro hogareño donde tal vez dejaría vagar su imaginación en la rememoración de la lucha recién terminada. Las sombras augustas de sus compañeros de gesta desfilarían ante él: Flor Crombet, distinguido combatiente; José Martí, todo elocuencia y abnegación; Maceo, bravo y sincero; Serafín Sánchez, Donato Mármol, Paquito Borrero, Perucho Figueredo, Ignacio Agramonte, Mora y tantos más, que le habían precedido en la definitiva marcha. Poblada su mente de recuerdos, herida el alma por la ingratitud de los hombres, agitado el corazón por siniestros presentimientos sobre el futuro de la patria que adoptó por suya, en beato recogimiento, rodeado de los familiares que sobrevivieron a la sin par contienda, el día 17 de junio de 1905, bajó su cuerpo a las tinieblas de la muerte, mientras su espíritu flotaba, como manto protector sobre la Isla de Cuba, para defenderla de posibles enemigos y reprobables turbulencias. A los setenta y un años de aquel luctuoso acontecimiento, los cubanos nos debatimos en dura lucha contra el destino adverso que nos entregó en manos de una feroz tiranía. Busquemos en la vida y las acciones del inmortal Máximo Gómez el buen juicio, la vigorosa fe, el impulso generoso y la firmeza que nos permita movilizarnos de nuevo, en cordial unión, para la arremetida que pondrá fin a nuestra presente desventura.

Homenaje al Lugarteniente General Antonio Maceo

> *«La Asamblea Constituyente, cumplida su delegación de dar al esfuerzo revolucionario el carácter de República ante el mundo acordó por UNAMINIDAD conferir en usted el nombramiento de Lugarteniente General del Ejército Libertador de Cuba. Y hace fervientes votos porque pueda usted afirmar en su abnegada virtud y victorioso empuje, la existencia de la República de Cuba».*
>
> Jimaguayú, 18 de diciembre de 1895

La Cámara de Representantes de la República de Cuba, en su noble empeño de conmemorar dignamente los duelos de la Nación, tomó el acuerdo de que el siete de diciembre de cada año fuera declarado Día de Duelo Nacional, en honor del Lugarteniente General Antonio Maceo, cuyo deceso ocurrió el siete de diciembre de 1896. Tuvo en cuenta ese Cuerpo Legislador que nuestro pueblo necesitaba el celoso cultivo de su historia, tradiciones y costumbres, y ninguna se afinca en el espíritu con más hondas raíces, ni ata más fuertemente voluntades, ni llama con más sonoro golpe a contrición, que la nacida de un acontecimiento desgraciado, mostrado a la serena contemplación en toda su magnitud, dispuso la celebración de una sesión solemne para honrar la memoria del héroe inmortal y la de todos aquellos que se inmolaron ante el altar de la Patria irredenta.

De penas vivimos y en el dolor nos perpetuamos; por lo que tienen de perdurables en la memoria de quienes las padecen y porque desarman nuestra soberbia mostrándonos nuestra propia invalidez. En el infortunio que es abono de la vida, la amistad crece y el amor se acendra; porque ambos tienen condición de perennidad frente a la débil y pasajera felicidad humana. La belleza de nuestra historia se halla más en cruento sacrificio de varias generaciones, que en la obtención de éxitos clamorosos. La república se erigió sobre un pedestal de generosos muertos, sus leyes se escribieron con lo mejor de nuestra sangre. Libres e independientes al fin, no ha transcurrido un lustro sin que el alma atormentada de la patria se hubiera conmovido ante la tumba recién abierta de alguno de sus hijos bien amados. ¡Feliz quien pueda proclamar que la disputa, acerca de quien ama y defiende mejor la tierra propia no le llenara de luto el hogar o le vertiera en el corazón el acíbar de la duda, o le perturbara el pensamiento con la idea de la rebelión; de ese modo nos purificamos en el crisol de nuestras propias inconformidades!

En esta fecha de rememoraciones volvemos la vista hacia el pasado y recorriendo un espacio de siglos parécenos escuchar la fuerte y áspera voz del conquistador y por encima de ella como rugido de tormenta desatada, el gemir del indio esclavizado, el grito del negro sometido a bárbaros tormentos, el llanto de la madre atribulada porque le aprisionan al hijo de sus entrañas; el suspiro del mambí, que fue a morir por sus derechos, bajo la lumbre de la luna, en la manigua sin frontera.

Al paladín de nuestras libertades rendimos pleno homenaje; porque fue síntesis perilustre de las ansias y esperanzas del cubano; pero también a cuantos como él, en los campos de batalla, en las prisiones, en la precaria libertad de las ciudades o bajo cielos extraños, exiliados, pregoneros del ideal, dieron sus vidas, sus caudales y sus esfuerzos por conquistarnos la independencia y la libertad. Rememorando sus hechos famosos afirmamos en las nuevas generaciones el amor patrio, que mantendrán íntegro y encendido al calor de portentosas hazañas, mientras duermen nuestros héroes sus sueños de gloria, en la tumba que les deparó el destino; porque merced a esas prédicas y constantes enseñanzas jamás apuntará el aciago día en que por nuestra pereza, criminal indiferencia o mezquino egoísmo, los despierte y llame a juicio el grito de la Patria en peligro.

De heroicidades está llena la historia de Cuba, y de realizaciones sorprendentes. De noble metal se hizo nuestro pueblo, que tiene resistencia de acero en la pelea y sonoridad de bronce en las lides del talento. Aprendieron táctica militar nuestros soldados en los campos de batalla. La sabana y el palmar fueron nuestras academias de infantes nobles. El arriero, que de soldado subió a general, pasando por todos los grados, pudo enorgullecerse de haber sido su propio maestro; de haber sacado de su alto concepto de la dignidad humana, de su odio a la tiranía y de su amor a la libertad, conocimientos bastantes para derrotar a ejércitos numerosos, bien equipados, mandados por generales de larga experiencia y amplia instrucción militar. Era el hombre natural de quien nos habla Martí, venciendo las vanas artimañas del hombre artificial. Era algo más, era la fuerza incontrastable del espíritu en recia y viril porfía, riñendo la batalla definitiva contra la materia embrutecida. En esa lucha de la libertad contra la opresión; los libertadores vencieron por la superioridad de su derecho. ¡La pureza de los principios pudieron más que los prepotentes cañones de la Metrópoli!

Al campo pusieron puertas los mandones de la colonia, y el cubano que no alcanzó arma en el reparto, si no quiso o no pudo formar en la impedimenta, tuvo que resignarse a morir de hambre y enfermedades en las villas y ciudades que les diera por cárcel y por tumba el gobernante cruel. La pena de unos devino en dolor y agonía de todos; rotas las barreras de los prejuicios, el acomodado, lleno de espanto por la miseria que le rodeaba, y el desheredado, cansado de sufrir, sumaron sus energías en un esfuerzo final por romper el yugo de la opresión hispana.

Nuestra independencia fue obra del pueblo. Las clases dirigentes contribuyeron con sus riquezas y conocimientos al logro del ideal; pero la inspiración genial que brota del alma atribulada; el impulso redentor de los oprimidos, esa especie de revelación instintiva de lo justo, en lo que tiene de inmortal y generoso, hay que anotarlo a las clases humildes de la población cubana y a los caudillos salidos de su seno. Maceo y Martí, para no hacer larga la cita, son evidente prueba de ello. Del pueblo fueron también las vigorosas cargas al machete que destrozaban inmisericordes los cuadros españoles; suyos fueron también los terribles padecimientos en las marchas y contramarchas bajo el calor del sol y de la fiebre; suya la muerte que recorrió las filas segando vidas, lo mismo del bravo soldado en el fragor de la batalla que la del infeliz y pacífico campesino.

La clase selecta de la colonia tuvo un gesto plausible cuando abandonó las comodidades de un hogar bien abastecido por las inquietudes y miserias de la rebelión; cuando despreció las ventajas de una organización aristocrática, donde tenía fácil asiento por su holgada posición económica; cuando pudiendo escoger un lugar en el orbe civilizado, donde se deslizaran apaciblemente los días de su vida y renunció a la dulzura de la paz por los azares de la guerra. Pero sin el decidido apoyo de las clases populares del país; sin el auxilio de esa cantera inagotable, que incesantemente suministraba material humano para la realización de la obra liberadora, la última revolución no se habría llevado a cabo, o habría desembocado fatalmente en otro Pacto del Zanjón. Recuérdese siempre, por equidad, por justicia, por sentido humano, que nuestra República se debe al esfuerzo del pueblo todo, sin discriminación alguna; y que si uno fue para el sacrificio y la batalla, uno debe y tiene que ser para el disfrute de los beneficios derivados de la libertad e independencia que su esfuerzo le ganara.

Ellos contaron con la dirección de muy valiosos jefes como Carlos Manuel de Céspedes, Francisco Vicente Aguilera, Donato Mármol, Ignacio Agramonte, Javier Vega Basulto, Máximo Gómez, Antonio Maceo, que recorrió la Isla en una galopada victoriosa, y que si fue grande por sus triunfos militares más lo fue por su honradez acrisolada y por su invariable devoción a la causa de la unidad nacional.

Hablar de Maceo como guerrero no es tarea difícil para quien haya leído, siquiera con la prisa que aconsejan los inquietos tiempos que vivimos, la historia de Cuba. Esta es la parte más brillante de su vida por la luz que sobre ella derraman sus éxitos militares; aunque sus virtudes cívicas tuvieron mayor influencia en la formación y desarrollo de la vida de nuestra nación. A bravo y perspicaz, a enérgico y decidido, nadie le ganaba; como guerrero no tuvo rival; pero no es esta faceta la que debemos destacar ahora, el impresionante recuento de sus victorias, desde que por primera vez entró en liza, como simple soldado, en las fuerzas que mandaba el General Donato Mármol, el día doce de octubre de 1868, hasta la escaramuza en que perdió la vida, cuando ya adivinaba la derrota enemiga, el nefasto día siete de diciembre de 1896. ¡Dentro de ese tiempo cuántos triunfos hicieron pregonar los épicos clarines en la manigua redentora y cómo se cubrió de gloria nuestro héroe!

Durante la gesta del 68 intervino Maceo en todas las acciones notables: en Loma de la Galleta destroza al batallón San Quintín; en el asalto del cafetal «La Indiana», rescata a su hermano José, gravemente herido, que casi era prisionero de los españoles. Su denuedo en los combates le gana una calurosa felicitación del Presidente Céspedes. En 1872, destituido el General Máximo Gómez, se designó a Maceo para sustituirlo; modesto y sencillo, no se envanece con la nueva situación, antes bien, por fidelidad al gran guerrero y reconocimiento de su valer, aspira a entregar el mando; y cuando Calixto García le reemplaza a los pocos días, no vacila en ponerse a sus órdenes, interviniendo en el asalto a la ciudad de Holguín, Asalta Manzanillo; se bate en Melones; invade a Camagüey y al mando del Contingente Invasor de Las Villas; triunfa en El Naranjo frente al Brigadier Bascones y el Coronel Armiñán; derrota a este último en Las Guásimas; y, cediendo a la presión de los villareños, entrega el mando y regresa a Oriente a continuar el rosario de sus triunfos. Pelea bravamente en Yabazón, Sagua de Tánamo, Baracoa, y es herido gravemente en Potreros de Mejías. Ya Mayor General, combate en el camino de La Florida, cerca de Palma Soriano, ocupando un convoy al enemigo. En Juan Mulato se bate con fuerzas al mando de Ramón Cabezas, que muere en la acción; y los ecos de su fusilería, que diezma las fuerzas españolas durante la prolongada pelea de San Ulpiano, son apagados por los rumores de la Paz del Zanjón, que su entereza rechazara, y como un canto funeral a la revolución agonizante, todavía se escucha el fuego de Maceo en El Caobal.

Estalla la guerra de 1895, y desde su desembarco en Duaba, el primero de abril de dicho año hasta el siete de diciembre de 1896, durante veinte meses, su vida es un combate continuado; parecía pretender, en un postrer esfuerzo de gigante, romper las recias ataduras de cuatro siglos de dominación oprobiosa, y levantar al sólo golpe de su brazo prepotente la República generosa y cordial, donde tuvieran acogida y amparo todos los hombres de buena voluntad. Ataca y toma el poblado de El Cristo; gana el célebre combate de Peralejo, en el que perdió la vida el General Santocildes, que con Martínez Campos hizo resistencia al valiente mambí. Y en Sao del Indio, San Fernando, La Reforma, Iguará, Mal Tiempo, Coliseo, Güira de Melena, Río Hondo, Cacarajícara, El Rubí, Consolación del Sur, Tumbas de Estorino, Lomas de Tapia y cientos de combates más, son otros tantos laureles que se anota, reduciendo a escombros el poderío militar de España.

Antonio Maceo venció porque a su firme voluntad unía una fuerza ejecutiva nada común; porque al vigor de su ánimo iba unida una energía física inagotable; porque tenía la mente fuerte y el cuerpo robusto. Con su figura prócer y su ademán imperioso ponía respeto en los adictos y pavor en los contrarios. Miró lo describe de mano maestra en el fragor de la batalla: «No éramos –dice su Jefe de Estado Mayor– ni la mano derecha ni la zurda del hombre; si era posible contradecirle en conversaciones amistosas, durante las marchas o en el vivac, quedábamos reducidos a cero, cuando empezaba la sinfonía de las armas». De Maceo, como guerrero, podemos decir lo que David de uno de sus capitanes: «Era más rápido que el águila y más valiente que el león».

Estudiado Maceo desde el punto de vista de las virtudes cívicas, su valor se agiganta. La mayor parte de nuestros generales, especialmente en la guerra de 1868, procedían de familias distinguidas del país; eran hijos de grandes terratenientes o dueños de ingenios. Abogados de rica clientela., médicos de reconocida fama, ricos farmacéuticos; nutridos en buenas lecturas y al tanto, como era posible en el medio colonial, de los últimos avances políticos-sociales del mundo civilizado. Antonio Maceo, sin ser el arriero que nos pintan algunas crónicas, distaba mucho del hombre doctrinado en amplias disciplinas del saber humano. Fueron su inteligencia, su deseo de superación, su amor infinito a la patria, su identificación con el pueblo cubano los que le hicieron convertirse en el más esforzado paladín de lo que él llamaba «la causa». De ahí su gallarda rebeldía; su coraje que fabricó el triunfo definitivo; su noble arresto; su proyección limpia y alta; su espíritu de transigencia vigilante y su generosidad inteligente. Fue el más civil de nuestros generales, siendo el más bravo de nuestros guerreros. Hombre que con la misma violencia acometía al ejército enemigo, frenaba sus humanas pasiones cuando el interés de la patria, el servicio del Estado o las necesidades de su pueblo lo exigían. Devoto cumplidor de las leyes, de su autoridad, disciplina y concepto del deber, pueblan nuestra historia incontables anécdotas. En un pueblo como el cubano, de rápidas concepciones, y peligrosas síntesis; donde el pensamiento con ser veloz resulta tardío porque la acción siempre le aventaja en rapidez; que tan fácil le incurrió en peligrosas improvisaciones, el estudio de Maceo, desde el punto de vista puramente cívico, es de alta conveniencia, porque el ejemplo de su vida y de sus acciones, con el equilibrio y ponderación que revelan, pueden dar forma acabada a su carácter.

Si aceptamos como verdad que el hombre es la suma de sus factores morales conformados por el medio, en el carácter de Maceo debió influir notablemente la extraordinaria belleza de la serranía oriental, donde pasó los primeros años de su infancia. Desde las alturas que rodean la hacienda Majaguabo, en los días claros, contemplaría las elevadas torres de las Iglesias santiagueras, a través del abra lejana; y en la noche callada las luces de la ciudad, rielando sobre la superficie líquida de la bahía; la emoción estética le prendería en el ánima destellos de superación y ansias de libertad plena; mientras en la casa familiar, el ejemplo de la madre abnegada y del padre honesto y cumplidor, le afirmarían el concepto de la obligación. Quizás más de una vez, al paso del arria que conducía a la población los frutos de la finca, llegaron a sus oídos las narraciones del viejo Marcos, testigo y actor de la gran epopeya que culminó en la independencia de Sur América, y en su mente vigorosa debieron caer, como semillas de fácil germinación en fértil vega, las proezas de Bolívar, que después emulara en nuestras campiñas, cubriéndose de gloria.

Su hogar fue templo del deber; fragua, donde fundieron su alma de Titán; fuente Castalia, de donde brotó el manantial purísimo de su espíritu. Como padre y madre siguieron a sus hijos al campo de la revolución, que fue para ellos una prolongación de la casa solariega, jamás faltó a Maceo el ejemplo de aquella pareja llena de pureza y bondad. El destino le deparó una compañera ejemplar, que secundara sus actividades, que le acompañara en victoria y en dolor; que llamara a sus soldados al combate cuando él, postrado por terribles heridas, no podía hacerlo. Ya lo dijo el Apóstol Martí, con palabras inigualadas: «Tuvo la fuerza porque tuvo la paz de la casa. Nadie pregunte el secreto de tanta existencia desperdiciada, desviada, frustrada, incompleta: es el desarreglo del hogar. Sólo saca de sí su fuerza entera el que vive en la arrogancia interior de ser querido». Hombre que a los veintinueve años de casado encabeza las cartas a su compañera de esta manera: «Mi siempre adorada esposa», se ve obligado a escribir frases como estas: «Los progresos de la revolución no dan tiempo a los deberes de familia, a los que como yo tienen el peso de esta enorme masa de revolucionarios decididos. Para mí no se ha hecho la tranquilidad: vivo a caballo, socorriendo en toda dirección; organizando fuerzas y prefecturas». Era el momento de la revolución de Baire; Maceo, en la Provincia de Oriente, mientras organizaba las fuerzas mambisas combatía a los soldados enemigos. En medio de tan febril actividad comprendía los tormentos e inquietudes de la esposa ausente, a quien los achaques y enfermedades no permitieron acompañarlo como en el 68, por eso le escribe en esta forma: «Supongo que tú la pasarás mal, que no tendrás tranquilidad con las noticias que a diario corren de que nos han muerto a José y a mí, cosa que no quisiera que te preocupara, pues tengo la seguridad de que no me han de matar; viviré a pesar de mis enemigos». ¡Generosa previsión del caudillo, a quien las durezas de la guerra no le encallecen las ternuras del alma!

    La familia y la Patria formaban parte de él. En un momento de tribulación, propicio a las confidencias, dijo a quien podía ser guardián de sus sentimientos: «Tres veces en mi angustiosa vida de revolucionario cubano, he sufrido las más fuertes y tempestuosas, emociones del dolor y la tristeza, ¡Ah! ¡Qué tres cosas! ¡Mi padre, el Pacto del Zanjón y mi Madre!» Tres cruces llevaba en su corazón de patriota inmaculado: las que levantaron sobre las tumbas de sus progenitores los designios divinos y la que en el Zanjón elevaron sobre el sepulcro de una guerra de diez años, las desavenencias de los cubanos, más que el cansancio del mambí o la fortaleza de España. Fueron tres amores perdidos a pesar suyo, en el cuidado de ellos puso todo su empeño, y al morir poco después tuvo la satisfacción de que su protesta de Baraguá, como la Trompeta del Juicio Final, pusiera en pie a los augustos muertos en la resurrección de Baire; y ya no le fue dable alzar de sus cenizas a sus amados viejecitos pero al menos pudo ver las lumbreras del sol de la independencia que él ayudara a encender. Su patriotismo jamás fue desmentido. Junto a la palabra honrada estuvo siempre el hecho honesto. No sólo se batió para independizarnos de España y hacernos libres, sino que se irguió valientemente frente a las miserias e intrigas que obstaculizaban la marcha ascendente de la Revolución. Fue, hasta la muerte, partidario decidido de la ley y el orden; defensor del gobierno legítimamente constituido, disciplinado y comprensivo; lo bastante digno para no soportar vejaciones e injurias, lo suficiente sereno y generoso para perdonar pequeñas actitudes, nacidas de sentimientos más pequeños aún. Penetrado de su valer, sabe que con un gesto de inconformidad o rebeldía puede hacer peligrar la obra de sus amores, por ello en más de una ocasión, frente a las injusticias y prejuicios del medio y de la época dobló el corazón con la férrea mano de su inquebrantable voluntad, acallando sus justas rebeldías.

Jamás tuvo el prejuicio, tan común en gentes de nuestro país, de que se le disminuía. Y no es que ignorara que la envidia tejía en torno suyo redes de fracasos, sino que en su condición de hombre superior sabía colocarse en segundo plano, cuando de hacerlo no se ofendía su dignidad ni se dañaba la República. Si el otorgamiento de mandos pudiera provocar fricciones decía como un viejo romano: «No me ofenderé porque a mí se me mande a desempeñar un puesto inferior a mis merecimientos. Yo voy adonde me manden, porque como cubano que soy estoy obligado a ello».

Célebre es, por muchas razones, la desavenencia que tuvo con el General Máximo Gómez, al que respetó y quiso y del que fuera querido y admirado. Difícil era que dos temperamentos tan opuestos marcharan siempre de acuerdo. Durante el período preparatorio de la Revolución de 1895, un incidente baladí agrió las relaciones entre estos dos hombres tan necesarios a Cuba y que tanto influyeron en sus destinos. El general Máximo Gómez, mayor en edad y en mando, hombre de cólera fácil, hubo de escribir a Maceo en términos tan enérgicos que tocaban en descorteses; la respuesta no se hizo esperar, tan firme como la demandaban las circunstancias y tan respetuosa como lo exigían la jerarquía y los años: «Si algún mérito tengo –contestó– es el de la obediencia a la disciplina militar y el respeto a la ley. Las apreciaciones son faltas de respeto cuando se hacen a la autoridad en tono de insulto pero no cuando se reclama un derecho con más o menos mesura. A consideraciones, respeto y subordinación bien entendida, nadie me gana. La gratitud que a usted le debo como amante de mi causa y atento a lo que usted le ha servido, está, como caballero, altamente compensada con mi conducta política y social respecto de usted. Lo otro que usted merece corresponde al pueblo cubano».

Las banderías políticas que entorpecieron la Revolución de 1868, asomaron en las labores iníciales de la del 1895. Contra Martí enfilaron sus baterías los descreídos e inconformes de siempre, aquéllos a quienes no convencen la bondad de los hechos, a pesar de que merezcan el aplauso y la gratitud de las personas honradas. Contra ésos se volvió enérgico Maceo, cuando hasta él llegaron pretendiendo hacerlo vehículo de sus intrigas. Siguiendo la línea que se trazó durante la Guerra Grande, escribió: «En ninguna época de mi vida he servido banderías políticas de conveniencias personales; sólo me ha guiado el amor puro y sincero que profesé en todo tiempo a la soberanía nacional de nuestro pueblo infeliz. Cualquiera que sea el personal que dirija la obra común hacia nuestros fines, tiene, para mí, la grandeza y la sublimidad del sacrificio honrado que se imponga». Fue un Apóstol de la unidad nacional, no sólo cuando las pasiones turbulentas provocaban fricciones entre los jefes connotados de la Revolución; sino también cuando se le regateaban honores merecidos y cargos adecuados a su capacidad y práctica guerrera.

Cuando estalló en Yara el movimiento armado de 1868 nuestra Isla no formaba un todo homogéneo desde el punto de vista político y social, las diferencias de clases, típicas de una organización colonial esclavista, resultaban agravadas por la escasez de vías de comunicación, que hacían a Camagüey y a Santiago de Cuba tan distantes de la Habana como de Sevilla o Madrid. Extender la guerra a todo el país, unir a los cubanos en un mismo propósito, sin que se frustrara éste por las particularidades y recelos regionales, acentuados por el aislamiento en que se hallaban las distintas provincias, era labor más que difícil, casi insuperable. Esa Revolución, que pese a todas las dificultades se prolongó durante diez años, estuvo caracterizada desde sus comienzos por la pugna enconada de los factores esenciales que intervinieron en su desarrollo.

El viejo problema cívico-militar, índice perturbador de las nacientes democracias latinoamericanas, asomaba su faz anárquica en nuestra primera prueba de liberación más como un pretexto que como una realidad sentida, porque nadie ignoraba lo que Maceo, con certera visión, señalaba: «Que la República en armas no era dueña apenas del terreno que pisaba, y que los complicados problemas y sistemas políticos no se compadecían con las necesidades y urgencias de la guerra». Hombres de vasta cultura y posición económica segura, a quienes no podían negárseles desinterés y patriotismo, pero sí visión y sentido de la realidad, levantaron facciones por el derecho de mandar en el territorio donde habían nacido, con olvido de toda razón táctica o de prestigio guerrero.

Cuando se intentó la invasión de Las Villas, Antonio Maceo se vio precisado a entregar el mando del contingente invasor, para no herir la sensibilidad de elementos cuya adhesión era conveniente para el éxito. ¡Ante la capacidad del gran caudillo, las preocupaciones lugareñas levantaban una formidable barrera! Si existían rivalidades declaradas entre los dirigentes de la Revolución, éstas tenían que culminar necesariamente en escisiones y motines, con merma del prestigio y fuerza de la misma. El pronunciamiento de Laguna de Varona y la insubordinación de Santa Rita son prueba suficiente. En medio de tantas diferencias y minúsculas rencillas, Antonio Maceo se convierte en un símbolo de unión y de paz; resignado y previsor, amonestando con suave firmeza la repartición inadecuada de grados y cargos para evitar inconformidades lógicas que aumenten la indisciplina; o con el orgullo natural en quien sabe como adquirió lo que posee, contestar las insinuaciones del Marqués de Santa Lucía: «Su oferta está buena para los que mendigan puestos o para las personas que no sepan conquistar con su esfuerzo el que deban desempeñar en la vida pública». Y a Francisco Sánchez, que por error o malicia deja escapar una frase imprudente, escribirle de esta suerte: «Si algún prestigio tengo, si algo valgo, no es concedido como dice usted, lo he conseguido con veintiséis años de servicios consagrados a la libertad de Cuba, cuyo árbol he regado muchas veces con mi sangre». De esta manera, saliendo por los fueros de la verdad, hacía justicia a los hombres que por no pertenecer a las castas privilegiadas, no siempre lograban el premio a sus afanes.

Entonces, como hoy, muchos olvidaban la sentencia martiana según la cual: «Un hombre que se cultiva y levanta por sí propio es el más alto de los reyes; y puede mirar como inferior a todos los vanos encopetados que no han vencido tanto como él». Defendiendo al preterido evitó muchas divisiones que habrían sido fatales para la causa de la libertad. Al negro, inquieto por las mortificaciones que les hacían los preocupados, le aplacaba la inconformidad con frases como éstas: «Por vuestro esfuerzo y merecimientos tenéis que conquistar la admiración de vuestros hermanos, para que os den, después de esa admiración, el cariño: así es como se establecerá entre nosotros el imperio de la confraternidad». ¡Ojalá tengamos el camino fácil hasta el fin, abrazados en la paz, después de haber sido hermanos en la lucha!

La breve y heroica historia del Inglesito

Una húmeda tarde de principios de Abril de 1869 en un modesto local de apartada calle de Brooklyn, habilitado con el pretexto de reclutar hombres para una operación de pesca, pero en realidad para llevarlos a pelear por la libertad de Cuba, un grupo heterogéneo, cubanos, americanos, hispanoamericanos, algunos canadienses, italianos y polacos, formaba fila ante la mesa en que se confeccionaban las listas de aspirantes. El encargado de tomar las generales de los futuros soldados, al comenzar su tarea, vio ante sí a un imberbe, casi un niño, de corta estatura, delgado, rubicundo, cuyos ojos relampagueaban de orgullo, quien contestó a las preguntas en la forma siguiente: «¿Su nombre? Henry M. Reeve, también me llaman Earl –¿Su edad? –Diez y nueve años –¿De dónde es? –De donde se muere por ser libre». Una sonrisa de admiración y de sorpresa alumbró la cara del interrogante. Tal vez dudaba de que una criatura de tan pocos años comprendiera el alcance de su decisión. Parecía demasiado americano para dejarse arrastrar por ensueños románticos a tan arriesgada empresa, aunque sus paisanos acababan de librar enconada guerra por el triunfo de un principio: la libertad irrestricta del ser humano. Este último razonamiento decidió que se le aceptara para tomar parte en la expedición del «Perrit», una de las más importantes en pertrechos de guerra y hombres organizada en esos días.

El «Perrit» barco de poco andar, navegaba lentamente frente a la costa Norte de Oriente, con su precioso cargamento, el once de mayo de 1869. Como en el punto escogido para el desembarco no hubiera señales convenidas, se decidió hacerlo en la península del Ramón, que separa las bahías de Nipe y Banes, para alijar la carga lo que sólo era factible en horas de la noche, para no alertar al enemigo que vigilaba cuidadosamente los mares circundantes. La tarea se hacía tan lenta que el capitán del barco decidió levar anclas y escapar con parte del cargamento, en evitación de un ataque por parte de la armada española. Los expedicionarios tuvieron que conformarse con lo desembarcado y establecer un almacén de alguna seguridad en una costa desconocida para la mayoría de ellos. Se improvisaron tres arsenales a corta distancia de la costa, y unos ranchos abandonados en las colinas inmediatas sirvieron de albergue a los soldados, mientras el punto fortificado se establecía en una ruinosa casa de mampostería rodeada de cocoteros. Dos viejos y pesados cañones de bronce montados a la entrada de la bahía completaban las medidas defensivas. Ahora sólo restaba que llegaran los insurrectos, ya notificados, en número suficiente para trasladar las armas a lugares más seguros, hasta entregarlos a las autoridades revolucionarias para su conveniente distribución. El coronel Mercier con cien, holgineros desarmados, llegó al improvisado campamento como un refuerzo al oscurecer del 14 de Mayo pero ya el 16 en la mañana comenzó el desembarco de fuerzas españolas al mando del comandante Agustín Mozo Viejo, iniciándose el combate sobre las nueve, con pérdida de gran parte del alijo de armas, ante el fuego cruzado de los vapores «Guantánamo» y «Marsella» en combinación con las tropas españolas en tierra. Henry M. Reeve con varios compañeros subió a mano uno de los cañones que todavía estaban en la costa, y emplazándolo en un altozano bombardeó los atrincheramientos españoles, recibiendo una herida en una pierna. Fue su bautismo de sangre. Cuba había ganado un hijo y la revolución un valiente, disciplinado, hábil soldado. Después de una cruenta batalla, con numerosas bajas por ambas partes, los españoles se replegaron Y los expedicionarios recuperaron el armamento. Fue la primera fase de una campaña desarrollada en varias etapas.

Nuevas tropas españolas, bien pertrechadas, desembarcaron de las unidades «Guantánamo», «Andalucía», «África», «Morelia» y «Vasco Núñez de Balboa». El gobierno colonial se disponía a destruir a los invasores y apoderarse de sus armas y municiones. Ocuparon el camino que conducía a Canalito, donde la península se une con tierra firme, cruce indispensable para los invasores bajo el fuego de los cañones de los barcos enemigos. El 19 de Mayo se trata de forzar el paso, y nuevamente el coraje de los expedicionarios y sus auxiliares cubanos derrota a las superiores fuerzas españolas. Allí se distingue por su bravura el joven Reeve, ordenanza del General Jordan que continúa la marcha ordenada por su jefe hacia Júcaro, en territorio de Holguín, para encontrarse con los generales Quesada, Mármol y Grave de Peralta, que en nombre del gobierno recibieron la expedición. Era el 20 de Mayo de 1869, anticipo de otro radiante en que Cuba figuraría entre las naciones libres del mundo.

Nombrado T. Jordan jefe de Oriente, atacó a finales de Mayo el campamento español de la «Cuaba», a corta distancia de Holguín, acción que culminó en un fracaso, viéndose obligado a retirarse a Las Calabazas, donde fueron sorprendidos por superiores fuerzas, teniendo que retirarse, dejando en manos del enemigo varios prisioneros, entre ellos Reeve, los cuales fueron fusilados, siguiendo la costumbre establecida en aquella impiadosa guerra. El Inglesito, perdido el conocimiento, fue abandonado entre los otros muertos, y al volver en sí, ya anochecido, guiado por su instinto, desconocedor del lugar en que se hallaba y del idioma de los habitantes, se arrastró, desangrándose, por entre la manigua, hasta encontrar unos patriotas que le condujeron, en improvisada angarilla hasta el campamento del brigadier Luis Figueredo, en El Mijial, donde comenzó a recuperarse de los cuatro balazos recibidos en el pecho, y obtuvo el nombramiento de sargento segundo por su heroico comportamiento.

Debilitado por las heridas, pero deseoso de reincorporarse a la lucha, pidió licencia para trasladarse a Camagüey, a fin de solicitar del Presidente Céspedes su incorporación a las tropas al mando de Jordán. Figueredo, mirando su deterioro físico, le otorgó el permiso, haciendo constar en el mismo que Reeve «estaba incapacitado para el servicio de las armas».

Nombrado Thomas Jordan Jefe del Estado Mayor y trasladado a Camagüey en Octubre de 1869, presentó en el Ciego de Najasa a Reeve, ya promovido a Teniente, al Mayor General Ignacio

Agramonte Loynaz, estableciéndose entre ambos una corriente de simpatía y amistad que solamente cesó con la infausta muerte del Mayor.

Designado Thomas Jordan Jefe del Ejército Libertador, en sustitución del General Manuel de Quesada, inició la campaña de 1870 derrotando, con la cooperación de Agramonte, a una columna de más de dos mil hombres mandada por el General Eusebio Puello, en el lugar conocido por «Mina de Juan Rodríguez». Los españoles concentraron el grueso de sus tropas en la región camagüeyana, no sólo porque allí estaba la sede del gobierno revolucionario, sino para evitar que la revolución se propagara a las ricas provincias occidentales, fuente de aprovechamiento económico del gobierno colonial. Alternando golpes de fuerza con maniobras de apaciguamiento, introdujeron el descontento en las filas insurrectas, alterándose la disciplina de las huestes libertadoras, lo que determinó la resignación del mando por Jordan, que pasó a Estados Unidos, donde continuó sirviendo a la causa de la independencia cubana.

Por lo que tiene de aleccionador en estos momentos de grave desconcierto en el exilio cubano, un párrafo del discurso pronunciado por el General Thomas Jordan, en el banquete ofrecido en su honor por la Junta Revolucionaria Cubana de New York, publicado en el periódico «La Resolución» de dicha ciudad, edición de 14 de Mayo de 1870: «Los españoles están peleando con armas compradas en Maiden Lane, en la casa Shurley, Hayley and Graham; y a nosotros en todo un año no nos ha sido posible comprar nada». Quisiera ver cambiada la infame ley de neutralidad. Esa infame ley que ayuda a los españoles a quedarse en Cuba, y que se opone a que los cubanos se defiendan. ¡Cubanos, no aguardéis más ayuda exterior para vuestra lucha, y reunid todos vuestros recursos propios para lograr la independencia!

Reeve, aunque mediocre jinete, había comenzado su labor militante en la caballería, a las órdenes del Coronel William Ryan, valiente canadiense, experto soldado, que echó las bases de ese cuerpo, convertido después por Agramonte en el mejor organizado y de mayor efectividad en la guerra de 1868.

Con la misma tenacidad e igual empeño que puso en aprender el español, tratando de interpretar a Cervantes en un ejemplar de «El Quijote», regalo de un fiel amigo, logró Reeve en breve tiempo superar sus limitaciones, convirtiéndose en un jinete de primera categoría y sirviendo en la caballería hasta su muerte, por más de siete años, aún en el período en que una lesión irreversible, sufrida en combate, le inutilizara la pierna derecha.

Desde el 16 de Abril de 1870, ya con el grado de Capitán, pasó al primer escuadrón de la brigada Sur de Camagüey, como jefe de la vanguardia, a las órdenes inmediatas del Teniente Coronel Miguel Machado y la jefatura superior del General venezolano Cristóbal Acosta. El 12 de Noviembre del expresado año traba combate con fuerzas españolas en las cercanías de, «Las Guásimas», y el 16 en el camino de «Las Piedras» a Jobabo. El Capitán Reeve y el Teniente Coronel Miguel Machado, con pequeño número de hombres, atacan al enemigo, combaten dos horas, le hacen numerosas bajas y le arrebatan el convoy con más de quinientas reses, con la sola pérdida de un soldado y cuatro heridos, entre ellos el propio Reeve.

El 27 de Marzo de 1871 se incorpora Reeve a las tropas mandadas por el Mayor Agramonte, en el campamento El Chorrillo. El 28 de Mayo es herido en Hato Potrero, y a pesar de sus heridas interviene en las acciones de «La Entrada», «El Mulato», «La Redonda», pelea heroicamente en la vanguardia en el célebre rescate del General Sanguily, en las acciones de «El Plátano», «La Horqueta», «San Tadeo», «San Ramón de Pacheco», «La Matilde», «Sitio Potrero» y «El Edén».

En 1872, gracias a la movilidad de la caballería y sus múltiples victorias, Camagüey comienza a reponerse de las vicisitudes del año anterior. Las expediciones habían disminuido o fracasado, pero Agramonte, haciendo buena su teoría de «aprovisionarse del arsenal enemigo», se apodera en frecuentes combates, de armas, municiones y víveres suficientes para equipar a sus tropas. Revee le secunda eficazmente, ambos son uno en la acometividad, la decisión y el valor. Nuevos lauros conquista Reeve en las acciones de «Palmarito de Curana», «El Destino», «Casa Vieja», «San Borges», «San Juan del Chorrillo», combate en «Consuegra» en unión de Agramonte, el día 10 de Mayo, una concentración enemiga; repitiéndose los encuentros en «San Pablo», «Yureyes» y «Babujal». Del 23 al 25 de Julio toma parte en los combates de «El Salado» y «Jacinto», derrotando a los españoles y apoderándose de cuantioso botín; en el primero de estos combates fue herido el Mayor, aunque no de gravedad.

El 16 de Enero de 1872 fue promovido Reeve al grado de Comandante, y el 9 de Octubre actúa en el ataque al poblado «Las Yeguas»; el 22 pelea en «La Matilde». El 29 de Noviembre las fuerzas de Agramonte y Reeve son batidas en «El Carmen» por nutrida columna española, recibiendo El Inglesito una grave herida en el abdomen, que lo obliga a hospitalizarse en el lugar conocido por «Génova», al experto cuidado del Dr. Antonio Luaces, incorporándose de nuevo al servicio en Enero de 1873.

La caballería, al mando de Reeve y como jefe superior el Mayor Agramonte, sostiene un encuentro con el enemigo en «Ciego de Najasa» el día seis de Febrero del mismo año, repitiéndose la acción en «San Miguel» el día nueve. El tres de Marzo ambos caudillos logran una brillante victoria sobre las tropas contrarias al mando del Capitán Manuel Oleaga, en «La Soledad de Pacheco», y sobre el campo de batalla, haciendo uso de las facultades de que le habían investido, el Mayor Agramonte asciende a Henry M. Reeve a Teniente Coronel, a la vez que propone al gobierno se le otorgue el rango de Coronel, por sus méritos en combate; en el parte hace un cumplido elogio de su eficiente subalterno, declarando que necesitaba un segundo en Camagüey y que no encontraba otro con tan relevantes cualidades. Alabanzas nada comunes en el sobrio lenguaje del Mayor Agramonte, que hablan muy alto de su espíritu justiciero, de su capacidad para evaluar a sus hombres, y de los méritos extraordinarios de Reeve.

El Inglesito conquistó la simpatía de los camagüeyanos. Sencillo y cordial, era por todos admirado y querido. Cuando hablaba de la tierra legendaria se refería siempre «al querido Camagüey», y en cartas a sus íntimos, desde los campos de batalla de Las Villas, al final de su fecunda y breve existencia, solía decir: «espero con más anhelo las cartas de mi querido Camagüey, que las de mi familia en New York».

Fue Reeve el jefe escogido por Agramonte para hostilizar a los españoles en la zona aledaña a Camagüey, tiroteando los fuertes, impidiendo el abastecimiento de vegetales y carne para las tropas, derrotándolos en pequeños encuentros. Un ejemplo lo tenemos en el del 7 de Mayo de 1873, en «El Cocal del Olimpo», en que Agramonte y Reeve con la caballería aniquilan, con una violenta carga al machete, las fuerzas mandadas por el Coronel Abril, que murió en la pelea con más de cien de los suyos.

Después de tantos éxitos, un hecho luctuoso, una pérdida irreparable, aguardaba a los cubanos. Agramonte y Reeve, con sus bravos peleadores, regresan al campamento establecido en la finca. «Jimaguayú», donde ofrecieron el día 10 de Mayo una comida a la oficialidad villareña, de paso en tierras camagüeyanas. Al anochecer terminado el acto, llega la noticia de que una fuerte columna española, mandada por el Teniente Coronel Rodríguez de León, se halla acampada en «Cachaza», a unos cuatro kilómetros de distancia. Al amanecer del once los cubanos han tomado posiciones de combate aprovechando los accidentes del terreno; un espeso monte cercano para la eventual retirada; un amplio potrero de yerba de guinea al frente para divisar al enemigo y derrotarlo con la caballería que se oculta al costado, tras una arboleda. Entablado el combate, más bien una escaramuza, pierde la vida el Mayor General Agramonte, cuyo cadáver no pudo ser rescatado por sus compañeros, y cayó en manos de sus enemigos, que se ensañaron en quien tantas veces les hizo morder el polvo de la derrota; ultrajaron sus despojos, quemaron sus restos, aventaron sus cenizas. El aire en que flotaron esas cenizas fue respirado por las huestes revolucionarias, comunicándoles el mensaje final del caído en Jimaguayú: pelear sin desmayo por la independencia de la patria.

Un mes después, el once de Junio de 1873, el Teniente Coronel Reeve castigaría el holocausto infernal, derrotando al Comandante español Romaní en «Yucatán», entre Camagüey y la Sierra de Cubitas, aniquilando sus fuerzas, haciéndole un centenar de bajas, con la muerte del propio Romaní y seis de sus oficiales.

El 27 de Julio de 1873, a propuesta del General Máximo Gómez, Henry M. Reeve, el famoso Inglesito, es ascendido a Coronel del Ejército Libertador de Cuba. Seguir su trayectoria militar al lado del General Gómez, sus campañas en Camagüey, Las Villas y Matanzas, en aquel intento de invasión a Occidente, que se detuvo a las puertas de Cárdenas, sería una labor que excedería los límites de un artículo periodístico.

Varias monografías y algún ensayo biográfico publican la heroica vida de este centauro americano, que pasó como un relámpago alumbrando el cuadro tenebroso de nuestras luchas redentoras. Henry M. Reeve abandonó las comodidades de una holgada familia por correr tras la conquista de un sublime ideal; por seguir los avatares de la guerra en un país al que sólo le llamaba un afán dé libertad, de dignidad humana, de generosa solidaridad con los débiles y oprimidos. Intervino en cuatrocientas acciones de guerra; fue herido en múltiples combates. Una de las heridas inutilizó su pierna derecha, lo que no impidió que continuara sirviendo a la causa que había abrazado, cabalgando en su corcel como un Quijote redivivo; peleando sin tregua por la tierra que eligió por patria. Obtuvo sus ascensos por méritos, sin que mediara favoritismo ni privilegio indebido, en justo reconocimiento de sus heroicas acciones.

En este diez de Octubre, uno más en el transcurso de los años, la imagen del Inglesito se agiganta. Se nos presenta en la acometida furiosa del 4 de Agosto de 1876, a dos años de distancia de la suspensión de armas del Zanjón, tiznado por la pólvora, ensangrentado el machete con que pretendía en inútil esfuerzo destruir las superiores fuerzas enemigas, a pie por la muerte de su caballo, apoyado en su única pierna útil, arrojando por los ojos el fuego de la impotencia, dispararse en la sien el último proyectil de su revólver, para no caer vivo en poder del enemigo. ¡Tenía 26 años! Mucho tenemos que aprender de este extranjero, tan estrechamente unido a nuestra historia. Su nombre está grabado con letras imborrables en el libro de nuestra gesta dolorosa. Su excelsa figura discurre por las mentes adornada de hermosas leyendas. Haríamos bien si estudiáramos con frecuencia las acciones del Inglesito, el intenso amor que sintió por nuestra patria, la generosidad con que la sirvió en los momentos más difíciles, la abnegación con que se consagró a conseguir la libertad de nuestro pueblo, ofrendándole, como inapreciable herencia, su juventud y su vida.

Toussaint Louverture, libertador de hombres (I)

Desde el extremo oriental de Cuba, en días claros, se divisa una tierra abrupta, cuyas montañas se pierden en las nubes. Es Haití, de la que apenas nos separa el Canal o Paso del Viento, De allí procedía Hatuey, el bravo indio precursor de nuestras rebeldías. De allí salió, hace dos siglos, un grupo de hombres que, cambiando las cadenas del esclavo por la escarapela del libertador, fue a pelear y a morir en los tremedales costaneros de las Carolinas por la independencia de Norteamérica. En esa tierra consiguieron Francisco de Miranda y Simón Bolívar albergue, dinero, consejos, armas y soldados para librar sus batallas contra el dominio español. También nuestro Apóstol José Martí, peregrino de los mismos ideales, encontró allí abrigo, pan y mano amiga en días difíciles. Por todo esto, y por haber decretado, antes que cualquier otro país de América, la abolición de la esclavitud, bien puede dársele el título de Cuna de las libertades americanas.

Los bucaneros franceses, con olvido del nombre indígena que significa «Serranía», la denominaron Saint Domingue y la legaron a Francia, que no tardó en establecer en ella un régimen colonial modelo de ignominia. En diez mil millas cuadradas de territorio montañoso introdujo medio millón de negros, cazados o cambiados por aguardiente en el continente africano, sometiéndolos a escandalosa servidumbre, a trabajos inhumanos, para mantener en la opulencia a treinta y seis mil blancos que administraban los intereses de propietarios que en su mayoría residían en Francia, y sostener una actividad mercantil que, en la fecha lejana de 1780, producía la respetable suma equivalente a ciento cuarenta millones de buenos dólares. Cabo Francés, capital de la colonia, era el primer puerto de América y la ciudad más alegre de nuestro hemisferio, bienestar sólo compartido por la tripulación de barcos de travesía y la población blanca.

París de América y Nueva Babilonia la llamaron, y era, por el boato y diversiones, uno de los lugares más atractivos del mundo. Tales grandezas se sostenían por la miseria y el sufrimiento de quinientas mil personas, a las que se había privado de libertad y de los más elementales derechos del hombre.

En ese medio, negativo para toda empresa de elevación espiritual, nació el genial caudillo que pasaría a la historia con el nombre de Toussaint Louverture. Como todos los grandes visionarios, conductores de pueblos, era de origen humilde y el tiempo fue borrando numerosos detalles de su vida, envolviendo su nacimiento, infancia y temprana juventud en una especie de novela de misterio, de la que es difícil separar la verdad de la leyenda. Nieto de Gou Guinou, rey de los Aradas, dicen algunos autores amantes de la monarquía y la fábula; hijo de Pedro Bautista y de la graciosa Affiba, bautizada Catalina por sus amos, dicen otros. Nacido el 20 de Mayo de 1743, afirman ciertos biógrafos, o en 1746. Lo cierto es que el pequeño François Dominique Toussaint nació en la plantación Breda, en las Alturas del Cabo, propiedad del Conde Noel, asentado en Francia, administrada por un colono de nobles sentimientos y honda comprensión humana, que respondía al nombre de Bayón Libertat. Huérfano en su más tierna infancia, tuvo como nodriza a una negra de la dotación llamada Pelagia, y fue doctrinado en disciplinas elementales por el citado Pedro Bautista, africano convertido al catolicismo por los jesuitas. Más adelante, las excepcionales cualidades del esclavo y las bondades del amo, le permitirían el acceso a ciertas lecturas que elevarían culturalmente al siervo, preparándolo para la gran empresa que habría de ser eje y motor de su vida: rescatar de la esclavitud a sus hermanos. Creció delgado, endeble de cuerpo, pero fuerte de alma. Sus camaradas le apodaron «Fatras Batón», sin pensar que algún día ese frágil bastón se alzaría sobre la cabeza de los amos impiadosos, en gesto vindicativo.

Todas las noticias convienen en destacar la dignidad con que Toussaint soportaba su existencia en Breda, procurando, en el respeto y la autoridad conquistada en el cumplimiento de sus deberes, que su condición de siervo pasara inadvertida, tanto como fuera posible en una sociedad esclavista, cargada de prejuicios, basada en la más inicua explotación de los hombres de su raza. La posición de cochero de Bayón Libertat, el ejercicio de la profesión de veterinario, como cuidador de los animales de la plantación, lo colocaron de inmediato por encima del resto de sus compañeros de cautiverio; el contacto con los blancos importantes de la colonia le procuraron variadas experiencias y algún conocimiento de los conflictos políticos de la Metrópoli, en vísperas de la formidable revolución que habría de conmover al mundo.

Los primeros chispazos de la Revolución Francesa trastornaron la colonia hasta sus cimientos. Pero los choques entre grandes y pequeños blancos, y entre estos, y los mulatos, no atrajeron la atención de Toussaint. El conocía que los problemas de su tierra nativa no se resolverían con el predominio de la minúscula élite que se disputaba el poder de mandar y esclavizar; sino que lo fundamental era destruir íntegramente el sistema esclavista, porque mientras el látigo del colono restallara sobre las espaldas del negro infeliz, no podría estimarse como cierta la igualdad proclamada por la revolución francesa.

El empeño en liberar por la fuerza las grandes masas de esclavos era difícil. Los blancos, aunque en franca minoría, concentraban en sus manos todos los poderes. Ningún esclavo podía usar arma, fuera de los implementos del trabajo y en la hacienda a que pertenecían. Era punto menos que imposible llevar a la guerra a hombres carentes de la más rudimentaria cultura, rebajados a la condición de bestias en los ingenios, plantaciones y servicio doméstico. Empresa ardua sería tratar de hacerlos triunfar frente a la técnica superior del colono europeo. Toussaint conoce que hay algo más que esa dolorosa tierra de Saint Domingue y la intrincada selva africana, de donde la mayoría esclavizada procede; que del otro lado del mar hay una poderosa nación, que puede mandar aguerridos soldados a someterla. De ahí su calma y espera vigilante. Conocer el camino y seguirlo sin detenerse ante visibles obstáculos, sin vacilar ante lo desconocido, sin calcular las consecuencias, supone torpe despreocupación o arranque ocasional incontenible. Pero consumirse en la espera del minuto preciso, para no hacer fallar el plan; medir la distancia, para mejor vencerla, calcular el obstáculo, para superarlo en certero salto; acallar el entusiasmo o el arranque vehemente que ordenan marchar aprisa, sólo son capaces de hacerlo seres elegidos, destinados a las grandes realizaciones y sublimes aciertos.

En Breda había tomado Toussaint como esposa a una bella negra llamada Susana Simón, que de un connubio irregular tenía un hijo llamado Plácido. El, que no ha querido una concubina sino una esposa, adoptará al niño y le otorgará consideraciones que agradecerá la madre y le reciprocará el muchacho un día de peligro, en gesto heroico. Desde su domicilio, junto a su familia, aumentada con Isaac, hijo de su sangre, observará los movimientos subversivos en las montañas cercanas, en los valles alterosos, en las llanuras donde se alzan desafiantes las chimeneas de los ingenios de fabricar azúcar. Hasta Breda llegarán, esparcidas por el viento, las hojas calcinadas de los cañaverales incendiados; algún esclavo fugitivo recibirá su ayuda al paso; pero no se sumará a la revuelta de Oge y Chevanne, abogados mulatos de gran prestigio, portadores del germen revolucionario de la Francia donde fueron educados. Nada tiene que buscar en una pelea de pequeños blancos contra grandes blancos, ni de éstos contra mulatos libres, en la que no asoma, ni siquiera en teoría, la abolición de la infame trata. Como el Abate Raynal, profeta del futuro, él se dirá a sí mismo: «un día, llegara, un hombre vendrá».

El fermento revolucionario cobra cultura. Makandal, esclavo de la hacienda «Le Normand», asume la jefatura de los cimarrones, y les persuade de que Saint Domingue es tierra de los negros. No más pensar en la vuelta al África. ¡A la carga sobre el blanco usurpador! ¡A la destrucción de sus plantaciones y manufacturas que esclavizan al negro! Es el prototipo del iluminado. Un negro de Guinea, que apenas conoce media docena de vocablos del idioma de sus amos, provoca la más formidable revuelta que recuerda la historia de la colonia. Mientras en Morne Rouge y Bois Caimán, otro místico de la libertad, Boukman, gigantesco esclavo importado de Jamaica, predica a los sublevados la buena nueva, prendiendo en sus primitivos espíritus la llama de una fe perdurable. En la noche estrellada, en la espesura de la selva haitiana, batiendo fuertemente el parche de su tambor, en un ritmo de liturgia que exalta hasta el frenesí a quienes le escuchan, en el sonoro creole regional, lanza este sublime grito de guerra: «Bon Dié qui fait solei, que clairé nous en haut, / Qui soulevé lan mer, que fait grondé l'orage, / Bon Dié la, zote tandé, caché dan gnou nuage / li la gadé nous; li oue tout ca blanc fait / Dié blancs mandé crimes, et pas nous, vlé bienfait. / Mais Dié la qui si bon, ordon nous vengeance. /Li va conduit bras nous, li va nous asistance. / Jeté portrait Dié blancs, qui soif dlo lan cies./ Couté la liberté, qui palé nan coer nous», cuya traducción al castellano es la siguiente: «El buen Dios que hace brillar el sol en lo alto / que hace crecer la marea y rugir la tormenta / ese buen Dios, encerrado en su nube nos contempla. / El ve todo lo que hacen los blancos. / El Dios de los blancos demanda crímenes / mientras que nuestro Dios pide bondades. / Nuestro Dios, que es bueno, nos ordena vengarnos / El dirigirá nuestros brazos; El nos asistirá. / Arrojad la imagen del Dios de los blancos que está sediento de nuestras lágrimas / y escuchad la libertad / que habla fuertemente a nuestros corazones».

Las hordas fanatizadas queman, pillan, asesinan. Ha llegado la hora de rendir cuenta de tantos crímenes. Las tropas regulares se dirigen al Acul y Limbé, donde Makandal y Boukman, al frente de cincuenta mil sublevados, las esperan en actitud bélica, unidos a los grupos comandados por Jean François, Biassou y Jeannot. Las tropas coloniales han tenido que cruzar la hacienda Breda para el asalto, que termina con la derrota de los revolucionarios y la muerte de Boukman. Toussaint ha visto partir las bandas en fuga; ha observado su carencia de táctica guerrera y ha tomado también su decisión. Días después, salda con sus amos la deuda de gratitud, colocándolos a salvo en la parte española de la Isla, y se suma a la revuelta.

Toussaint Louverture, libertador de hombres (II)

Algunos escritores interpretan con evidente prejuicio la actitud de Toussaint durante los años que corren de 1789 a 1791. Toussaint, a cuya destreza en el manejo de los negocios confían sus amos los intereses del conde Noel, ha logrado acumular una fortuna de seiscientos mil francos, respetable suma para la época, que le permite obtener su libertad, trasladarse a Francia y vivir en un ambiente de cultura y civilización superiores. No hace nada de esto; liberta a Pelagia, su nodriza quizás porque teme perder la vida y que nadie respete la existencia de la pobre anciana, pero él, nacido esclavo, ha estimado siempre que la esclavitud es un acto fuera de la ley, que nadie tiene el derecho de esclavizar a otro; que los hombres nacen libres de hecho y de derecho; de ahí su tajante contestación al imprudente que le reprocha no haber comprado su libertad: «Nací en la esclavitud, pero dotado por la naturaleza de un alma libre». Y con esta frase como filo de navaja, herirá a los hombres del Directorio Ejecutivo que rige la Francia, en su carta de 26 de agosto de 1797.

Los movimientos revolucionarios han tenido por objetivo el mando de la colonia y la obtención de privilegios por parte de mulatos y libertos o han sido producto de la explosión de los esclavos acosados; sin el sentido de generalidad que caracterizó siempre toda su actuación, sin ese método y precaución que fue la base de su éxito.

Al situarse en las filas revolucionarias escoge para jefe al menos inculto y menos cruel, a Biassou. Deviene médico de los insurrectos, porque desde esa posición subalterna podrá ser útil sin despertar recelos en el sanguinario Jeannot o en el terrible Jean François, que odian toda moderación y desprecian cualquier jerarquía intelectual. La posición, aunque inferior a sus merecimientos, no le impedirá aconsejar, y como sus consejos, a despecho de los detractores, se convierten en factores de triunfo, Biassou le hará su consejero. El será, por sus conocimientos y habilidad en el trato de las gentes, escuchado, respetado, querido. Acabará representando las aspiraciones de su raza, en la misma cantidad en que las ha interpretado, y con el mismo vigor con que las ha defendido. Aún no es la abertura, ventana o puerta de la libertad, pero va camino de serlo. Pronto hará temblar a los ingleses, a los franceses, a los españoles, cada uno a su turno y llevará siempre como única divisa: la libertad de los esclavos, el cese de la trata. Pronto establece la disciplina en los hombres de Biassou, les enseña táctica militar, pone fin al pillaje, limita los incendios, termina los asesinatos. Pretende lograr la unión de los mulatos y negros libres con la población esclava, en defensa del interés general. Los colonos blancos les ayudan inconscientemente, negando a los mulatos la igualdad de derechos y rehusando la amnistía a los esclavos sublevados. En el Oeste, región dominada por los mulatos Beauvais y Ragaud, heridos por la actitud de los colonos blancos, desencadenan un alzamiento general de los esclavos de la planicie de Cul de Sac, poniendo a saco las ciudades y villas del área.

La revolución adquiere nueva fuerza. Los revolucionarios se enardecen. Las atrocidades de los colonos provocan su exasperación. Biassou, encolerizado, ordena pasar por las armas a los blancos caídos en sus manos. He ahí una oportunidad que se le ofrece a Toussaint para probar su ascendiente. Habla al jefe, lo persuade de la inutilidad del bárbaro acto y salva la vida de los prisioneros. Es su primera gran victoria. ¡Ha triunfado de la indisciplina de los suyos, triunfará sobre el poder de sus contrarios!

En lo alto de la serranía haitiana tienen su cuartel general los rebeldes. Allí está la energía vigorosa de Toussaint, dando instrucción militar: ejercicios de tiro, de carga al arma blanca, marcha y contra marcha; todo lo necesario para convertir las bandas anárquicas en un mediano ejército que oponer al enemigo.

Toussaint comprende que sus consejos a Biassou preocupan a los otros jefes, que temen su predominio. Jeannot ha caído en Dondón, pero queda Jean François, más desconfiado cuanto más solo. Toussaint propone y Biassou acepta la división del mando: Biassau mandará en el territorio comprendido de La Tannerie a Port Francés, en la región del Norte; en tanto Jean François dirigirá las operaciones en la Grande Rivière hasta Fort Dauphin. Con ese movimiento se asegura nuestro héroe el libre consejo y la actuación independiente en una región que conoce, por haber sido su cuna; elimina el estorbo de un colaborador celoso y díscolo, y consigue el ambiente adecuado para el cabal desarrollo de sus facultades.

Con noticias de que el Comisionado francés, Leveaux, al mando de tres divisiones, se dirige contra ellos, Toussaint hace atrincherar el campo de la Tannerie y espera, unido a Biassou, el ataque enemigo, que no tarda en producirse. Después de una larga pelea, en que los insurrectos hacen prodigios de valor, la carencia de artillería, y municiones les obliga a abandonar el campo. Es ahora que se pone a prueba la disciplina introducida por Toussaint. Los insurrectos ganan los picos montañosos sin desbandarse, volviendo el frente al enemigo cuando las circunstancias lo exigen, manteniéndolo a raya. Y es así que Laveaux y sus soldados los miran escapar intactos, mientras centenares de franceses han quedado sobre el campo de batalla. La retirada vale como una victoria. Poco tiempo después, los insurrectos volverán a las posiciones desalojadas, ocupándolas de nuevo y reteniéndolas por largo tiempo.

Pronto Francia se verá envuelta en una guerra contra España. El gobierno español está perfectamente enterado de las inquietudes y revueltas de la colonia francesa y se prepara a sacar de ellas el mejor partido. A ese efecto envía al gobernador de La Española, don Joaquín García Moreno, instrucciones precisas para atraerse a los negros y mulatos de la colonia vecina, prometiéndoles, de presente y para siempre: Libertad, amén de ventajas territoriales, cargos en la gobernación, etc. Es decir, todo aquello por lo que se habían desangrado durante largo tiempo.

Toussaint sabe que sus soldados necesitan armamentos; que hasta el momento han hecho la guerra con picas de madera dura, cuchillos, machetes y algún que otro fusil arrebatado al enemigo; que sin cañones, fusiles y municiones, la revolución está perdida. Se ofrece una brillante oportunidad de obtener buenos armamentos, y, al mismo tiempo, un gran aliado fronterizo para combatir a los franceses. Mientras los otros jefes vacilan, Toussaint pacta con el gobernador García Moreno, y pasa al servicio de España en busca de la libertad de los esclavos. Por ella se lucha, y la gran masa esclava de Santo Domingo se ha rebelado contra el sistema esclavista al grito de: «Libertad o muerte». Si los realistas de la Metrópoli podían pactar con los enemigos tradicionales de su país, y formar en sus filas contra los ejércitos de la República, ¿por qué medio millón de hombres, reducidos a la condición de siervos, no habían de cerrar filas con los españoles para la conquista de su libertad, de la que injustamente habían sido despojados?

Toussaint obtiene de Biassou y Jean François, con vistas a la nueva situación, que se le conceda el gobierno de la región conocida por Grand Boucán. De esa manera él tendrá una posición más independiente y podrá desarrollar sus planes guerreros sin molestas interferencias. En ese momento deja de ser el médico del ejército, el secretario de Biassou, para convertirse en el general Louverture.

La costumbre, en los países esclavistas, daba al esclavo el apellido de su amo, o el nombre de la finca a cuya dotación pertenecía. Pero no se conoce un solo documento firmado por Toussaint con el apellido Breda o Libertat. La alucinante revolución haitiana, con sus incendios y saqueos continuados, hizo desaparecer los archivos parroquiales y gubernamentales. Los documentos que conocemos no van más allá de la época en que Toussaint comienza su ascensión gloriosa. Para silenciar a los que le motejan de traidor por servir bajo la bandera española, y atraerse al mismo tiempo a la gran masa en rebelión, lanza su famosa llamada de Camp de Turel, fechada en 29 de agosto de 1793, que dice: «Yo soy Toussaint Louverture y, es posible que mi nombre sea conocido entre vosotros. Yo he emprendido la venganza, quiero que la libertad reine en Santo Domingo y trabajo para lograrlo. Uníos a nosotros, hermanos, y combatid por la misma causa».

Ya tenemos a Toussaint convertido en Louverture, nombre que alcanzará tal brillo que nadie podrá oscurecer; que se extenderá a sus hermanos y descendientes, que llenará de orgullo al haitiano cuando diga: «Yo soy un descendiente del general Louverture».

Mucho se ha discutido el origen del apellido Louverture, usado por Toussaint hasta el final de su vida. Algunos quieren que sea el de un amo bajo el cual había servido; pero esa versión ha sido desechada por cuanto él no sirvió a ningún otro que a Bayón Libertat, en la hacienda Breda, del conde Noel. Otros estiman que fue el general Laveaux, acusado de negrófilo, gran admirador de Toussaint, quien refiriéndose a diversos hechos de armas de éste, exclamó: «Cet homme fait ouverture partout». No falta quien vincula el nombre al hecho de que Toussaint carecía de los incisivos superiores. De cualquier manera, el primer documento que se ofrece a nuestra consideración es el firmado por el propio Toussaint, llamando a sus hermanos de raza a pelear por su libertad bajo la bandera de España, y nadie ha encontrado dato indubitado que atribuya a otra persona la denominación discutida. Por eso aceptamos la afirmación del eminente escritor haitiano Mr. Timoleon C. Brutus, que fue Toussaint quien escogió el título de Louverture, que convenía a su condición de luchador que por doquiera abría una brecha en la férrea muralla de la esclavitud, para que por ella pudieran sus hermanos de raza marchar hacia la libertad.

El se considera el primer defensor de la libertad. No cuentan los que les precedieron, porque éstos sólo habían actuado por instinto de conservación. En la proclama del 1793, antes citada, dice: «Trabajo como el primero por esta causa que he sostenido siempre. El plan que desarrollo no me ha sido revelado por los blancos ni por los hombres de color; ha sido el Ser Supremo, al cual doy las gracias, quien me ha inspirado abrazar esta causa».

El general Louverture sólo cuenta con un ejército de seiscientos hombres, pero él, solo, vale por un millar. Ya en la Tannerie, en el puesto avanzado de Morne Pelé, se ha batido con los franceses y los ha derrotado. Esto es apenas un anuncio de las brillantes victorias que habrá de cosechar. De inmediato logra un éxito que afirma su posición. Enterado de que el oficial francés Brandicourt, al frente de tropas coloniales, marcha sobre la Marmelade, amenazando la villa de San Rafael, une sus fuerzas a las de Charles Belaire, a quien emplaza entre Dondón y Camp Pelé, mientras él, al frente de sus batallones, intercepta el camino de la Villa, haciéndolo prisionero con sus tropas, deja sus armas al oficial vencido, y con el botín y los prisioneros tomados, lo remite a San Rafael, a las autoridades españolas. Acción que le gana una felicitación del conde Harmonas, que gobierna la parte española de la Isla. A esa victoria siguen las obtenidas sobre Desforneaux en Ennery, La Rivière, Plaisance.

La obra piadosa del Padre Valencia

El año 1813 hizo a Camagüey un gran regalo: Un hombre, cincuentón, espigado magro, de cara huesuda, nariz aguileña, ojos pequeños, que solía caminar descalzo por los barrizales de sus torcidas calles y vivía como desasido de las más elementales comodidades. Su alimentación consistía en un poco de leche y verduras crudas; dormía sobre una tabla, sin sábana o colchón, con un ladrillo por almohada. La pobreza de su harapienta sotana, la sequedad de su escueta figura, la mansedumbre de su hablar, y el misticismo de su talante, le ganaron la admiración devota del pueblo, que veía en él más que a un sacerdote, un verdadero santo. Se llamaba Fray José de la Cruz Espí, y como era valenciano, la gente dio en llamarle «Padre Valencia», y así pasó a la historia de nuestro viejo solar.

Por aquel tiempo muchos leprosos y locos deambulaban por la Villa, con peligro de la salud y la vida de los demás transeúntes, sin que las autoridades tomaran medidas para evitar tales amenazas. Posiblemente a los dementes se les sumaran vagos alcohólicos y maleantes; y entre los lazarinos se contaran elefantiásicos y otros enfermos de la piel, víctimas de las niguas, abujes, garrapatas, jejenes, zancudos y otros voraces insectos, que, con sus picadas, ulceraban la epidermis, ya que los médicos de entonces no eran muy precisos en el diagnóstico y las estadísticas no existían o eran deficientes. Pero de lo que no cabe duda era de la existencia de esos enfermos, que constituían una calamidad pública; porque antes de 1735 ya existían, en la Sabana del Tínima, dos grandes ranchos de yagua y guano, para alojamiento de lazarinos, sin capacidad suficiente de socorro.

Al año de su llegada, en 1814, decidió el Padre Valencia poner fin al terrible espectáculo mediante la construcción de un asilo y hospital donde hallaran refugio, alimentación y asistencia médica leprosos y locos. Hombre de clara inteligencia, instruido, piadoso, y a la vez enérgico y tenaz, se dio a la tarea sin pararse en dificultades. Con limosnas del vecindario adquirió una apreciable extensión de terreno en la hacienda de Hato Arriba, lindante con el camino real de La Habana, en las proximidades del río Tínima; pero faltaban los elementos para levantar muros, techar recintos, enlosar pisos, proveer camas, sábanas, colchones, instrumental quirúrgico, botiquín, comedor, cocina, personal, y cuanto más resulta imprescindible para un establecimiento de esa clase.

Como el dinero siempre anduvo escaso en Cuba, y la riqueza casi toda era esencialmente agrícola, no resultaba fácil movilizar capitales para la obra. El buen sacerdote resolvió el conflicto fiduciario a la manera salomónica: sustituyó los pater noster y ave maría por la prestación de servicios en la construcción; de esta manera puso la religión en función de beneficencia pública; y cuando un penitente le confesaba sus pecados le ponía como condición para absolverlo, según fuera la importancia del mismo, una contribución en materiales de construcción, en trabajo personal, o en servicio de criados y esclavos; y de este modo, utilizando los pecados de nuestros abuelos levantó ese enorme cuadrilátero, de bella traza, higiénico y amplio, comenzado en 1814, suspendida su construcción por orden gubernativa en 1815, so pretexto de que no se había obtenido licencia previa, continuando en 1816, y terminado en 1819. El edificio aún despertaba admiración en 1959, cuando se produjo en Cuba el cambio de régimen que nos mantiene en el exilio. A su entrada se hallaban el locutorio, las oficinas administrativas, los consultorios médicos; en el costado derecho había diez espaciosas habitaciones para el personal facultativo y la servidumbre; a continuación quince celdas amplias para dementes peligrosos; al fondo seis grandes, claros y ventilados salones, daban cabida a los enfermos; el lado izquierdo lo ocupaba la capilla de San Lázaro, que el Obispo Laso de la Vega autorizó levantar en 1735, donde oían misa los asilados que estaban en disposición de hacerlo; y en el centro había un gran jardín con árboles frutales, bancos de ladrillos recubiertos de argamasa; y una hermosa fuente que surtía de agua al establecimiento, circundado por una extensa galería, sustentada por columnas dóricas, donde los enfermos podían pasear y recibir visitas.

El reverendo Padre Valencia no omitió cuidado para asegurar su obra. Construyó una fuerte cerca de ladrillos con una atractiva portada en derredor del edificio, con lo que aseguró la permanencia en él de los asilados; en una parcela aledaña, aprovechando la generosidad de un devoto comerciante llamado Don Esteban Riverol, hizo construir la hospedería de «San Roque» con su capilla correspondiente, para albergar a los peregrinos que, de las provincias occidentales, pasaban hacia Oriente para visitar el Santuario del Cobre; un poco más allá organizó un tejar, utilizando la arcilla de una parte del predio, y fabricó tejas y ladrillos para las necesidades de la construcción y su venta a los vecinos de la Villa; y en el resto de la tierra libre estableció grandes corrales, para depósito del ganado vacuno que se transportaba a La Habana por tierra. Con las rentas que obtenía de los corrales, hospedería y tejar más las limosnas de los fieles, cubría el presupuesto de la institución.

Veinticinco años vivió en Camagüey Fr. José de la Cruz Espí, el inolvidable Padre Valencia, practicando la caridad, propagando la fe, consolando a los afligidos. Cuando falleció, a los setenta y cinco años de edad, el día dos de Mayo de 1838, había dejado al pueblo numerosas obras útiles. Al «Asilo San Lázaro», que en memoria suya pasó a llamarse «Asilo Padre Valencia», hay que agregar el hospital de «El Carmen», para mujeres desvalidas, y la casa de recogidas para las condenadas a prisión, que, aunque fundados a fines del siglo diez y ocho por la benéfica señora Eusebia Ciriaca de Varona, llevaba muchos años sin funcionar.

Esas obras representan el esfuerzo continuado de un hombre previsor, transido de bondad, compadecido del dolor humano, que, con inteligencia y habilidad, encauzó el sentimiento religioso de sus feligreses por caminos de servicio social. Ellas nos dicen que nuestros antepasados fueron grandes pecadores, pero que, poseedores de una profunda fe en la palabra del Redentor, supieron redimirse con el arrepentimiento y con las obras, elementos sin los cuales no habría podido el evangélico Padre Valencia coronar su monumento de piedra. El despertó los sentimientos religiosos de aquel pueblo, lo arrancó de las garras del juego y la vagancia, vicios que detenían el desarrollo de la industria y del comercio, consumiendo capitales, arruinando familias, destruyendo hogares. Durante un cuarto de siglo fue el juez y el amigable componedor de los camagüeyanos, que, con su autoridad y su palabra bondadosa, ponía paz en matrimonios desavenidos, rescataba a los jóvenes descarriados, calmaba a los inquietos y aconsejaba a los dubitantes, salvando almas para el servicio de Dios.

Lógico fue que los camagüeyanos se sintieran huérfanos al faltar el insigne guía, el sacerdote humilde, el protector de los necesitados, el venerado Padre Valencia. Pasada la turbación de los primeros momentos, en que hasta los enfermos refugiados en «San Lázaro» se creyeron abandonados, el buen ejemplo dado por él movilizó la generosidad de todos, y durante más de un siglo, hasta el año 1959, llovieron las mandas y legados sobre el asilo-hospital que fundara y que llegó a poseer un cuantioso capital en tierras, casas, joyas y dinero, celosamente administrado por una junta de Patronos que durante mucho tiempo presidieron el honesto señor Don Hatuey Agüero y el brillante administrador Dr. Germán Álvarez Fuentes, que logró aumentar considerablemente las rentas de la institución.

El nombre del Padre Valencia ha pasado a la historia como paradigma de amor cristiano. La leyenda se apoderó de él, atribuyéndole milagros, apariciones, poderes curativos. Su modesto sepulcro, en el jardín del Asilo, era lugar de reunión, donde enfermos y desdichados invocaban su nombre impetrando su eficaz auxilio, esperando que sobre ellos derramase paz y ventura. Criaturas poseídas de una fe inquebrantable creían comunicarse con su espíritu, a través de invocaciones religiosas y ruegos piadosos. Plumas esclarecidas nos han dejado páginas bellísimas, volcando en ellas historias, tradiciones y leyendas, tratando de convertir la ficción en realidad, como si la obra extraordinaria por él realizada no les suministrara tema suficiente. La vida de santidad que observó, constituye la mejor fuente de enseñanza para los que nacimos entre el Tínima y el Hatibonico; ella es la mejor reserva informativa de las tipicidades de nuestra región, que procuraremos utilizar en posteriores artículos.

La rebeldía y la inconformidad en la obra de Emilia Bernal (I)

Un regalo de incalculable valor me ha llegado sorpresivamente el día de Reyes: «LAYKA FROYKA», especie de autobiografía de la poetisa camagüeyana Emilia Bernal Agüero, a quien el eminente profesor Juan J. Remos incluyó entre los poetas «intimistas». Sin alterar el juicio emitido por tan respetable autoridad, nos atreveríamos a situarla entre los románticos, si por romanticismo entendemos el predominio del sentimiento sobre la razón: si lo consideramos no sólo como una rebeldía contra los moldes clásicos, sino como demostración de inconformidad contra toda limitación de actividad física o mental del ser humano.

El romanticismo es el predominio de lo dionisíaco sobre lo apolíneo, la liberación de las ataduras de la ignorancia, el conformismo, la sumisión y el vasallaje. La obra de Emilia Bernal, en verso o prosa, constituye un tremendo grito de protesta y una formidable rebelión contra el medio y los prejuicios que intentaban subyugar su inteligencia y frenar su libre voluntad.

Para comprender a la gentil peregrina de todos los caminos, es preciso echar una mirada sobre su origen: porque sus antepasados están en ella, en sus creaciones, con su carga de dolores y agonías, con sus paupérrimos recursos y sus gestos heroicos. Por línea materna es raigalmente camagüeyana. El primer Agüero de quien se tiene noticias indubitables en la historia de nuestra patria chica, es Francisco de Agüero, presentado por el acucioso investigador Nicasio Silverio como Procurador de la Villa de Puerto Príncipe, en Marzo de 1528, a menos de diez años de haber sido trasladada al hato indio de Camagüey.

En adelante encontraremos siempre a un Agüero en calidad de Alcalde, Regidor, Síndico o Procurador, distinguiéndose por la independencia del carácter, el celo de sus derechos y privilegios, la decisión y el valor. Los ejemplos son elocuentes y numerosos. En 1678 Don Benito Agüero perdió la vida peleando en la Sierra de Cubitas contra el pirata francés Grammont, que al frente de seiscientos forajidos marchaba sobre Puerto Príncipe para saquearlo, haciéndole setenta bajas y obligándole a reembarcarse por el embarcadero de La Guanaja, lugar de su desembarco. En 1780 el Alcalde Don Luis de Agüero se enfrentó a las demasías del Teniente Gobernador Don Felipe de Zayas, acusándole de introducir esclavos de contrabando, y arrestado por el acusado recurrió ante la Audiencia de Santo Domingo, derrotando a su contrario, se le repuso en su cargo y se ordenó su reelección el año siguiente. No menos notable fue el inquieto Luis Francisco de Agüero, también Alcalde, que estableció una cuestión de competencia al Teniente Gobernador, el cual obtuvo del Capitán General la suspensión de su impugnante, que recurrió ante la Audiencia, que revocó la decisión del Capitán General, le repuso en el cargo y ordenó al Cabildo lo eligiese de nuevo al año siguiente.

Desde 1694 hasta 1823 no menos de veinte miembros de la familia Agüero fueron Alcaldes de Puerto Príncipe. Otros se distinguieron por su ilustración y algunos en el sector eclesiástico, como Don Manuel de Agüero, que donó a la Iglesia de la Merced el celebrado sepulcro de plata y el altar mayor del mismo metal, perdido este último en el incendio que se produjo en el templo a comienzos del presente siglo.

Emilia Bernal es nieta de Don Francisco de Agüero y Estrada, que hizo famoso el seudónimo «El Solitario», con que firmaba sus escritos; fundó el periódico «El Aguinaldo Camagüeyano» en 1846, y, exiliado en Estados Unidos por motivos políticos, publicó en New York el periódico «El Pueblo», de tendencias anexionistas, en 1852.

La familia Agüero agotó su hacienda en las luchas por el mejoramiento político, social y económico de Cuba, especialmente de su nativo suelo. Fue, sin duda, una de las más progresistas e ilustradas en una época de oscurantismo, superstición y estancamiento. Una genuina representación de la altivez de los habitantes de su tierra. Ninguna otra la aventajó en el servicio a la patria, en el amor a sus conterráneos, en el afán de saber.

La familia paterna era de origen dominicano. Su bisabuelo por esta rama había emigrado de Santo Domingo al cese de la soberanía española, cuando se trasladó la Audiencia a Puerto Príncipe, y ocupaba en la misma el cargo de fiscal del crimen. Pronto se identificó con los habitantes de la Villa, y, a pesar de los prejuicios pueblerinos contra todo lo extranjero, se ganó el respeto y la admiración de las más altas esferas sociales y políticas de la localidad. Don José Bernal fue nombrado síndico en 1823 y Don Calixto Bernal formó parte de la Junta de Información y elegido Diputado a Cortes por el Partido Autonomista en 1866. Fue uno de los hombres más cultos de su tiempo, autor de una interesante y amena obra titulada «Impresiones y Recuerdos», publicada en 1844, de otra sobre «Teoría de la Autoridad», en 1848, y de un brillante trabajo en francés en el año 1877, que intituló «La Démocratie au XIX Siècle».

De tan robustos troncos venía Emilia Bernal. Llegó a la vida cuando la riqueza de los suyos se había disipado en más de medio siglo de batalla por la conquista de la libertad. Algunos parientes emigraron y pudieron rehacer en parte su economía en tierras extrañas. Los que permanecieron en Cuba fueron perseguidos, encarcelados, ejecutados, desposeídos de sus bienes, reducidos a la miseria y al hambre; la tuberculosis hizo presa en ellos aumentando sus padecimientos. Brígida Agüero, su tía, poetisa de gran inspiración, organizadora de actos culturales y eventos artísticos, murió de consunción a temprana edad. Concepción, la madre de Emilia, azotada por la misma enfermedad, impartía la enseñanza en las escuelas rurales de Minas y Altagracia, torturada por la tos pertinaz de la tisis, las tareas pedagógicas y las atenciones de un hogar en que el pan no sobraba y a veces faltaba.

Pero el gran dolor de Emilia era la sordera y tartamudez de su buen padre, ocasionada por un grave accidente sufrido en su tierra infancia, que eran motivo de burla de la canalla pueblerina. Don Emilio Bernal era un estoico que sacaba fuerzas de flaquezas; aprendió a leer y a escribir cuando no existían escuelas para enseñar a sordomudos; llegó a ser un buen escritor y a inventar un método de grabar que bautizó con el nombre de BERNALTIPO; estableció en su hogar una pequeña imprenta, un laboratorio químico, uno fotográfico, se dedicó a iluminar retratos, a pintar cuadros, a fabricar licores, refrescos y jaleas con frutas del país, y con estas labores contribuía al sostenimiento de su hogar.

Layka Froyka nos pinta de mano maestra la rebeldía de la autora contra un destino adverso, que se ensañaba en sus seres queridos. La carencia de calzado adecuado, por falta de medios para adquirirlos; la pobre vestimenta, gastada por el uso, que mal la cubría; las noches de vigilia, escuchando los estertores sibilantes y la tos de la madre; las burlas callejeras por la difícil elocución de su padre, fueron motivos más que suficientes para amargarle su infancia. De allí surgió su implacable rebeldía, su perpetua inconformidad frente a todo lo que la rodeaba. Sus paisanos no la entendían, la juzgaban excéntrica, temeraria, una desajustada que pretendía actuar a contrapelo de la pacata sociedad provinciana en que le tocó en suerte nacer y crecer.

Emilia Bernal, que siguió la carrera de maestra, como tantos otros deudos suyos, quiso introducir modificaciones en el fosilizado sistema de enseñanza y tropezó con la inercia oficial, con la enemistad de altos funcionarios que la persiguieron; se unió a un hombre bueno, estudioso, amante de la cultura, pero no había afinidad entre ellos ni comunidad de ideales, solamente tuvieron un punto de convergencia: sus excelentes hijos. La separación cuando aún no existía ley de divorcio era repudiada, pero tuvo el valor de enfrentar todas las críticas, y puso término a un matrimonio que pudo haberla hecho feliz si ella hubiera tenido menos talento, menos sentido de la independencia, más capacidad de subordinación. Era pedir demasiado a una descendienta de los altaneros caballeros fundadores de su estirpe. Liberada al fin de las trabas matrimoniales, se inició en la carrera diplomática, como Agregada Cultural de diversas legaciones cubanas en Europa y en América. Bajo otros cielos, frente a nuevos horizontes, quiso encontrar la acogida, la dicha y el triunfo que en su tierra se le negaba.

Solamente halló un poco de sosiego en sus producciones, donde volcó toda la amargura de su alma dolorida. Exilada en la niñez, expatriada en la juventud, refugiada en la ancianidad, vino a estas playas al final de una existencia abrupta, inquieta, polémica, sin flaquear, sin rendirse, desposada con la pobreza que fue su inseparable compañera. Al término de tan penosa carrera, de un errar sin tregua, sin reposo, peregrinando tras un ideal que nunca alcanzó, la sorprendió la paz que tanto anheló, y se hizo realidad el deseo que expresara en uno de sus primeros poemas: «Su ansia inmensa de dejar la vida».

La rebeldía y la inconformidad en la obra de Emilia Bernal (II)

La obra literaria de Emilia Bernal fue abundosa. En 1916 publica su primer libro bajo el título de «Alma Errante», en que recoge sus versos tempranos. El prólogo es de un excelente escritor, periodista famoso y pulcro diplomático, Don Manuel Márquez Sterling. En el pórtico un verso, que el Dante coloca a la entrada del infierno, en su «Divina Comedia», nos da la clave del contenido: «Per me si va nell'eterno dolore». La frase revela no sólo las penalidades de su vida, sino la inconformidad y la rebeldía que inundan su alma y se desbordan en devastadores torrentes. Dedica esos frutos de su inspiración a la sacrosanta memoria de sus padres y hermanos muertos; los divide en seis grupos, bajo sub-títulos que denotan estados de ánimo sentimentales y exaltaciones propias de su temperamento: «Cantares de tristezas», «Hondas Melancolías», «Sollozos de mi alma que ansiaba ser feliz», «Mis tristes Ilusiones, mis solas alegrías», «La muerte de mis sueños» y «Anhelos de morir». La denominación inicial nos impone, de entrada, el conocimiento de su andariega vida, obligada a recorrer caminos por imposición del destino. Cada una de las divisiones ofrece una faceta del agitado andar que consumió su existencia. En la primera advertimos la actitud romántica en los poemas siguientes:

«*Nada espero*»
¿Quién llevará a mi sepulcro
cuando me muera, una flor?
¡si he de vivir como vivo
sin ventura y sin amor!

*¿Quién dolorido a mi tumba
irá su llanto a verter?
¡Viva, nadie me ha querido,
muerta, quien me ha de querer!*

Rotos los vínculos que la ligaban a un pasado, más amado cuanto más doloroso, por fallecimiento de padres y hermanos; esfumadas las ilusiones matrimoniales; las infantiles gracias de sus hijos y el recuerdo de los que le dieron vida y de los que junto a ella se criaron, constituyeron su refugio espiritual; pero su irreductible inconformidad la hacían rebelarse contra lo que estimaba una injusticia de la suerte, y buscaba en la muerte y entre los muertos el amor de que se creía privada. En el poema «Felicidad» hallamos aristas cortantes de su rebeldía:

*En el revuelto mar donde naufraga
mi esperanza, te busco sin cesar;
pero entre las negruras de su seno
no he de hallarte jamás.*

*Por eso cuando ruge la tormenta
que hace al rayo alumbrar;
el alma se estremece, porque siente
que he de encontrarte allí, en el vendaval.*

En apoyo de nuestra tesis extraemos de «Hondas Melancolías» lo siguiente:

*Como las ramas crujen
al aquilón bravío
que destrozando pasa
con su cortante filo.*

*Como el volcán desborda
su incandescente río*

cuando revuelve airado
el horno de su abismo.

Así responde el alma
al batallar continuo
del aquilón, que brama,
y de este dolor mío!

«Prenda de Caución» es una tácita confesión de su frustración conyugal. Allí nos cuenta que dejó en el ara una rosa, símbolo de su corazón, y cierra con esta estrofa:

¡No volveré del plinto, jamás, a recogerla!
¡No volveré del plinto a levantarla! ¡No!
Del mármol donde duerme, tal vez la alzara
al verla,
Si por allí, pasara, la garra de un cóndor.
Pero ¡ay! rosa del alma! mi rosa delicada!
¡Rosa color de sangre! ¡Mi rosa de caución!
Para que te levantes victoriosa del lecho,
donde yaces dormida,
No verás llegar nunca a tu lado el amor.

El sufrimiento ajeno la conmueve hondamente, de ahí su poema «A Un Esclavo» que expresa su identificación con los que sufren forzada servidumbre:

¡Esclavo! ¡Esclavo! Cuando duerma todo,
el mar, la tierra, el cielo, el bosque, el llano,
iré a la puerta de tu cárcel negra
para llamarte con ternura, Hermano ... !

¡Hermano! ¡Hermano! ... y sellaré de besos
el umbral de tu puerta y de tu alma,

y velaré tu sueño de poeta
echada al pie del muro de tu cárcel.

Con magnífica elocuencia se ofrece a prolongar la vida de la madre moribunda y rechaza el tránsito obligado en sonoros versos:

¡No hables de morirte, viejecita mía,
mientras vibren mis pobres entrañas,
que en el pecho yo tengo escondida
para ti de cariño una fragua!

En la parte tercera se revuelve airada contra los hombres que pretenden espigar en la mujer que estiman campo libre, y nos dice el apóstrofe de su indignación de esta manera:

Quisiera ser magnífica señora
en el tiempo de trágica leyenda,
para marchar triunfante por la senda
que me abriera una lanza vencedora;
quisiera ser la dama soñadora,
reina gentil de clásicos torneos,
que oyó presa de dulces devaneos
mil veces del juglar la voz sonora;
quisiera ser la castellana amante
a quien el caballero suspirante,
al galopar de su corcel guerrero,
Flores de amor dejaba en la ventana.
Mas ¡ay! ¡no puedo ser la castellana,
porque no existe un solo caballero!

Dedica a Don Manuel Márquez Sterling la parte cuarta de su libro, en que narra «sus tristes ilusiones y solas alegrías», en la intimidad que le permite saberse rectamente interpretada por quien le profesaba paternal afecto y respetuosa admiración.

La parte quinta es una relación poética de accidentes de su vida. Hay en ella un bello soneto dedicado a Don Raimundo Cabrera, que nos recuerda las noches del viejo Camagüey, cuando el cantante popular interrumpía el silencio con la melodía de sus serenatas, despertadoras de dormidas ansias. Helo aquí:

«Canción nocturna»

Canción nocturna que en el aire flota,
como reminiscencia de una queja,
absorta te oye el alma, nota a nota,
mientras tu acento musical se aleja.

¡Canción! Canción nocturna ¡Cuántas veces
escuché tu lejana melodía,
tras la blancura de los ajimeces
que el verdor de la yedra ensombrecía!

No te alejes canción. Queden tus ecos
prendidos a mi reja, como flecos
de lírica y amante enredadera.

No te alejes, canción de mis amores,
queda en la reja, para que me llores
con lágrimas sonoras, cuando muera!

Una ratificación de su actitud retadora ante las tragedias de su vida podemos encontrarla en «Pobre Risa mía» y «Tragedia Interior»:

Quiero sofocarte, pena.
¡Pena, te quiero domar,
como el caballero enfrena
su indócil potro al andar

Aquí está el alma en pie, sobre la roca,
dispuesta a desafiar, altiva y noble,
el filo cruel, sajante del destino.

217

> *¿Quién de los dos potentes adalides*
> *en esta lucha vencerá? ¡Del hierro*
> *al hierro la igualdad se mida!*

Se yergue altiva ante la indiferencia y vanidad aldeana en «Era un Día de Fiesta»:

> *Era un día de fiesta. Toda la aristocracia*
> *de mi pueblo, al templo de «La Merced»*
> *venía*
> *y yo pasaba entre ella indiferente, fría,*
> *como el hielo, sin mancha, mi altiva*
> *desgracia.*

En «Vencida» admiramos su entereza y altivez ante el infortunio:

> *Imposible creí que una tormenta*
> *pudiera sorprenderme con su embate*
> *en cualquier circunstancia de la vida*
> *sin que yo la venciera en el combate.*
> *Su ronco acento me arrulló en la cuna,*
> *en la infancia, tenaz y embravecida*
> *rugió en mi derredor, y así templado*
> *el corazón, jamás a la fortuna*
> *adversa le temió. Siempre valiente,*
> *cuando sentí mi ser amenazado,*
> *ante el peligro presenté la frente,*
> *detuve con denuedo el golpe rudo,*
> *lo rechacé con ademán potente*
> *y nunca el pecho destrozarme pudo ...*

La sexta parte nos expresa el deseo de morir, de poner término a tantas calamidades, desastres y miserias. Aún era joven y bella, le quedaban cerca de cincuenta años más de batalla. Le aguardaban grandes sufrimientos en su incesante y rudo pelear con el destino adverso. En sus «Cantares», comienzo de ese final, se despide de la patria para una peregrinación que durará largo tiempo:

Todos tuvieron adioses
y rosas, por despedida,
no tuve yo solamente
ni una flor, ni una sonrisa.

Porque saben que en el alma
guardo dos rosas marchitas,
la de mis muertos amores
y la de mi pena viva.

Ya otra vez os dijo el alma
tierno adiós cuando era niña,
cuando eran vivos mis padres
y mis hermanos vivían.

El sonido de las campanas de su pueblo parece despedirla y le dice a la de más armonioso tañido:

Porque tan alta te meces
a compás de languideces
cerca de la Eternidad,
al echar tu voz a vuelo,
siento que hablas desde el cielo
bronce de «La Soledad».

La presencia de la madre ausente, con su estertor de agonía, reaviva sus angustias y le dice:

¡Madrecita mía,
tus horas de tísica olvidar no puedo ...!

*Redivivas surgen
dentro mi cerebro.
¡Siempre las dos juntas
el erial del mundo fuimos recorriendo,
como tristes hojas
que a impulso del aire cruzan el sendero ... !*

En fructuosas jornadas irá agitando el nombre de Cuba como una bandera. Recorrerá el mundo dando su presente en academias, ateneos, periódicos, revistas, con artículos, poesías y conferencias desafiantes y esclarecedoras. Cantó a su patria y a las tierras y pueblos donde plantó su tienda. Como rugiente y caudaloso río que al descender de altas y escarpadas montañas se amansa en la llanura hasta desembocar suavemente en la mar, «que es el morir», se apagó el eco de su enérgica voz en esta tierra acogedora, y bajó a encontrar en el sepulcro el dulce reposo que le negó la vida.

El Mayor General Mario García Menocal: patriotismo, capacidad creadora y vocación de poder
(I)

Discurso pronunciado por el Dr. Víctor Vega Ceballos, el 23 de abril de 1985, sobre el tercer presidente de Cuba, en el ciclo de conferencias auspiciado por el «Patronato Ramón Guiteras Intercultural Center».

«Señor Presidente del Patronato Ramón Guiteras Intercultural Center», Señores directivos, Reverendo Padre que nos honra con su presencia, Señoras y Señores:

Dicen que los errores se pagan caro, y es verdad; porque esta noche debería ocupar la tribuna alguien que, con más capacidad y mejores dotes oratorias, aunque no con mayor devoción, os hablara sobre el ilustre cubano que fue presidente de Cuba durante dos períodos consecutivos, candidato al mismo cargo mientras vivió, y todavía inspira nuestras actividades políticas con la entereza y seriedad que le distinguían. La tarea que se nos ha confiado resulta un tanto ardua, porque se halla entre nosotros la doctora María Gómez Carbonell, dotada de una elocuencia superior, que fue partidaria ferviente del personaje de quien he de hablaros, a cuyos pies colocamos nuestro sentido homenaje de admiración y cariño; ella, con su acostumbrada generosidad, alentará nuestro empeño.

Decir a los presentes quién era el Mayor General Mario García Menocal, resulta innecesario, porque todo cubano, desde Maisí a San Antonio, sabe perfectamente quién fue el célebre caudillo de Victoria de las Tunas. Ocurre su nacimiento el día 17 de diciembre de 1866, dos años antes de que comenzara la Revolución de Yara, en el central azucarero «Australia», Término Municipal de Jagüey Grande, en la provincia de Matanzas. Su padre, don Gabriel, era administrador del referido ingenio, caballero distinguido, experto conocedor del proceso azucarero; la madre, doña Narcisa Deop y Menocal, era una matrona ejemplar, dedicada al cuidado y educación de sus hijos, haciéndoles llevaderas las estrictas reglas de la casa. Ese fue el ambiente que rodeó al hombre en su nacimiento, momento en que su progenitor, complicado en las actividades conspirativas para la rebelión de 1868, se ve obligado a trasladarse con su familia a los Estados Unidos, y luego a México enviando a cursar estudios superiores en ese gran país americano, del cual somos ahora huéspedes obligados. Acá estudia el Joven Mario García Menocal en la Escuela Agrícola de Maryland, y más tarde Ingeniería Civil en la famosa Universidad de Cornell, donde se gradúa con altos honores.

Cuba permanecía en poder de España, y aunque nos ligaban a ella la sangre, el idioma, la religión y las costumbres, la distancia en que nos hallábamos y los medios de comunicación harto difíciles, iban separándonos en forma sensible, convirtiéndonos en algo diferente al peninsular, en un producto de la localidad, y aspirábamos al gobierno propio. De España nos llegaban los Capitanes Generales, Tenientes Gobernadores de ciudades, magistrados, jueces, administradores de hacienda, hasta el modesto escribiente de una oficina gubernamental. Por excepción tenía un cubano acceso a las funciones públicas. La distancia entre cubanos y españoles se acentuaba, el caso del Apóstol José Martí es un claro ejemplo de ese alejamiento. «No con quien naces, sino con quien paces», decía Cervantes en su inmortal Quijote, y mucho antes Cicerón, en su «Tratado sobre la Amistad», afirmó que «para consolidar una amistad es necesario que los llamados amigos hayan comido muchos puñados de sal juntos».

A pesar de las desigualdades y de los sufrimientos por independizarnos de España, no tenemos más remedio que admirar su esfuerzo descubridor y colonizador. Cuando transitamos por esta península de la Florida, colmada de lagunas, pantanos, donde proliferan serpientes venenosas y los más variados insectos hacen difícil la siembra y peligrosa la recogida de la cosecha, nos pasma de asombro la proeza de Ponce de León y Hernando de Soto, quienes sin los modernos elementos de comunicación y carentes del avituallamiento indispensable, atravesaron esta región y territorios limítrofes, hasta alcanzar las riberas del río Mississippi. ¡Era un bravo pueblo el de nuestros abuelos! De su bravura algo hemos heredado; de su altanería mucho tenemos; de su arrogancia bastante hay en nosotros. Por eso hay que recurrir al pasado para explicarnos nuestras inconformidades y algunas modalidades del carácter cubano. Tenemos que acudir a las enseñanzas de la historia si queremos conocernos mejor. La historia es elemento vital de la cultura humana, y los pueblos que no conocen su historia nada conocen. La única propiedad inalienable del ser humano es el pasado, porque el presente es cambiante y aleatorio, y el futuro, como decía Homero, «es un niño en el regazo de los dioses»; el futuro es de Dios. Por eso estamos congregados aquí esta noche, para hablar de nuestro pasado, un pasado glorioso y bello, lleno de encanto, que nos renueva cada vez que acudimos a él en busca de impulso para acercarnos a nuestros antepasados e imitar sus heroicos gestos.

Hemos venido a hablaros movidos por un sentimiento patriótico; porque nos duele escuchar voces irresponsables, carentes de sentido histórico, difamando a nuestros antecesores, a los hombres que tanto se sacrificaron por hacernos libres; a los valientes cubanos que cruzaron mares, vadearon ríos, escalaron montañas, soportaron hambre y enfermedades hasta rendir el último soplo de vida, para conquistar la independencia de nuestra tierra y crearnos una república que, en menos de cincuenta años, era un modelo para la América nuestra, de la que tenemos motivos suficientes para sentirnos orgullosos.

Los que han hecho de la calumnia un sistema y del escarnio un arma, olvidan que están dándole municiones al enemigo, instrumentos de demolición, materiales que mantengan firme el imperio de la tiranía. Si las pasadas generaciones de cubanos carecían de virtud, si eran un compendio de todos los vicios, Cuba no habría alcanzado el grado de cultura y de riqueza de mil novecientos cincuenta y ocho, ni los detractores de nuestros libertadores habrían podido subsistir veintiséis años en el poder a costa de los bienes acumulados en la Isla por generaciones anteriores. Nuestros gobernantes pudieron haber cometido errores, porque en todas partes y en todos los tiempos se cometen errores. Perfecto es sólo Dios; a los seres humanos nos basta con alcanzar la excelencia, y aquellos primeros presidentes de la República de Cuba lograron esa excelencia, son dignos de nuestra veneración, y para hablar de ellos hay que hacerlo con la mano puesta sobre el corazón y a cabeza descubierta.

La familia Menocal, de indiscutible abolengo, reúne al prestigio que el origen proporciona algo de superior valía, que es el fruto del trabajo, el talento y la cultura. Cuando se pronuncia el apellido Menocal sabemos que se está hablando de médicos famosos, como don Rafael y don Raymundo Menocal, profesores de la Escuela de Medicina de la Universidad de La Habana, o de Juan Manuel, que fue Secretario de Justicia y Magistrado del Tribunal Supremo de Cuba; de notables hombres de empresa, como lo fueron don Gabriel García Menocal y el hijo a quien dedicamos este acto; si de artistas, tendremos presentes a Armando Menocal, pintor de reconocido talento, que decoró el salón de recepciones del moderno Palacio Presidencial de La Habana, y de Pedro Menocal Almagro, nieto del General, eminente retratista y pintor de superior sensibilidad; y en el campo de la política estarán siempre presentes la imagen del Mayor General Mario García Menocal y de su hijo Raúl, destacándose en el servicio a sus conciudadanos y en el patriótico empeño de mantener incólume la soberanía de nuestra nación. No faltarán en el recuerdo doña Mariana Seva, doña María Herrera y la archisimpática doña Georgina Menocal, quienes rodearon de amor y gracia al Mayor General, dándole la paz del hogar y permitiéndole sacar de sí su fuerza entera y emplearla en obras perdurables, porque según nuestro Martí «sólo sacan en sí su fuerza entera los que viven en el orgullo interior de sentirse amados».

El general Menocal unía su profesión de ingeniero a un espíritu de empresa extraordinario y a un acendrado patriotismo. Recién graduado marcha a Nicaragua para laborar junto a su tío Aniceto, notable ingeniero también, en el proyecto del canal que permitiría pasar del Océano Atlántico al Pacífico, eludiendo una larga navegación y las dificultades del estrecho de Magallanes. La empresa que proyectaba el canal desiste de llevar adelante esa obra, y el ingeniero Mario García Menocal retorna a Cuba, trabaja varios meses en el ingenio que su señor padre administra, luego se encarga de la administración de las salinas de Cayo Romano y más adelante del trazado del ferrocarril de Camagüey a Santa Cruz del Sur, lo que le permite conspirar con Don Salvador Cisneros Betancourt, Marqués de Santa Lucía, y en definitiva, acompañado de sus amigos León Primelles y Federico Mendizábal, con cuarenta obreros que trabajaban a sus órdenes, levantarse en armas en la finca «El Flamenco» al comenzar la revolución de 1895 que puso término a la dominación española.

El ingeniero Menocal es encargado de interrumpir las comunicaciones, paralizando las operaciones del enemigo. En plena juventud le confían la sub secretaría de la Guerra, por ausencia de su titular el General Roloff, y poco después se le nombra secretario en propiedad. Pero a su impetuoso carácter no le acomoda una tarea rutinaria y oficinesca, renuncia al cargo y pasa a formar filas en el ejército libertador, pelear en las provincias de Camagüey y Oriente y ganar en la batalla y sitio de Victoria de las Tunas (entonces Tunas de Bayamo), el grado de General. Fue el más joven de nuestros Mayores Generales. Intervino eficientemente en la toma de Guáimaro y en la del cuartel de caballería de las Tunas, donde fue gravemente herido; y luchando con denuedo y tesón llegó a ser uno de los más admirados de nuestros libertadores. El general Calixto García lo nombró Jefe de su Estado Mayor, y el cese de las hostilidades lo sorprende camino de Occidente, cumpliendo órdenes del Generalísimo Máximo Gómez. Terminada la guerra es nombrado por el gobierno americano de ocupación jefe de la Policía de La Habana, y poco después Inspector General de Obras Públicas.

El general Menocal, educado en los Estados Unidos, hablaba correctamente el idioma inglés. Sus corteses modales, su caballerosidad innata, les permitieron dejar una huella luminosa en la sociedad norteamericana y ganarse el respeto y la admiración de los hombres de negocios de este país. Sus amplios conocimientos de la industria azucarera le permitieron asociarse a Mr. Robert Hawlley, un americano Senador por Texas, que era dueño de los centrales «Merceditas» y «Tinguaro» y de una modesta refinería en Cárdenas, convenciéndolo de que debía extender las actividades azucareras a las provincias de Camagüey y Oriente, de amplias tierras vírgenes, con magníficos puertos y ensenadas para el fácil embarque de la producción, adquiribles a precios moderados. Es así como la compañía que crearon compra una enorme hacienda en el Término Municipal de Puerto Padre, el antiguo ingenio San Manuel, de la familia Pla, y otro pequeño de los Latour, en donde levantaron los centrales «Chaparra» y «Delicias», colosos de la industria azucarera. La fertilidad de aquellas tierras era asombrosa; en una hacienda llamada «Santa Bárbara\ la caña sembrada se mantuvo en producción durante sesenta años, sin abono, regadío ni resiembra.

La administración del General Menocal fue muy beneficiosa para aquella zona de Oriente. Los centrales «Chaparra» y «Delicias» fueron un agente civilizador; a ellos se llevaron las maquinarias más modernas y los métodos de cultivo de la caña y elaboración del azúcar más adelantados. Los bateyes se convirtieron en pequeñas ciudades, de calles bien trazadas y pavimentadas; cómodas casas dotadas de agua corriente y servicios sanitarios, escuelas con suficiente material gastable, profesores competentes, y retribuidos generosamente, y hospital atendido por médicos expertos y enfermeras graduadas. Toda el área fue transformada. Las provincias de Oriente y Camagüey, al empuje de la energía del General Mario García Menocal vieron desaparecer espesos bosques y convertirse en cañaverales; el campesino pobre encontró un centro de trabajo bien remunerado para subsistir, escuelas donde se educaran sus hijos, y centro hospitalario donde les asistieran en sus enfermedades o accidentes. El General Menocal empleó a hombres que habían sido sus compañeros o subalternos durante la guerra por la independencia. Hombres honestos, serios y trabajadores, quienes el coraje que emplearon en la liberación de Cuba lo pusieron a su servicio para engrandecerla en la paz.

El General Menocal fue el caudillo de ese ejército de renovadores, reformadores y creadores. No se puede escribir la historia del azúcar en Cuba sin el nombre de Menocal. Aquellos aguerridos cubanos aprendieron a admirarle, respetarle y quererle: se convirtieron en devotos partidarios suyos; y cualquiera que fuera la actitud que él adoptara, política o patriótica, era apoyada por esa clase conservadora que se desarrolló a su lado.

Al principio de la República, estábamos como en el Génesis, todo había que crearlo. Heredamos una isla devastada por la guerra, carente de higiene, con escasos y pésimos hospitales; el paludismo, el tifus, la tuberculosis, las enfermedades venéreas diezmaban a la población, la pobreza imperaba, el bandolerismo hacía insegura la vida del campo; abandonadas las labores agrícolas había que importar los productos alimenticios del extranjero: de Puerto Rico y Venezuela el ganado vacuno, de la India el arroz, de Estados Unidos la harina de trigo hasta de la remota China se importaban huevos y del Uruguay y la Argentina tasajo. Un esfuerzo de titanes echó a caminar el país por senderos de progreso. Nuestro primer gobierno fue derribado por la revolución de Agosto de 1906, provocando la primera intervención americana, en aplicación de los preceptos de la Enmienda Platt. Esa pragmática, limitadora de nuestra soberanía, ha sido objeto de acres discusiones y tergiversadas sus causas y consecuencias. Hay que acudir a la fuente de origen, a las discusiones del Tratado de París, que puso fin a la guerra hispano-cubana-americana, donde encontraremos fácilmente sus causas, que no pueden atribuirse a los cubanos, porque éstos no tuvieron representación en esas conferencias, porque legalmente no existía la nación cubana como ente de derecho ni se le había reconocido la beligerancia por las partes contratantes. Tampoco pueden ser acusados los americanos, que en la resolución conjunta de su Congreso habían reconocido, a través de la Enmienda Teller, que los Estados Unidos no aspiraban a la posesión o dominio de parte alguna del territorio cubano ni a interferir la actuación del gobierno que se dieran los cubanos. La Enmienda Platt nace de la exigencia española, encaminada a proteger a sus súbditos radicados en Cuba. Las palabras del presidente de la delegación española a las conferencias de paz fueron decisivas en nuestro daño: «A nosotros nos interesa la suerte de Puerto Rico, que ha sido una hija amorosa y no queremos perderla. No firmaremos el tratado de paz si los Estados Unidos no se comprometen a ocupar militarmente la isla para garantizar efectivamente la vida, hacienda y libertad de religión de los españoles avecindados en Cuba, y cuidar que el futuro gobierno de Cuba cumpla este compromiso». Ante ese planteamiento había que crear el instrumento que permitiera complacer a los españoles, y la Enmienda Teller fue sustituida por la Enmienda Platt. La magnanimidad de los americanos triunfadores fue todavía más lejos: indemnizó a la nación vencida con veinte millones de dólares por la cesión de Puerto Rico, las Filipinas y unos islotes en Oceanía. La Enmienda Platt no fue rechazada por la Convención Constituyente, sino aceptada por el estrecho margen de un voto. No solamente fue usada por cubanos y americanos cuando sintieron afectados sus intereses, sino que está ganando batallas después de muerta, porque los que estamos exiliados acusamos a los americanos «de que no nos permiten ir a liberar a Cuba», mientras que los cubanos de allá protestan de que los americanos se niegan a reanudar relaciones con Cuba. Y el mundo gira en derredor de esta nación y de la Unión Soviética. Desoímos la sabia recomendación de Don Manuel Márquez Sterling: «Contra la ingerencia extraña, la virtud doméstica». No le escuchamos, por eso estamos aquí.

El Mayor General Mario García Menocal: patriotismo, capacidad creadora y vocación de poder
(II)

El Mayor General Mario García Menocal fue prácticamente arrancado de la paz laboriosa de los centrales azucareros, para contender en la arena política con el General José Miguel Gómez, en un esfuerzo infructuoso; pero en el segundo intento por escalar el poder triunfó por ancho margen. Asumió la presidencia el día 20 de mayo de 1913, cuando la República no había llegado a la nubilidad y todavía no se había apagado el fuego de la revolución racista, acaudillada por Estenoz e Ivonet en 1912. Se habla de que fue elegido por la presión americana, lo que es falso; su triunfo se debió a la simpatía que por él sentían los cubanos, especialmente las clases conservadoras: empresarios, comerciantes, hacendados, campesinos. Desde los primeros días de su gobierno demostró que no había olvidado a sus compañeros de lucha en la manigua: comprendió que el pueblo de Cuba debía ser enseñado y preparado para disfrutar una vida más cómoda en un país más próspero. El General Menocal fue muy afortunado durante sus primeros cuatro años de gobierno, sorteando hábilmente los complejos problemas que todo mando confronta. Quiso cumplir el lema de su partido: «Honradez, Paz y Trabajo». Su primera medida de gobierno consistió en revocar la concesión hecha a una compañía encargada del dragado de los puertos, por contener disposiciones onerosas para la nación. La segunda medida fue la de suprimir las zonas de tolerancia; una vergüenza que arrastrábamos desde los comienzos de la conquista, que no era creación nuestra, sino de la prostitución que se practicaba hasta en las naciones más civilizadas del orbe; el Estado se convertía en protector del vicio, le imponía contribución y lo reglamentaba con el pretexto de defender la salud pública, creando lo que se llamó la «Quinta Higiene». Una pandilla de proxenetas internacionales organizaron la «trata de blancas», calificativo que nada tenía que ver con la raza o el color de la piel; aprovechándose de la pobreza o la mala inclinación de algunas mujeres, solían conquistarlas o contratarlas para trabajar en talleres de costuras y venta de productos de embellecimiento, en las grandes ciudades de América, ofreciéndoles remuneraciones fabulosas, y ya en el lugar de su destino las encerraban en casas, generalmente situadas en las zonas de tolerancia, donde las dedicaban al comercio carnal, bajo el puño del guapo de turno, encargado de las recaudaciones y el mayor beneficiario de los ingresos. Un juez de un distrito de París pudo localizar a una hija, menor de edad, que había desaparecido y fue encontrada en La Habana, en una casa de lenocinio, de donde la rescataron las autoridades devolviéndola a su tierra nativa. Las medidas que se tomaron contra ese vergonzoso tráfico nos liberaron de una lacra infame y adecentaron las costumbres.

En agosto de 1914 estalló la Primera Guerra Mundial, que asoló los campos remolacheros de Europa, especialmente de Rusia, gran proveedora de azúcar de remolacha. El azúcar es un producto de primera necesidad, lo mismo sirve de alimento que de medicina y componente de ciertos explosivos. El precio del azúcar subió vertiginosamente, aumentando los ingresos estatales y los individuales. En los cuatro años de guerra, Cuba se llenó de centrales azucareros; sobraba trabajo y faltaban obreros; hubo necesidad de importar cortadores de caña de las Antillas Menores, a lo que se llamó «inmigración golondrina», porque se intentaba reembarcarlos una vez terminada la zafra. Se fundaron nuevos centros de población, y las villas y ciudades de la época colonial fueron transformadas, edificándose nuevos y cómodos alojamientos, donde antes solo existían ruinosas casas. El lujo desplazó a la miseria, y predominó el período de «las vacas gordas», con la desventaja de que todos creían en la perduración de la abundancia que, terminado el conflicto bélico, habría de cesar.

En 1915 se terminaron las obras del Canal de Panamá, numerosos obreros, por lo general españoles, se trasladaron a Cuba donde el trabajo sobraba. La mayoría de esos inmigrantes eran anarcosindicalistas, duchos en la propaganda de sus ideales político-sociales; crearon un estado de inquietud en las filas proletarias, organizaron huelgas y a veces decretaron paros en las actividades ferroviarias, incomunicando casi al país. Los trabajadores del Puerto de La Habana se distinguieron por una actividad perturbadora que se comunicó a otros centros de trabajo en perjuicio de la nación. Para hacer frente a estos conflictos, el General Menocal nombró una comisión compuesta por los doctores Cosme de la Torriente, Luis Azcárate, Francisco Carrera Jústiz y Eusebio A. Hernández, para que estudiaran la manera de crear un organismo estatal, que se encargara de los conflictos del trabajo; y en prenda de buena fe dispuso la celebración de la primera Asamblea Nacional Obrera, con la ayuda económica del Estado y del Ayuntamiento de La Habana. Más adelante, cuando se acentuó la lucha obrero-patronal, el presidente procuró obtener de los patronos un aumento de los jornales, y cuando la presión obrera se hizo intolerable, expulsó del país a los perturbadores extranjeros, mediante decretos en los que se les declaraba «extranjeros perniciosos», calificativo este último que fue cambiado en «indeseable».

Una obra de gran aliento fue la creación de la moneda nacional, y corresponde a los primeros dos años del gobierno del General Menocal. Hasta el año 1915 la moneda circulante en Cuba era un verdadero rompecabezas, un mosaico; predominaba el bimetalismo: oro y plata, porque no soñábamos todavía en que llegáramos a usar papel moneda. En oro teníamos los centenes españoles, que se cotizaban en las transacciones a cinco pesos treinta centavos la unidad; hacía muchos años que los doblones y las onzas de oro habían desaparecido del mercado. También gozaban de circulación forzosa las monedas de oro del cuño francés: luises y napoleones, con un valor de cuatro pesos veinticuatro centavos, y las águilas de oro americanas, a la par con el centén español. En plata circulaban aún los pesos, pesetas sencillas y dobles y los reales españoles. Como moneda fraccionaria de cobre teníamos la española de uno y dos centavos, llamadas por los españoles «perras gordas» y «perras chicas», cuyo nombre procedía de que en una de sus caras tenía grabado un león rampante (parado en las dos patas traseras) que parecía un perro; los cubanos les llamábamos «kilos», porque la inscripción del reverso decía: «Tantas piezas en kilogramos», como la última palabra estaba abreviada: «Kilogr.» la bautizamos con las dos primeras sílabas. Esta multiplicidad de signos cambiarios representaba un quebradero de cabeza para el pueblo, entorpecía las transacciones mercantiles y se prestaban al abuso y a pleitos judiciales, cuando en los contratos no se expresaba claramente la clase de moneda en que se contraía la obligación de pago. El secretario de Hacienda, Don Leopoldo Cancio Luna, con la cooperación de expertos americanos, prohibió la circulación de las monedas extranjeras, con excepción de la estadounidense que, por su fuerza en el mercado mundial, servía de garantía a la cubana recién acuñada. No faltaron críticos a esta medida salvadora, porque criticar es más cómodo que crear, pero no hay duda de que Cuba ganó con el cambio.

 La instrucción pública fue atendida de modo señalado. Se crearon novecientas aulas de enseñanza primaria, seis escuelas normales para maestros, una por cada provincia, que pronto empezaron a funcionar, con excepción de la de Camagüey, que no estuvo habilitada hasta 1922; esta medida dotó al país de un profesorado instruido con arreglo a los cánones pedagógicos más avanzados. Se crearon la Escuela Naval de Mariel y la del Hogar de La Habana, la primera para formar marineros expertos en el arte de navegar, la segunda para capacitar a mujeres en las artes domésticas. Fue creada la Sección de Maestros Ambulantes, que recorrería los barrios rurales alfabetizando a los campesinos.

 Entre las construcciones de servicio público se cuentan el Hospital Nacional «Calixto García», que prestaba servicios gratis a los enfermos, y a la vez funcionaba como auxiliar de la Escuela de

Medicina de la Universidad de La Habana. El Asilo Menocal, situado en el Cerro, y el edificio de la Cruz Roja.

Se promulgaron entre otras las leyes siguientes: «Jubilación de empleados públicos»; de «Accidentes del Trabajo»; «Retiro de Militares y Policías», «Ley de la Silla», para que las mujeres trabajadoras en establecimientos públicos pudieran sentarse a descansar, tras varias horas de trabajo en pie; «Ley de Pensiones a los Veteranos».

En lo relacionado con el Poder Judicial, se prohibió la sustitución en el servicio de los juzgados de tercera clase de personas legas, creándose un cuerpo de jueces suplentes con los abogados que lo solicitaran. Pero una de las leyes más aplaudidas del período menocalista fue la «Ley de Equiparación de los Derechos Civiles de la Mujer» que puso término a la injusticia que se cometía con la mujer al mantenerla en tutela perpetua, pasando del padre al marido, lo que le impedía administrar sus bienes propios, asumiéndola el marido; dándose el caso de que una mujer, abandonada por su legítimo esposo, pasara hambre junto con sus hijos, porque le estaba prohibido vender, gravar y disponer de sus bienes parafernales sin la expresa autorización del esposo renuente.

La Ley de Divorcio, con disolución del vínculo, fue otra manera de resolver conflictos matrimoniales que afectaban principalmente a los hijos de matrimonios desavenidos. Hombres y mujeres en perenne discordia, llegaron hasta el suicidio, por la anómala situación en que se hallaban. El General Menocal, por principios religiosos, no sancionó la Ley, como tampoco la refrendó el Secretario de Justicia, Don Luis Azcárate, fervoroso católico; el primero dejó transcurrir los diez días que la Constitución fijaba para sancionar la ley o vetarla, quedando automáticamente sancionada, y el segundo pidió una licencia temporal, y fue sustituido en la obligación por otro miembro del gabinete. La pragmática estaba redactada en forma que hacía difícil ganar un divorcio ante los tribunales, debido a la complicación del procedimiento.

El error del General Menocal fue ceder a la presión de amigos, que le pedían con insistencia que se hiciera reelegir en el cargo. El se había pronunciado contra la reelección cuando Don Tomás Estrada Palma lo intentara, y se le atribuyó la declaración siguiente: «El principio de no reelección es el más firme sostén de la paz». A los cubanos, como a los franceses, nos encantan los cambios de gobiernos; nos forjamos absurdas ilusiones sobre las ventajas que nos traerá el cambio, aunque la experiencia demuestre que tal supuesto es falso. Nominado para su segundo período, que la Constitución permitía, las elecciones se celebraron sin perturbación alguna; su contrincante fue el Licenciado Alfredo Zayas Alfonso, que había sido vicepresidente con el general José Miguel Gómez. Los primeros partes daban a los liberales como ganadores, pero a medida que los partes fueron llegando Menocal aparecía como triunfador. Sus contrarios acusaron ante los tribunales la comisión de fraudes postcomiciales, en el manejo de los escrutinios y la relación de boletas votadas. Algo turbio hubo, aunque no imputable al Presidente, que ni había ordenado que se cometieran fraudes, ni fue miembro de mesa electoral ni de los organismos que regían el proceso.

La anulación de algunos colegios electorales prendió la duda, la inconformidad fue creciendo hasta desembocar en una cruenta revolución, con el apoyo de los regimientos de Camagüey y Oriente, que recibió el nombre de «La Chambelona», canto de guerra de los liberales durante la campaña, con una música pegajosa, alegre, a la que se podía cambiar fácilmente la letra.

La revolución fue reprimida en cuatro meses. Se cometieron algunas injusticias y actos de crueldad en la zona de Jobabo, limítrofe con la provincia de Oriente, donde dos oficiales del ejército gubernamental emplazaron una ametralladora frente a un grupo de jamaiquinos y haitianos, cortadores de caña, simulando que era un aparato para retratarlos, y los asesinaron. Ese hecho alcanzó resonancia internacional, porque Inglaterra exigió, por las vías diplomáticas, el enjuiciamiento y castigo de los culpables y una indemnización ascendente a dos millones de dólares, reclamación a la cual se unió la República de Haití, por sus ciudadanos víctimas del asesinato. Otro crimen fue el cometido en la persona del general, Gustavo Caballero Arango, anciano liberal que gozaba de una enorme popularidad, quien, después de haberse rendido con su gente a las fuerzas del gobierno, fue alevosamente privado de la vida. Los militares que cometieron el primer desmán, por llamarlo de la mejor manera, fueron procesados y contra ellos se pidieron noventa y nueve años de prisión; y aunque no se celebró el juicio, porque se acogieron a una amnistía que comprendió a todos los que habían participado en pro o en contra de la revolución, las indemnizaciones por las responsabilidades civiles fueron pagadas por el gobierno de Cuba.

Apenas comenzada la revolución en 11 de febrero de 1917, Estados Unidos declaró la guerra a los Imperios Centrales (Austria-Hungría y Alemania y sus aliados), por el torpedeo de buques mercantes con pérdidas de vidas de personas nativas de países neutrales. En esas condiciones la Enmienda Platt funcionó en perjuicio de los alzados, quienes fueron amenazados por la cancillería americana de ser declarados traidores, dado el estado de guerra existente. El General Menocal, que no era hombre cruel ni obcecado, permitió la salida de Cuba de los principales responsables de la revolución vencida; lanzó una proclama invitando a los rebeldes a que se acogieran a la legalidad y se sometieran a los tribunales ordinarios en la causa que se formó por «Conspiración para la rebelión», en la que se les fijó una pequeña fianza, que en Camagüey prestaron, hasta la suma de cuatro millones de dólares, dos distinguidos conservadores: Don Rodolfo Parrado y Don Pablo Estrada. Entonces no reinaba el odio en Cuba. Después se votó una ley de Amnistía y se echó un velo sobre el doloroso pasado.

III. LA FAMILIA

Amor a la familia

No solamente profesó una gran lealtad y afecto a su familia inmediata, sino que como los círculos concéntricos formados por las piedras al ser lanzadas al agua, ese amor se ampliaba y llegaba a parientes más lejanos –«los míos» como decía con cariño– y alcanzaba a amistades, alumnos, subordinados, conocidos, hasta en forma global abrazar a la humanidad.

Ese amor que trascendió a la humanidad se desbordó en bondades que llenarían las páginas de un libro conmovedor. Como Terencio, podía afirmar con orgullo «Nada humano me es ajeno».

«Víctor Vega, el bueno» (Ibid)

Víctor Manuel

Alicia Margarita

Víctor Vega Ceballos y Alicia Queral Muñoz contrajeron matrimonio el 11 de octubre del 1927 en la Iglesia San José de Puerto Padre, Oriente.

La justa decisión

> «*Te quiero a ti entre todos los seres. Ni las dignidades, ni los placeres, ni el oro... Sólo a ti busqué. Te habría escogido entre un mundo entero. Aún, hoy, entre un mundo entero, te elijo a ti».*
> *(Albrecht von Haller. «Oración Fúnebre»)*

En una tarde clara de otoño tropical, en encuentro casual, entre muchas bellezas, te escogí sin dudar, unidos fabricamos un mundo de quimeras, de ensueños, de esperanzas, de comprensión, de fe. Las altas dignidades que el vanidoso anhelo, el placer enervante que suele enloquecer, el oro que deslumbra y poderes alcanza, sus dones me brindaron y por ti los rechacé.

En época difícil, absurda, complicada, como un iluminado tras ti me encaminé. Después de haberte hallado te conduje a mi vera, sin dudas ni recelos, rompiendo barreras, porque de tus ojos brotaba la inspiración benéfica y se fortalecían mis ansias de vencer. Jamás olvidar puedo, mi excelsa compañera, que en las duras batallas me supiste alentar, que humana y comprensiva, abnegada y discreta, triunfante o derrotado, con palabra serena, por el recto camino me pudiste orientar.

La vida nos fue grata como un sueño dorado. Si una fiera tormenta con rachas implacables nuestra paz perturbó, los espesos muros del hogar que fundamos la furia de los vientos al punto disipó.

¡Bendito sea Dios que hizo posible nuestro encuentro, que alumbró el camino para poderte hallar, que nos indicó la ruta, nos descubrió el sendero y ligó nuestras vidas con vínculo eternal!

Han pasado tres cuartos de siglo de que nos encontramos, ahora diecisiete años de tu ida hacia el Señor. Nos parece un segundo de la triste partida, y un siglo interminable para nuestra reunión.

Pudo tornarse en polvo tu escultural figura, apagarse la lumbre de tu grato mirar, extinguirse el arpegio de tu risa armoniosa, silenciarse el sonido de tu rítmica voz. Pero la inefable gracia que tu ser derramaba, el poderoso influjo de tu prudente actuar, tu infinita pureza, sin dobleces ni engaños, vivirán en nosotros; calmarán nuestras penas, en la ruda pelea que aún hemos de librar.

Con un reloj de angustia vamos midiendo el tiempo, en el ocio intranquilo de quererte alcanzar, y en el fondo del alma una piadosa voz ordena: «Modera tu impaciencia, confía en El Padre Eterno, que El te hará descansar».

Bien sé que un día ignorado, mi santa desposada, cautelosamente nos vendrás a buscar, para iniciar de nuevo la marcha venturosa que un día infortunado hubimos de parar. Y en tanto, esa hora llega, allá, en el Valle Santo, donde fuiste a morar, aboga por nosotros, que en este rudo suelo marchamos cuidadosos por el buen derrotero, que bondadosamente hubiste de trazar.

¡Lista está la valija para el eterno viaje, esperando gozoso la hora de partir; y en este año diecisiete de nuestra despedida digo como el poeta Haller: «Mi amada preferida, aún hoy, si a elegir fuera, por sobre el mundo entero te volvería a elegir»!

Mater Sacratísima

> *«Honrarás a tu padre y a tu madre, para que vivas largo tiempo sobre la tierra que Jehová, tu Dios, te da».*
> *(Éxodo.20-12)*

Hoy es un día de satisfacción y de melancólicas remembranzas. Unos disfrutarán la dulce compañía de la mujer que los abrigó en su seno, y alentarán la esperanza de que una prolongada existencia les permita recibir, por largo tiempo, la inapreciable ayuda de sus consejos y recomendaciones. Otros sentirán la honda pena de haberle cerrado los ojos para el sueño eterno, de haberla devuelto al polvo de donde vino, de haber perdido ese apoyo espiritual, que se recibe en el regazo de quien fue rectora de conciencias y forjadora de caracteres. Todos se ratificarán en la devoción al más alto de los valores espirituales humanos; y al pronunciar con unción y recogimiento la palabra MADRE, rendirán cumplido homenaje a la que fue puerto seguro, al que se acogieron en momentos de borrasca, refugio cariñoso en la adversidad, expresión de conformidad para las desventuras, palabra de moderación para la violencia, explicación cristiana para los acontecimientos infaustos. La vejez nos encuentra niños cuando recordamos a la que nos dio vida a costa de la suya, a la que nos alimentó con su sangre, veló nuestro sueño, enjugó el sudor de nuestras agonías, encaminó nuestra vida, modeló nuestro carácter y disipó nuestras amarguras. ¡Bendito sea el Señor, que nos dotó de tal riqueza!

La Santa Biblia, ese libro de libros, nos impone el deber de honrar a nuestros progenitores. En el Éxodo y en el Deuteronomio se exalta la figura maternal, dictándonos una ley de eterno acatamiento, de atención respetuosa a nuestros padres «para que vivamos largo tiempo sobre la tierra que Dios nos dio». La promesa que se nos hace no tiene significación de «años por vivir», sino de obra a realizar, de trabajo continuado, de fatiga renovada. Si cumplimos la regla dictada por Dios mismo la tarea nos será fácil y placentera; nuestra conciencia no será testigo de cargo sino abogado defensor, porque jamás habremos faltado a tan sagrado deber.

No sólo en la fe católica encontramos la orden de honrar a nuestra madre, sino que en la vieja cultura romana hallamos la consagración del mismo 'principio. Los antiguos romanos instituyeron la «maternalia», solemne fiesta religiosa anual en honor de las madres; ese día los hijos rivalizaban en obsequiar a la madre, en visitarla en su hogar, si vivía, o en reunirse junto a la urna que contenía sus cenizas, y evocar su memoria en un acto de amorosa recordación

La historia nos ofrece múltiples ejemplos en que el respeto de un hijo a la madre ha determinado la solución de un grave conflicto. Citaremos solamente tres, que corresponden a distintos períodos de nuestra cultura: Era el siglo quinto antes de Cristo, cuando el general romano Coriolano, enojado con su pueblo por lo que estimó una humillación, se sublevó contra Roma, levantó un ejército de volscos, enemigos entonces de aquella ciudad, y los condujo contra ella. En el momento más difícil, cuando todo parecía perdido, y los romanos estaban a punto de ver invadido su nativo solar por fuerzas enemigas, acaudilladas por un eminente conciudadano, después de agotar las admoniciones y los ruegos, el Senado romano confió a la madre de Coriolano la difícil tarea de hacerlo desistir de su nefasto intento. La anciana matrona no vaciló en visitar el campamento de su rebelde hijo, y ya ante él, en tono severo, le dijo: «¿Es con mi hijo o con un enemigo con quien debo hablar?» Ante esta pregunta, el bravo guerrero, triunfador en sangrientos combates, bajando la cabeza murmuró arrepentido: «Un hijo obedece cuando una madre ordena», disolvió su ejército y se sometió a las leyes de su país.

Corresponde a Santa Elena la segunda prueba del poder materno, cuando conquista al emperador Constantino para el catolicismo, dándole unidad espiritual al mundo occidental, obteniendo el predominio de una doctrina de amor y de paz.

La discutida Catalina de Médicis, viuda de un rey y madre de tres reyes, nos brinda el tercer ejemplo, durante las perturbaciones conocidas por guerras de La Liga. Una prolongada disputa por el predominio de la religión católica sobre los disidentes llamados reformistas, a la que se unían inquietudes por la posible sucesión dinástica, el rey Enrique III, el menor de los tres hijos que ocuparon el trono, se hallaba prisionero en el palacio del Louvre, en París, por el pueblo sublevado que acaudillaba el Duque de Guisa. La anciana reina, de quebrantada salud, no vacila en dirigirse al campo enemigo, atravesando barricadas, sin temor a los obstáculos y a las amenazas de los revoltosos enfurecidos, entretiene al contrario con proposiciones que son discutidas y rechazadas unas tras otra, obteniendo el tiempo necesario para que su hijo escape, se dirija a territorio seguro y logre someter a sus impugnadores.

Las madres cubanas influyeron decisivamente en los movimientos revolucionarios que nos independizaron de España. Concha Agramonte, Mariana Grajales, Luz Vázquez, Candelaria Palma, Marta Abreu, Isabel Rubio, Isabel Vega, y muchas más, se encargaron de fomentar la subversión. Ellas predicaron el evangelio liberador; despertaron en sus hijos la fe en los destinos de la patria; afirmaron en ellos el sentimiento de la propia dignidad; les inculcaron la rebelión contra los atropellos y vejaciones de los gobernantes coloniales; siguieron a sus hijos a la manigua y a la expatriación, y los vieron morir, víctimas del ataque enemigo o de enfermedades y hambre; ellas alentaron con la palabra y el ejemplo a los supervivientes, mostrándoles siempre el camino del deber, enseñándoles a superar sus limitaciones y dificultades. Bien podemos recordarlas con orgullo, dedicando una oración a las que murieron y un pensamiento de respeto y amor a las que aún viven.

Hay otra madre que padece y gime, atormentada por infinitos dolores. Merece que la honremos también y que, despojados de ambiciones perturbadoras, de afán de predominio de rencores infecundos, hagamos algo en su obsequio, porque ella nos ha sustentado con el producto de su bendito suelo, arrullado con el rumor de su brisa, deleitado con el perfume de sus flores, deslumbrado con el azul de su cielo, el verdor de sus praderas, la perenne canción del oleaje de su mar. A ella estamos atados con los más tiernos recuerdos. En ella están sembrados los despojos mortales de nuestros familiares más queridos. Por las calles de sus villas y ciudades hemos discurrido en horas favorables y adversas; en ellas hemos dejado en gran parte lo mejor de nuestras vidas. Ni el tiempo ni la distancia han logrado arrancarla de nuestros corazones. Para esta santa y amorosa madre debemos dedicar las benditas flores de nuestra devoción sincera. Aunque la perversidad de hijos réprobos la hagan morir todos los días, ella perdura, en constante resurrección. No ostentaremos la flor blanca, símbolo de la muerte en este día, sino la roja, que simboliza la sangre que vierte su pueblo esclavizado, como la que fecundará en el momento decisivo su tierra primorosa, cuando nos decidamos a la embestida final que derribará a sus opresores. Por ella y para ella permanecemos en el destierro; para aunar voluntades, perdonar agravios, encender la fe, debilitada por fracasos y traiciones, y forjar la gesta heroica que nos permita el regreso decoroso. Esa madre tiene un nombre: Cuba, vientre fecundo que concibió legiones de valientes, a la que rendimos en esta fecha el tributo de nuestro impecable respeto y de nuestro amor sin límites.

Un mensaje de perenne gratitud

Hay acontecimientos, aniversarios, momentos, que escapan a toda discusión. La importancia de que están revestidos nace de principios inmortales, de sentimientos puros e invariables, de gratitudes que crecen con el tiempo y adquieren magnitud con las adversidades y los infortunios. A nadie se le ocurriría protestar porque consagráramos un tiempo a venerar al Creador, dedicáramos un día a conmemorar el natalicio o deceso de un patriota, a honrar quienes dieron lustre y prez a la tierra, en que nacieron; tampoco puede ser objeto de controversia el empleo de unas horas en homenaje a la mujer que nos dio vida, padeció por nosotros, trabajó para modelar nuestro carácter, normar nuestra conducta, librarnos de las enfermedades, y hasta se privó de lo indispensable para hacernos la vida llevadera.

Somos la copa de un árbol y nuestra misión consiste en darle sombra al tronco. Un viejo refrán así lo dice: «Mezquino es el árbol que no le da sombra a su tronco». Enteco, débil, carente de hojas, las ramas secas mal pueden dársele sombra al tronco. Negándonos a honrar padre y madre no sólo quebrantamos los mandamientos de la Ley de Dios, sino que incumplimos el más sagrado de los deberes humanos. Los que adoran al pan más que al que lo hizo, olvidan que sin el esfuerzo del que sembró el trigo, lo convirtió en harina, lo amasó en la artesa y lo horneó, jamás habría comido pan. Nuestros padres son superiores por el legado espiritual que nos dejaron y no por el monto de los bienes materiales que de ellos heredamos. Hay una apreciable diferencia entre hacer para lograr provecho individual y laborar por el bien de los demás; es más digno de aprecio y respeto quien aparta una gota de amargura de la copa del semejante, que quien le obsequia el más bello diamante, como es mejor amasar la harina del alma y hacerla crecer con la levadura del más puro de los amores.

Una doctrina atea que ha hecho presa en parte del mundo y avanza sobre el resto, se complace en hacer burla y escarnio de las mejores tradiciones, con el pretexto de que son «prejuicios burgueses». En algunos lugares, partidarios de esa perversa doctrina, han organizado manifestaciones de mujeres, para protestar contra la celebración del «Día de las Madres», y han agitado pancartas expresando que «no quieren ser reinas por un día y esclavas el resto del año». No deben ser madres las que formaron filas en esa absurda demostración; porque una madre se distingue porque es capaz de sentir felicidad en todo lo que realiza por sus hijos, importándole poco si le devolverán en devoción, solicitud y lealtad las atenciones recibidas. La madre lo da todo y no pide ni espera recibir algo a cambio.

El Día de las Madres, que hoy celebramos, no es una creación de este siglo. De las maternalias de la Roma antigua nos viene la costumbre. Es un día destinado a honrar a la mujer que nos llevó en su seno, nos arrulló en sus brazos, calmó nuestros dolores, disipó nuestras penas, guió nuestros primeros pasos, observó, inquieta y vigilante, el desarrollo de nuestra vida, y solamente cesaron sus desvelos cuando Dios puso término a su existencia terrenal. Y aún más allá, en esa otra vida que intuimos pero no conocemos, continúa su ingente labor de cuidado y protección. No se ha tratado, como torcidamente interpretan los renegados, de un aparatoso alarde amoroso, que tiene la brevedad de veinticuatro horas, sino de la exaltación de un sentimiento de perenne gratitud, de un acto de pleitesía colectiva, que se rinde a la que nos dio vida y cuidó de ella, una demostración de nuestros más nobles sentimientos; porque todo hombre, por insensible que parezca, siente vibrar las fibras de su ser ante la presencia o el recuerdo de la santa mujer que por él padeció todos los dolores.

Hagamos lo posible porque esta espiritual celebración perdure. Blanca o roja la flor que nuestro pecho ostente, llevémosla con orgullo y alegría, porque las madres jamás mueren para sus hijos. En la tumba nos esperan para la oración piadosa, o en el hogar para el beso purísimo que premie nuestro amoroso afán. Y mientras llega la hora de reunirnos con ella, concretemos nuestro reconocimiento en estas o análogas frases:

Porque me llevaste en tu seno y no malograste mi nacimiento. ¡Bendita seas, Madre admirable!

Porque velaste mi sueño de niño, a pesar del cansancio que te abrumaba. ¡Bendita seas, Madre abnegada!

Porque curaste mis achaques infantiles, agregando un trabajo más a tus quehaceres cotidianos. ¡Bendita seas, Madre amorosa!

Porque encaminaste mis pasos por la buena senda. ¡Bendita seas, Madre prudente!

Porque pusiste en mí tu fe y jamás la retiraste. ¡Bendita seas, Madre piadosa!

Porque me socorriste en la desgracia y no me abandonaste en mi infortunio. ¡Bendita seas, Madre generosa!

Porque olvidaste tus aspiraciones y deseos para dejarle libre paso a los míos. ¡Bendita seas, Madre magnánima!

Porque me hiciste fuerte para el dolor, firme para el deber, constante para el amor. ¡Bendita seas, Madre sapientísima!

Porque me enseñaste a reconocer mis errores y a comprender y perdonar los ajenos. ¡Bendita seas, Madre humanísima!

Porque me enseñaste que el espíritu prima sobre la palabra. ¡Bendita seas, Madre, bondadosa!

Por tantos consejos que me diste, tantos cuidados que me prodigaste, tantas angustias que por mí padeciste, te ofrezco lo mejor de mi alma y lo más puro de mis sentimientos.

El Buen Sembrador

«Siembro para los dioses inmortales que han querido que yo no sólo recibiese estas cosas de los ascendientes, sino que también las transmitiese a los descendientes».
*(**Cicerón**. «Discurso sobre la vejez»)*

Aparte el aspecto mercantil, en que afanes de lucro suelen envolverle, este día, consagrado a los padres, tiene una elevada significación. Nos llama a la unión en derredor de la figura central del que nos dio la vida, un artífice que, con su sangre, cumplió el mandato divino de multiplicarse y poblar la tierra; que como el buen sembrador trabajó asiduamente para que la simiente deviniera en árbol, que a su vez fructificara y diera paso a nuevas reproducciones.

Un padre no es sólo un gran proveedor, sino inteligente director, labrador cuidadoso, que no desdeña esfuerzo para mantener su huerto libre de plantas parasitarias y ponzoñosas, a cubierto de tormentas, neviscas, sequías, insectos dañinos. Es un marino experto, que jamás pierde el rumbo ni flaquea ante violentos huracanes, que nos guarece en abrigado puerto y nos salva del naufragio. Un padre es el mejor de los amigos, el consejero más fiel: el acreedor más consecuente y desprendido, el más indulgente de los jueces, el más sabio maestro.

A la tierra en que nacimos y nos criamos llamamos patria, y a nuestros bienes llamamos patrimonio, nombres que derivamos de aquél conque designamos al autor de nuestros días. Denominación de tanto valimiento la vinculamos a cosas que tocan de cerca a lo mejor de nuestras vivencias, que nos ponen a salvo de la miseria. Es una manera indirecta de honrar al progenitor, un justo reconocimiento de su previsión y amor.

Nada de lo que poseemos nos ha sido dado al azar. En cada bien que recibimos se halla imbíbita la obligación de fortalecerlo, de mantenerlo íntegro, sin quiebra ni desmedro, para legarlo a quienes nos sucedan, porque de tales bienes somos meros depositarios, no dueños plenos, simples usufructuarios de por vida, sin derecho a consumir o abusar del depósito.

Una doctrina absurda proclama que los hijos están libres de obligaciones para con sus padres, por cuanto ellos les trajeron al mundo sin su previo consentimiento. Esa es una tesis materialista que ataca a la sociedad en sus fundamentos, que pretende cambiar las relaciones familiares originadas en leyes divinas, escritas en el libro de la naturaleza y convertirlas en reglas contractuales, nacidas de un materialismo egoísta, despreciable y estéril, rayano en el crimen. Los vínculos de familia no están sujetos a cambios circunstanciales; el amor entre padres e hijos no admite discusiones ni reservas, ni puede ser alterado por razones de interés económico o capricho pasajero.

En mayo dedicamos un día a reverenciar a las madres, admirables mujeres, sacerdotisas del hogar, que supieron mantener encendida la votiva lámpara de la unidad familiar. Tócanos hoy rendir igual culto a los padres, porque de ambos traemos causa, porque ellos formaron nuestro carácter con lo mejor de sus enseñanzas. ¡Benditas fechas, en que dominando el orgullo y humillando la arrogancia, nos postramos reverentes ante los que nos dieron vida, y les ofrendamos la más pura de nuestras oraciones!

Si algún impío, atraído por malsanas propagandas, hiciera burla y escarnio de estas nobles tradiciones, será nuestro deber llamarle al orden diciéndole: Impetuosa criatura, que apresurada escalas la empinada cuesta del futuro, observa que por la opuesta vertiente baja a pasos lentos, un anciano que va terminando su jornada. De él aprendiste cosas útiles, sus consejos alumbraron tu camino, sus celosos cuidados te hicieron fuerte, su generosidad te prodigó venturas, su previsión aseguró tu porvenir, su lealtad y esfuerzos continuados te allanaron los caminos del éxito. El heredó de sus padres muchos valores que te transmitió por la sangre y por la educación: ¡Respétale y ámale!

Viaje a Utopía

> «*La única y auténtica felicidad reside en la comprensión del sentido de la vida*».
> (***Antón Chejov***. «*La Sala Número Seis*»)

La felicidad es un concepto, no un hecho, no algo que está fuera de nosotros; aunque lo externo influya en nuestro Animo, su influencia constituye sólo un estimulo, aguijón, espuela, cuyo poder sería intrascendente, si no existiera la íntima predisposición a reaccionar, en forma determinada, frente a las circunstancias. La felicidad, el dolor, la angustia y el temor, difieren de sujeto a sujeto; lo que es banal para unos resulta de capital importancia para otros; muchas veces, después de haber rechazado el intento de renovar valores espirituales perdidos, un incidente baladí, un suceso insignificante, aflora en nuestra conciencia manantiales purísimos, que la pena ahogadora ocultaba.

Mis hijos fallan en el intento de sacarme del aislamiento, al que me acojo como al más saludable refugio. Son jóvenes, no han tenido tiempo para leer a Miguel Angel Buonarroti en su soneto a Vittoria Colonna: «¿Cómo encender un leño que ya ha ardido?» El joven aspira a un mañana, el viejo se aferra al ayer. En su noble propósito inventan una fórmula mágica: Un viaje a Utopía; quieren llevarme a la residencia temporal de mi hija menor, para celebrar el duodécimo aniversario de mi nieta mayor, reactualizando escenas añejas, cuando compartíamos felizmente análogas fechas. La tentación era fuerte, pero más lo era mi resistencia. Empecé a fabricarme dificultades: el viaje es largo, consume seis horas entre ida y vuelta, el calor insoportable, podía afectar a mi precaria salud. Este argumento fue derrotado, el automóvil tiene aire acondicionado en buen funcionamiento. Alegué la necesidad de comprar algunos obsequios para los netezuelos; a regañadientes aceptaron la objeción. Enumeré los artículos que necesitaba: Un balón grande para el más chico de los nenes, un bizcocho de diez libras para la festejada, frutas variadas para mitigar la sed en un día tan caliente, un buen Oporto legitimo, no californiano ni neoyorquino, salami, jamón, pavo, quesos en abundancia. En tono displicente alguien me increpa: «¿Pero usted cree que sus hijos no tienen alguna comida que ofrecernos?» Me hago el sordo y mantengo el propósito. Si quieren llevarme tienen que aceptar mis decisiones, no es cosa de saber lo que otros harán, sino de hacer lo que yo quiero, provocar en los niños esa alegría sana, ingenua, al recibir agradables sorpresas. «Maña vieja no es resabio». Me había pasado la vida dando y no renunciaba por que la vida se me hubiera hecho corta.

Satisfechas mis pretensiones emprendimos la marcha. Buena la carretera, ligero el tránsito, el aire acondicionado trabajando a todo dar, mis acompañantes silenciosos, y yo soñando con la llegada. Al cabo de tres horas pasamos un largo puente y caímos en una isla situada frente a Fort Pierce: una selva rodeada de arenales, el mar como un espejo donde las nubes coqueteaban, y a poca altura, semejando una escuadrilla de aviones, una bandada de pelícanos volaba en formación para posarse en la crestería del oleaje, en posición marcial, presentando armas.

Un tortuoso sendero, bordeado de adelfas y bougainvilles florecidos, nos condujo hasta el hogar de mi hija María que, con su esposo e hijos, nos aguardaba a la puerta. Besos, saludos, cariñosos reproches por el cargamento de regalos, saltos y risas y exclamaciones de los muchachos y un pobre viejo que sonreía satisfecho por la acogida y el término de un viaje que se imaginara largo y tedioso.

La playa inmediata invitaba al baño refrescante en aquel mar que hablaba de infinito, a disfrutar del aire saturado de sales yodadas, del ardiente sol, que tal vez aliviaría nuestra artritis, esa ingrata compañera de la edad provecta, presente infernal de un dios maléfico y burlón. Los mayores se agruparon a un lado comentando incidentes cotidianos; escapándome hacia el agua con los nietos, llevando de la mano a los más pequeños y la vista sobre los mayorcitos, impidiéndoles nadar en zonas de peligro, ganándome la resistencia de todos, las protestas unánimes, los vapuleos por liberarse de mis garras y nadar libremente, sin sujeciones inaceptables Por encima de la infantil algarabía se escuchaba la palabra de mi yerno, que describía las reacciones de sus hijos, y afirmaba que el más pequeño, Víctor Manuel, ostentaba el nombre y los defectos de sus dos abuelos, que eran impacientes y malgeniosos, hacía resaltar la obstinación, vehemencia e impetuosidad del niño, a quien había que prestar inmediata atención cuando pedía algo, porque de lo contrario gritaba como un desesperado y se daba cabezazos contra las paredes o el suelo; yo saqué la cara por mi consuegro y por mí, asegurando que no eran defectos sino virtudes, porque en la pelea de perros rabiosos que es la vida hay que morder, o al menos enseñar amenazadoramente los dientes.

Cada uno de mis nietos tiene su personalidad bien definida: María Victoria, que hoy cumple doce años, se distingue por su dulce seriedad, su afición a las ciencias; desde muy chica puso interés en los viajes espaciales, quería ser astronauta, y me hacía recorrer las librerías en busca de libros, revistas y periódicos con informaciones sobre el tema. Su fuerte está en las matemáticas y el deporte, sin que por ello descuide la maternal preocupación por su más joven hermano, al que soporta incontables travesuras. Eduardito, cinco años menor, es el segundo de la tribu, inteligentísimo, brillante conversador, de asombrosa elocuencia; podrá ser un eminente abogado, gran orador, o notable pintor; nada escapa a su poder de observación, exacto en la descripción de lugares y aconteceres; cuando no le permiten hablar toma sus crayolas, pinceles, lápices y pergaminos, abismándose en pintar cuanto ve o se imagina. Para estimularlo celebro alguna de sus producciones, lo comparo con Picasso, recibo y guardo celosamente sus incipientes creaciones. Las dos nietas que me acompañaron en el viaje tienen sus características muy marcadas: Rosa Leonor la mayorcita, de clara inteligencia y precoz madurez, es también deportista, hace mil maromas, domina varios ejercicios, da vueltas de carnero, se para de cabeza, y sabe imponerse con un carácter autoritario que la convierte en guía y directora de los eventos en que participa, responde con precisión y formula juicios acertados. Vivian, la más pequeña, es la mascota del conjunto, llena de gracia, muy femenina, peine y cepillo en mano arregla sus cabellos, se mira y remira en un espejo y adopta poses de conquistadora; una sonrisa perenne realza su indiscutible atracción. En esta reseña de apasionado abuelo no entra el primer nieto, otro Víctor Manuel de quince años, el más viejo de todos y el más serio también, que excusó acompañarnos por compromisos previos; pronto entrará en estudios universitarios, es un hombrecito que empieza a gallear, tiene sus admiradoras y busca la cercanía de sus contemporáneos.

Mirando a los que estamos y pensando en los que faltan, la débil llama de la fingida alegría vacila. Prisionero de los recuerdos, me vuelve a la realidad la voz de Eduardito, que para librarse de mi vigilancia usa sus habilidades de abogado en cierne: «Abuelo, lléname este saco de conchas mientras nado un poquito», y me extiende una bolsa de nylon que empiezo a llenar alejándome lentamente por la casi desierta playa, escogiendo las conchas más perfectas y algunas piedras primorosamente esculpidas por las olas en su continuo vaivén. Después, en la casa, comienzo la tarea de explicar las supuestas esculturas, que atribuyo a los indígenas; interpreto las figuras a través de mis lecturas y vivencias, y cuando llego a una imaginaria Venus de Milo, disfruto la observación de Eduardito: «Abuelo, esa Venus no tiene brazos, quizás olvidó hacerlos el escultor o se les perdieron en el camino». Me divierte esa ocurrencia, disipo un tanto mis melancolías, y retorno de un pasado remoto, perdido en los afanes de lejanas contiendas.

Llega la hora del regreso a Miami. Cansados transitamos por otros caminos menos concurridos; las niñas y mi valerosa nuera Rosita duermen; mi hijo Angel, empuñando el timón con maestría conduce el carro; mi hija Alicita, vencida por la fatiga, dormita a mi lado. El trayecto silencioso invita a meditar. Los recuerdos golpean la mente. El ayer se hace presente. Escuchamos el timbre del teléfono, oímos la voz, velada por la emoción, de nuestra inolvidable compañera, notificándonos en un amanecer, doce años atrás, el nacimiento de la niña que hoy es una señorita, colmada de gracia y de bondad, y escribimos rápidamente esta estrofa:

Con luces de la alborada
encendiste esta mañana
el ocaso de mi vida.
Al celebrar tu llegada,
ruego a Dios, nieta querida,
alumbre con sus destellos
el camino de tu vida!

A mi nieta María Victoria Febles

Te esperábamos. Tenías que llegar. Vendrías como un presente de Dios. Serías la primera nieta, la hija de María y Eduardo, amados hijos nuestros. Tu llanto, como una campana que llama a gloria, hizo latir fuertemente los corazones de padres y abuelos. La espera no fue inútil, porque llenaste de luz aquella mañana de tu nacimiento, hace hoy quince años.

Nos parece escuchar tus protestas y demandas, cuando tu excelente mamá te requería el retorno al hogar, después de una breve temporada con nosotros: «Mami, déjame un diíta más con mis abuelos», y ver frustrados tus deseos ante la férrea decisión de ella.

Te recordamos cuando organizabas un colegio y tomabas como alumnos a tu abuelita Alicia, a tu adorada Tata y al que te escribe, y nos hacías marchar, repetir lecciones, hacer cuentos, sufrir penitencias y recibir premios fantásticos, frutos de tu portentosa imaginación. ¿Recuerdas aquella hermanita que inventaste, que la bautizaste María Luisa, con la que entablabas charlas extensas, la hacías partícipe de tus juegos y la presentabas a tus amiguitas? Siempre tuviste la firme convicción de que tus sueños correspondían a una realidad indiscutible, y te empeñabas, en que los demás vieran objetos y personas que solamente eran creaciones de una mente soñadora.

Hay en ti una corriente de maternal ternura que vierte su caudal en el impetuoso río de las investigaciones científicas. Nacida en la era atómica, los avances tecnológicos apresaron tu atención. El primer alunizaje te fascinó, quisiste viajar a la Luna, a Marte, a Venus, y afirmabas, con ingenua seguridad, que serías astronauta. Esa aspiración a recorrer los espacios siderales la hiciste compatible con la protección y cuidado que prestabas a los perros y gatos abandonados por sus dueños, quizás, porque quisieras poblar mundos ignotos con los animales, objetos de tu caritativa atención.

Nos agradaba estimular tus aspiraciones. Tan pronto dominaste la lectura te obsequiamos literatura sobre ellas. Nunca olvidaremos la expresión de alegría que iluminó tu carita, cuando te llevamos una revista en la que aparecía el retrato de la primera mujer que recorrió el espacio, porque confirmaba tus augurios de que «las mujeres serían astronautas». Te decíamos que cuando surcaras, el firmamento nos encontrarías prendido de alguna nube, o convertido en minúsculo grano de arena, visible a la luz de rutilantes estrellas.

El tiempo y la distancia han puesto su medida entre nosotros, pero te recordamos con el amor de siempre, te acompañamos con el pensamiento en fecha tan señalada. Puedes estar segura de que tus santas abuelas te bendicen hoy desde el reino de los buenos, adonde el Señor las llamó en premio a sus virtudes. Ellas abogan ante El, para que te proteja y guíe, para que colme de paz el camino de tu vida.

Con mesura impropia de tus años has rehusado una fiesta grande, dando una prueba de modestia que nos llena de orgullo. Celebramos tu decisión, porque ciertas festividades exigen la intimidad familiar y el calor de un reducido número de amigos. El resto sobra, altera los nervios y hace que te crean vanidosa, lo cual pondría una gota de amargura en tu fiesta. La sencillez y la humildad deben acompañarte en todo momento. Jamás abandones la dulzura y serenidad que te engalanan, porque ellas son la base de sosegada existencia. El que reparte mieles cosecha mieles; el que permanece sereno ante los conflictos triunfa sobre ellos. Te queremos triunfadora, pero mejor aún comedida, discreta, prudente y conforme, para que disfrutes de paz y alegría. Ni envidiosa ni envidiada: ese debe ser tu lema, tu máxima aspiración.

Has sido una diligente madrecita para tus hermanos menores. Todavía juegas con ellos a la escuelita, les explicas problemas matemáticos, frases escogidas, preceptos morales; como una experta pedagoga les concedes recesos, les preparas refrescos, les haces entonar cánticos escolares y religiosos, practicando la teoría de que «se debe enseñar deleitando».

¡Qué Dios te guarde, nieta querida! ¡Qué perdure el equilibrio de la inteligencia conque El te dotó, para que sigas disipando dudas, eliminando ignorancias, protegiendo indefensos, fabricando ilusiones! ¡Qué mañana, cuando los años dejen sobre ti su implacable huella, puedas conservar la frescura espiritual de la juventud, que te permita aceptar cristianamente las decisiones del Creador y el reconocimiento de las almas agradecidas!

Un aguinaldo de incalculable valor

La familia, como el árbol de ancha copa para el viajero fatigado, es un refugio al que nos acogemos para recuperar fuerzas perdidas en las luchas por la subsistencia. Al regreso de la cotidiana labor, tras batallar con diversos problemas, eludir asechanzas y peligros, tratar de hacerse entender por los que cierran los oídos a justas advertencias, el hogar nos parece la antesala del cielo; en cada rincón hallamos algo que nos atrae y retiene dulcemente, que nos hace llevadera la pesada carga de la vida. Pero el encanto hogareño resultaría incompleto si no existieran los nietos, que nos llegan cuando ya hemos rendido la parte más difícil de la jornada, entregados a la conquista, del porvenir, ese sujeto que el genio de Homero situaba dormido en las rodillas de los dioses. En ese empeño hemos consumido la juventud y la madurez, sin casi ver a nuestros hijos, porque ellos partían hacia la escuela mientras nosotros dormíamos el cansancio de la tarea del día anterior y cobrábamos fuerza para la del siguiente. No es que desatendiéramos las obligaciones que la paternidad impone, sino que cumplirlas plenamente absorbía nuestra atención y consumía nuestro tiempo. Los nietos llegan cuando las apetencias, compromisos y aspiraciones han disminuido o desaparecido; ellos vienen a sustituir imperiosas necesidades del cuerpo y del espíritu, y hacia ellos derivan nuestros más caros intereses; porque tenemos capacidad suficiente para comprender, perdonar y aconsejar, sin ser sabios ni santos, sino simplemente poseedores de un caudal de experiencia, que nos permite interpretar correctamente las reacciones de la nueva generación con la cual hemos de bregar. Los nietos arriban al mundo cuando los abuelos preparan la ineludible partida, el tiempo les ha hecho razonables, y pretenden dejar a sus tiernos sucesores el mejor de los recuerdos.

En estas Navidades hemos recibido un preciado regalo de una candorosa nieta que ostenta el dulce nombre de María, que es también el de la madre, nuestra admirada y querida hija, y se apellida Febles, por su excelente padre. El presente nos fue dejado sorpresivamente, en un pequeño sobre deslizado sutilmente en un bolsillo del saco; cuando lo abrimos emocionado encontramos el cándido poema que a continuación transcribimos:

«Mi Abuelo Es»

«El señor de manos laboriosas,
manos que escriben las hazañas
de los sencillos y la verdad.
El señor de mirada suave,
de ojos que ven lo oculto
y revelan su inteligencia,
buen juicio y preocupación
por la humanidad.
El señor de corazón tierno.
Corazón que le da hospedaje
a todos, y en el cual este
buen hombre le da acogida
a grandes y pequeños,
en humana igualdad»

¡Gracias, adorada nieta, por tu infinita bondad! Tus palabras han calado profundamente nuestra sensibilidad, y nos apresuramos a colocar ese obsequio sublime a los pies del Señor por los dones que nos ha otorgado, entre los que te destacas tú. Sigue, niña gentil, derramando ternura sobre los que te rodean, perseverando en el empeño de cultivar tu mente, para que la cultura te permita ser cada día más útil a la humanidad. A Dios hemos pedido, en el amanecer dichoso de tu llegada al mundo que la luz de esa amanecida alumbrara eternamente el sendero de tu vida. Ahora, en nuestra senectud, que tu adornas con bellas pinceladas, rogamos al Creador que nos permita ser fieles al retrato que tu amor filial nos hace, para que conserves intacto el recuerdo de tu abuelo, aunque sean menores los atributos que tu candor le añaden. Guarda, en el relicario puro de tu corazón, la añoranza de estas festividades religiosas, en señal de profunda fe y como guía de tus actividades futuras. ¡Qué la paz del Señor sea contigo ahora y siempre! Estas palabras y nuestra bendición son también nuestro regalo navideño para ti.

El Señor ha venido hacia ti

A mi nieta Vivian Vega, en su primera comunión

> «*Bienaventurados, los de limpio corazón, porque ellos verán a Dios*».
> **San Mateo**. *Bienaventuranzas. 5-8.*

Cuando te vi en el templo, en alba vestimenta, desfilando reverente hacia el altar, para recibir por vez primera la Sagrada Forma, se humedecieron mis cansados ojos, y un mundo de recuerdos se agolpó en mi mente; porque no sólo eres mi nieta, sangre de mi sangre, sino porque estás perennemente unida a mis alegrías y pesares de modo inseparable. Allí, entre cánticos y rezos en que se proclamaba la excelsitud del señor y se nos prometía un «mundo en el que siempre brilla el sol», me propuse escribir algo en conmemoración de este ocho de Mayo de 1982, especie de regalo y guía para tu vida.

Los años limitan mi capacidad creadora y he de recurrir a lo que dije a tu hermana Rosa Leonor, en análoga ocasión, cediendo al deseo de mantenerlas igualadas en mis devociones, cuidados y atenciones, como lo están en el fraternal amor que se profesan: La vida humana necesita una razón de ser, un ámbito espiritual que llenar, un sentido que la colme, un motivo que la impulse. Los objetos materiales que nos rodean, despiertan nuestras apetencias y mueven nuestras ambiciones, carecen de valor permanente, son esencialmente variables y perecederos, nos sacian, fatigan, aburren, y acabamos condenándolos a la indiferencia y al olvido.

La obtención de bienes transitorios no revela sabiduría en quien los posee, porque ella sólo se encuentra en conformarnos con perderlos. El deseo de lograr algo es señal de vitalidad, pero la aceptación de que no siempre lo conseguiremos y en cualquier momento lo perderemos, da a nuestra vida una nueva dimensión. El esfuerzo rendido tras una aspiración frustrada no debe producirnos amargura, sino estímulo para concebir nuevos propósitos. Ajustar nuestras pretensiones a las propias capacidades y limitaciones desarrolla una posibilidad de triunfo insospechable.

Aprovecha el Sacramento recibido para añadirlo como valioso ingrediente a tu vivir. Has recibido la Eucaristía con la humilde afirmación de que «no eres digna de una visita revestida de tanta majestad»; esa expresión constituye un reconocimiento de tu pequeñez ante la infinita grandeza del Creador.

En adelante tu conducta estará normada por un superior respeto a la alta jerarquía del huésped, que ha llegado hasta ti por senderos de piedad, para subsistir en ti de modo íntegro. En el recuerdo del acto en que reverente, postrada el alma, recibiste el sagrado pan de redención, encontrarás siempre consuelo en las tribulaciones, fortaleza en las tareas que te aguardan. Has consumado tu desposorio con la fe a través de uno de los más nobles sacramentos de nuestra Santa Iglesia, sabia rectora de tu conciencia; y puedes estar segura de que en la fidelidad a ella, a sus dogmas y preceptos, hallarás refugio contra las inclemencias que te amenacen, escudo para detener ataques enemigos, bálsamo mitigador de pesares, eficaz impulso para triunfar en tus honestos propósitos.

La vida no será fácil para ti, como no lo ha sido para tus predecesores. Todos venimos al mundo con una labor a realizar. Formamos parte de un ejército que no permite deserciones, no tolera veleidades, no consiente desviaciones, no excusa perezas ni desganos. Desde la cuna hasta más allá de la vida terrenal un jefe omnipotente nos vigila, lleva cuenta de nuestra labor y su rendimiento. En cada jornada exige nuestro máximo esfuerzo y lo mejor de nuestra inteligencia creadora. Mucho has recibido de ese gran patrón, y esto te convierte en su eterna deudora; afanosa por cumplir la obligación contraída.

Ahora marchas por la senda escogida hacia el Padre Eterno, llevada de la mano por Jesús, único embajador capaz de conducirte hasta El; porque Cristo es no sólo el camino, la verdad y la vida, sino fuente inagotable de esperanza, manantial de fe, infinito mundo de amor. El sacramento que has recibido simboliza el sacrificio del Nazareno por redimirnos del pecado, y es también un resumen de la vida humana, en que las aclamaciones por el triunfo van seguidas por las murmuraciones de los malvados, la negación de los tímidos, la burla de los insensatos, hasta desembocar en la crucifixión. ¡Cuando ese final se acerque, recuerda, para tu resignación y consuelo, que el hijo de Dios aceptó padecer y morir en esa forma, hace casi dos mil años, por redimirnos, y que aún muere cada día, por nosotros y para nosotros, en el incesante decursar del tiempo.

A mi nieta Rosa Leonor Vega en su onomástico

Acabas de cumplir, nieta adorada, los quince años. Para los que tuvimos la suerte de recibirte aquel 28 de julio de 1971 eras una promesa y una esperanza, que nos colmarías de felicidad y nos rodearías de amor y paz, como efectivamente lo has hecho. ¡Loado sea el Señor que nos ha enviado tan bello presente!

Arribar a la edad que ahora ostentas, ungida por la Gracia de Dios y mimada por unos padres admirables, cariñosos abuelos, tíos y primos que te admiran y protegen, disfrutando de buena salud, augura un porvenir halagüeño, sin mayores dificultades ni tropiezos. Esos bienes te han sido otorgados por decisión Divina, y es precisamente al Supremo Hacedor a quien debes eterno agradecimiento; porque de todo lo que poseemos somos deudores a El, que nos dio la vida, trazó nuestro camino y vigiló nuestros pasos en la tierra. Cúmplele correctamente, jamás le seas infiel.

Has salido de la infancia y otros intereses vienen a sumarse a los que antes atrajeron tu atención. Ahora te verás atareada en estudios superiores, que demandarán superiores esfuerzos. También te cercarán conflictos nuevos a los que deberás enfrentarte con valor y serenidad. Sacudida por opuestas emociones necesitarás de consejos prudentes y expertos guías. Cuando ese momento llegue acude en primer lugar a Dios, fuente de toda sabiduría; en segundo lugar a tus padres y abuelos, que, por la experiencia que los años prestan, puede ayudarte exitosamente. Con esa cooperación evitarás errores y la vida te será más llevadera. Pero busca en ti misma la explicación de tus confusiones, porque el Supremo Hacedor ha puesto en todas sus criaturas una chispa de sabiduría que alumbra las soluciones necesarias, y solamente los soberbios y los renegados son incapaces de hallarlas.

No te empeñes, nieta querida, en hacer caminos fáciles de retorcidas y empinadas cuestas. Si escoges mal tendrás que pagar en fatigas y angustias la equivocación, sin que puedas culpar a los demás de tus propios errores. Cuando algo se nos opone injustamente y nuestras fuerzas flaquean, sólo nos queda un recurso que oponerle: «a mayor fuerza mayor resistencia». Quien resiste siempre vence.

Tú, linda nieta, vas madurando temprano. En tan corta edad tratas de auxiliar a tu inteligente y laboriosa mamá en sus tareas profesionales, incorporándote a sus desvelos de abogada en ejercicio, identificándote con la noble profesión de la abogacía. Aplaudimos tu gesto. Hay un refrán pedagógico que dice: «Mejor que lo que se oye se aprende lo que se ve, y mejor aún lo que se hace». Muy pronto se manifiesta tu selección, pero si algún día se desvaneciera el interés por una carrera que abarca la vida humana, desde el seno materno al sepulcro, no vaciles en dirigir tus actividades hacia otros objetivos, porque no se puede servir eficientemente un oficio o profesión que nos desagrada.

Antiguamente la mujer estaba recluida en su casa, consagrada a los quehaceres domésticos, hasta las oficinas públicas les estaban vedadas. Hoy se ha liberado de esas cohibiciones y está equiparada al hombre para toda clase de trabajo. El Derecho, la Filosofía, Medicina, Ingeniería, Arquitectura, Pedagogía, Agricultura, hasta los cuerpos para extinción de incendios y la policía de seguridad, son campos abiertos a disposición de las mujeres, que han demostrado la misma eficiencia que el hombre en su desempeño.

Hay un sector de la vida que nunca debes olvidar: el mundo de los sentimientos, de la moral y del espíritu. Recuerda siempre, Rosa Leonor, que los seres que te rodean son humanos como tú, hermanos tuyos en Jesucristo, que merecen respeto, ayuda y protección. Cuanto más ignorantes o inválidos sean más empeño deberás poner en levantarlos de la postración en que se hallen, de aliviar sus miserias, de consolar sus aflicciones, si es que realmente queremos cumplir el mandato de Jesús de Nazaret, que ofrendó su vida por nuestra redención. ¡Qué Dios te bendiga y proteja siempre!

Tu abuelo Víctor.
Miami, Fla. Julio 28 - 1986

A mi Nieto Víctor Manuel, en su graduación universitaria

> «*Trabaja, joven, sin cesar trabaja,*
> *la honrada frente que en sudor se moja*
> *jamás ante otra frente se sonroja,*
> *ni se rinde servil a quien la ultraja».*
> **Elías Calixto Pompa.** «*Trabaja*»

El 28 de Abril del presente año, en el Centro de Convenciones de Miami Beach, ante una desbordante concurrencia, se llevó a cabo la imponente ceremonia de colación de grados a más de tres mil graduandos. Fuiste uno de ellos. El acto, regido por la sabia mesura del Dr. Modesto A. Maidique, que hoy preside, con singular acierto, la Universidad Internacional de la Florida, nos emocionó profundamente. Eras el primer nieto nuestro en vestir la toga, y el amor de abuelo subordinaba su justa alegría a la inquietud por el futuro que te aguarda. Sin más fortuna que una vida de trabajo y una familia bien llevada, en la que cada uno de los componentes ha puesto generoso empeño en agregar una nota de euforia a nuestra ajetreada vida de exiliado, sin recursos económicos que nos permitan ofrecerte un regalo de acuerdo con tus merecimientos como hijo obediente, nieto respetuoso y estudiante aventajado, acudimos al mundo de los recuerdos y experiencias vividas, para hacerte llegar un manojo de consejos.

En primer término debemos advertirte que el grado conferido no es la culminación de una carrera, sino el comienzo de ella, porque en el aspecto netamente académico te quedan dos estaciones por recorrer: la Maestría y el Doctorado; Si realmente quieres destacarte en la profesión que has escogido debes continuar tus estudios hasta alcanzar esas metas. Pero aún no es suficiente, porque «la vida es breve y el arte es largo», según certera frase de Goethe en su famosa obra Fausto. Por mucho que se corra tras la conquista del saber jamás triunfaremos plenamente. El premio al esfuerzo realizado lo hallarás en tu fe en Dios, en las palabras de Cristo, en la inteligente comprensión de los puntos de vista ajenos, aunque no los compartas, y tu capacidad para perdonar agravios, aunque no los olvides. Ten siempre presente las palabras de Fra Luca Pacciolo: «Los sabios y los santos no persiguen ni odian, los sabios porque comprenden, los santos porque perdonan».

Ahora comienza la verdadera labor y se amplía tu sentido de responsabilidad. Si trabajas por cuenta de otro debes ser puntual en el desempeño de tus obligaciones. Si laboras por tu cuenta será mayor tu responsabilidad, porque en el negocio propio hay que estar pendiente del rendimiento de los subordinados, que aprovecharán el descuido y la indiferencia del dueño para aumentar la holganza. El empleado debe estar presente en su tarea en el momento señalado y marcharse cuando la termine, sin regatear una prolongación discreta si fuere necesario; porque el trabajo es una bendición, saludable y provechosa, un mandato divino de insoslayable cumplimiento.

El hombre en función de servicio, sea señor que manda o peón que obedece, debe velar celosamente sus palabras, porque muchas empresas han fracasado por la indiscreción de los que las manejaron. Al buen callar llaman santo dice un viejo refrán. Callar cuando se debe no es sumisión ante el poderoso ni ruin cobardía, sino reconocer las propias limitaciones, respetar las buenas costumbres, comprender que no siempre la razón, la justicia y la verdad están de parte nuestra.

Como profesional debes saber que hay cartas que no se deben escribir y cartas que no se deben romper, porque escribir es escoger y hablar es dejar correr. Cuando la ira, la frustración, la inconformidad, las enfermedades, hagan presa de tu cuerpo y de tu ánimo, no debes escribir cartas comprometedoras ni romper las que hayas recibido, las primeras porque te obligarán a lo que no quieres, las segundas porque darán testimonio en tu favor para repeler injustos ataques o te servirán de recreo y calmante al leerlas en momentos difíciles.

La educación recibida y los títulos universitarios que obtengas no los utilices para el enriquecimiento personal, ellos han llegado a ti para su empleo en el servicio de la humanidad, y aunque algunos te digan que «la caridad bien entendida empieza por casa» no les pongas atención, el criterio de esos egoístas no puede prevalecer sobre la palabra de Jesús de Nazaret, que nos ordenó dar nuestra capa a nuestros semejantes y nuestros zapatos si fuera necesario. Las riquezas espirituales valen más y son más duraderas que las materiales, tiene un valor imprescriptible. El acaparar dinero es un disparate que ha crecido con su conversión en papel, siempre sujeto a cambio hasta desaparecer como valor real. Dios ha puesto en ti una chispa de su inmenso fuego, el resto debes buscarlo en los libros, maestros del hombre y reflejo permanente de la omnisciencia divina.

Para lograr la excelencia en tu trabajo no esperes del favor ajeno lo que debes confiar en tus fuerzas, si éstas te fallan busca el apoyo en Dios, que El te sacará adelante. Sólo El da algo por nada. El ser humano actúa confiando en la reciprocidad, base de toda prestación, según la vieja teoría romana de las obligaciones y contratos: Si algo pides algo debes dar.

Viste de acuerdo con la importancia del cargo que desempeñes. Recuerda el consejo de Don Quijote a Sancho Panza y síguelo al pie de la letra. Un magistrado, un gobernante, un administrador de banco, un miembro del ejército, por sólo citar algunos, pierde el respeto y rebaja su autoridad cuando viste desaliñadamente. Aunque se dice que «el hábito no hace al monje», lo cierto es que lo determina y singulariza.

Los medios de publicidad no debes desdeñarlos, porque ellos son voceros de la opinión y aspiraciones del pueblo y más de una vez han echado a rodar instituciones y personajes poderosos.

Tu especialización en finanzas exige de ti sobrehumanos esfuerzos en esta época colmada de conflictos y rápidos cambios. Las sensibles fluctuaciones del mercado de cambio, el déficit presupuestario, la enorme deuda exterior, exigen atención preferente, minucioso estudio, pero encierran un caudal de apreciables enseñanzas. ¡Dichoso el que pueda captarlas totalmente!

No olvides que a un banquero, administrador de bienes, jefe de empresa, le está prohibido jugar y beber licores. Para no caer en sospechas y habladurías debes abstenerte de ingerir bebidas alcohólicas y visitar bares y casas de juego. Quien maneja capitales debe estar a cubierto de dudas en cuanto a su honradez y probidad. Esas virtudes garantizan el éxito en la carrera que has elegido.

Muchos consejos quedan esperando en la máquina de escribir, pero hay que ceñirse al espacio que nos está reservado. Cerremos con una décima de «Las Tardes de la Granja», que encierra una gran lección: «Consulta tu entendimiento / para todas tus acciones, / mira que si no te expones / a un principio violento. / No hay más duro sentimiento / que el que se pudo evitar, / procura reflexionar / lo que puede suceder,/ que más vale precaver / que tener que lamentar».

Te bendice tu abuelo Víctor.

A un nieto amante del saber

> «*El hombre se siente aliviado y alegre cuando ha puesto el corazón en su trabajo y lo ha hecho lo mejor posible*».
> ***Ralph W. Emerson***. «*La Confianza en sí mismo*»

El triunfo del nieto constituye la alegría del abuelo, porque los nietos son dos veces hijos; en ellos encontramos la traza nuestra y nos sentimos renacer en ellos, a pesar de que el tiempo implacable nos deja la huella de lo vivido, revelando nuestra caducidad en una especie de supervivencia vicaria, consuelo de la senectud. Cuando el nieto se nos acerca confiándonos sus problemas, nos encuentra armados de la respuesta necesaria, heredada del bisabuelo que no conoció, pero que enriqueció nuestro saber al que poco hemos agregado. De esa lejana fuente nace la bondad, comprensión y amor que dedicamos a los hijos de nuestros hijos.

Hemos estado de fiesta con la llegada de nuestro nieto Eduardo Febles Vega, que ha venido de paso hacia Quebec, Canadá, para emplear sus vacaciones veraniegas en perfeccionar su francés y conocer tierras y gentes de otras latitudes. El tiene, desde su más tierna infancia, dos nobles ambiciones: ser escritor y hablar varios idiomas; ya que con quince años cumplidos, habla además del español e inglés, como nacido en Puerto Rico, de padres cubanos, medianamente francés y algo de italiano, estos últimos adquiridos de sus relaciones amistosas con personas procedentes de esos países.

En el «Country Day School», de St. Croix, U.S.V.I., donde ahora reside, ha obtenido este nieto, en el semestre último, los primeros premios por sus poemas «To You St. Croix» y «The Island», publicados en «Sea Whisper», Literary Magazine, edición de 1986-

87 y análogo premio en ciencias en «Phototropism v. Geotropism». Un abuelo apasionado puede equivocarse al juzgar los méritos del nieto, pero los honestos profesores están a cubierto de esos errores, y a continuación copiamos literalmente los informes de ellos: «To Eduardo Febles: Your enthusiasm for writing is commendable. Your many poems and short stories illustrate a drive to carry yourself beyond the classroom expectations and to experiment with writing in a creative vein. In addition, your self-challenge of writing and producing plays shows a willingness to experiment with various literary forms. Pursue this! Sincerely, Kenneth A. Van Buren, Creative Writing Club. - John S. Hatch, Jr. Dean of Upper School». Y el profesor de francés y el director del Liceo nos comunican lo siguiente: «Le 4 juin, 1987. Lettre de recommandation. Cette lettre de recommandation est donnée a Monsieur Eduardo Febles dans la reconnaissance de son travail exemplaire en classe de Français III. Son travail et ses efforts sont toujours marqués de son intérêt sincère à la langue française et à la quête de la science. Voici un élève pour qui les notes ne sont pas le but de ses travaux, mais plutôt la joie d'apprendre quelque chose de nouveau. Que, cette joie ne s'éteigne jamais. Voici un élève qui s'applique sérieusement à ses études, qui sait se poser des questions, et qui est toujours à la recherche de la réponse de ses questions. Soit que vous la trouviez, soit que *vous* ne la trouviez pas, il est toujours évident que vous trouverez la joie dans la recherche; Signé le 4 juin 1987».

Eduardo no sólo ha estudiado con entusiasmo y fe, sino que ha trabajado en sus horas libres para reunir el dinero necesario con que pagar los gastos de viaje y estudios que ahora emprende. Alcanzado su objetivo, se propone alcanzar otros, confiado en su capacidad de trabajo y facilidad de comprensión. El es, sin duda, un modelo de constancia y optimismo, sabe que «quien no espera vencer ya está vencido», y convierte sus posibilidades en realidades y éstas en obras perdurables. ¡Qué Dios le proteja! ¡Sus padres y abuelos lo bendicen!

Gracias, muchacho, en nombre de la humanidad atropellada

> *«La honra puede ser mancillada.*
> *La justicia puede ser vendida.*
> *Todo puede ser desgarrado.*
> *Pero la noción del bien flota*
> *sobre todo y no naufraga jamás».*
> ***José Martí.*** *«El presidio político en Cuba».*

El Día de los Padres recibimos un valioso regalo que nos enviaba un muchacho cubano de apenas catorce años de edad: Una carta, escrita en idioma inglés, dirigida al gobierno de China en la que protesta enérgicamente por la masacre de jóvenes estudiantes chinos, quienes reunidos en la plaza principal de la Capital de la nación, demandaban reformas, en lo que antiguamente se llamara «Celeste Imperio» y que la violencia desatada le habrá cambiado el nombre por el de «Infernal Nación». El generoso remitente, que aún no ha salido de la infancia, nos cree poseedor de los medios suficientes para hacer llegar su humanísimo y valiente mensaje a los señores que rigen la nación más poblada del orbe y una de las mayores en extensión territorial.

Jamás hemos visitado la Gran China, de la que, aparte nuestras lecturas, sólo teníamos noticias a través de pacíficos comerciantes de esa nacionalidad instalados en nuestro viejo Camagüey, y de los trabajadores de igual origen que desempeñaban difíciles tareas en los centrales Chaparra y Delicias, colosos azucareros de la municipalidad de Puerto Padre, Oriente, Cuba, donde ejercimos la profesión de Abogado durante diez años, desde 1923 hasta 1933. Anteriormente, cuando hacíamos nuestros estudios primarios tuvimos un anticipo de aquel misterioso país, al escuchar la charla que en lengua «cantonesa» sostenía Don Antonio Fuentes, un sabio y anciano profesor de español, viudo de una hija del Marqués de Santa Lucía, que había vivido exiliado en Hong Kong durante la guerra de liberación cubana de 1895, con los chinos dulceros que vendían su mercancía a los profesores y alumnos de la escuela número doce José Martí.

¿De qué manera podíamos complacer al gentil obsequiante y hacer llegar su mensaje a la persona a quien venía dirigido? Se nos ocurrió que tal vez dándole cabida en este espacio, que la bondad del Dr. Horacio Aguirre, Director del DIARIO LAS AMÉRICAS, nos presta, pudiéramos encontrar algún chino, heredero de la milenaria cultura de su país, que tradujera del inglés a su lengua nativa el citado trabajo y hacerlo llegar al destinatario. Y sin mayores preámbulos ofrecemos a nuestros lectores el texto de la carta que pasamos a copiar literalmente:

«To the Chinese Government

June 15, 1989

My name is Víctor Febles, I am 14 years old and live in St Croix. I may only be an 8th grader, but I am most disappointed and extremely angry at what is now happening in China. I have been watching the news and I am very shocked that the Chinese army is killing innocent civilians just because they want to live in a democratic world. The thing is that you, the controlling body of your country, is allowing the slaughtering of your people to continue. All these students and protestors just want a chance to live in a world where they will have freedom of the press, freedom of speech. They've seen what communism has done to their country and they don't like the result of it. They want a new democratic system where they can own things and have more freedom like the ones I've mentioned. It seems as if you aren't responding to their request and hopes but instead are destroying them. I am demanding that you stop the killing of your people and to listen to their request in a manner that will help the protestors. I always thought the government of a country tried the best the people needs, but not to receive them in the way you are. You aren't giving your people a chance to live how they want to live. I think that these Chinese protestors are very brave to risk their lives the way they are and I think you should respect that instead of abolishing it. I think that you should give the protestors hope, not only for them, but for their children.

    Yours truly,

    Víctor Manuel Febles

IV. OTROS TEMAS

Amor a la sabiduría

¡Cuántas ideas novedosas y profundas volcaba en su prosa inspirada y elegante!, ¡Cuántos conocimientos de historia, geografía, política y literatura exponía en sus conferencias, clases y discursos! Su memoria portentosa lo hacía guardar datos de su niñez, de la historia de su pueblo, de las hazañas y los mitos, de las ficciones y las historias verdaderas, que utilizaba para adornar sus narraciones.

Ese amor lo acercó al Ser Supremo, esencia inagotable del saber, y los tintes de cristianismo que matizaron muchos de sus artículos lo presentaron más humano y compasivo.

Compartió con todos su sabiduría y en ese compartir su bondad brilló con claridad y pureza.

«Víctor Vega, el bueno» (Ibid)

Los Premios del Recuerdo
Corresponde al ámbito nacional del Exilio,
a la sección Periodismo, al año de 1985

Bodas de Plata del Diario Las Américas

> *«La prensa no es aprobación bondadosa o ira insultante; es proposición, estudio, examen y consejo».*
>
> *José Martí*

Con plausible unanimidad, organismos públicos y privados, altas personalidades, modestos ciudadanos, especialmente la colonia latina, en la que se destaca por su número y acometividad el núcleo cubano, han acogido con fervoroso entusiasmo la decisión de la CAMACOL, de ofrecer un testimonio de admiración y gratitud a los doctores Francisco y Horacio Aguirre, con motivo de celebrarse el veinticinco aniversario de la fundación del «DIARIO LAS AMÉRICAS», haciendo extensivo ese homenaje al personal que labora en dicho periódico.

Veinticinco años representan una generación, significan la mayoría de edad, suponen capacidad para actuar a plenitud de derechos, madurez de juicio, acierto en el discernimiento, prudencia en la acción. «DIARIO LAS AMÉRICAS» surgió de la mente de sus fundadores mesurado y grave, como Palas del cerebro de Zeus, revestido de todas las galas que creemos se deben esencialmente al paso del tiempo. Desde su primera edición a la fecha, su norma ha sido discutir serenamente los problemas de actualidad, procurando convencer más que vencer; ha propuesto soluciones para variados conflictos, estudio de intrincados problemas, examen ponderado de cuestiones difíciles ha prodigado útiles consejos, hacederos, viables, sin perderse en disquisiciones comineras, sin presentar fórmulas ampulosas, que disuelven los mejores propósitos y oscurecen las más elevadas ideas. Una mirada a sus editoriales nos muestran la invariable línea de conducta seguida: siempre al servicio de los intereses generales, defendidos con clara exposición, sin exaltaciones, sin violencias, sin apelaciones al odio, al insulto, a la frase grosera o vulgar, en un constante esfuerzo por el triunfo de la democracia y el imperio de la libertad, donde quiera que hubieran sido conculcadas o corrieran el peligro de serlo.

Cinco lustros continuados sin una quiebra, sin una vacilación, sin plegarse a bastardos intereses ni a presiones inaceptables; esa es la historia del Diario, que ha rehuído la «aprobación bondadosa» utilizando en su lugar la crítica estimulante, constructiva, que obliga a la reflexión y al reconocimiento, logrando rectificaciones de errores señalados sin asperezas ni burlas hirientes y malsonantes.

Es fácil hablar de años cuando se cuentan por el calendario, pero es difícil y resultan largos, infinitamente largos, cuando decursan entre obstáculos y complejos problemas, en la dirección de una empresa de publicidad, nos vemos obligados a decir un rotundo No a solicitudes de amigos íntimos, a peticiones de soberbios encumbrados por la riqueza o el poder, al ingenuo despistado, que pretende intervenir, desde afuera, en la confección y orientación del medio de publicidad. Siempre fue penoso el alumbramiento y la perduración de un vehículo transmisor de las ideas; cada día lo es más, por el cúmulo de intereses que se mueven en la sociedad moderna. Contra los dueños de un periódico todo conspira: el aparato mecánico base de la producción, en transformación constante, donde la maquinaria está sujeta a mutaciones o cambios frecuentes, que hacen inoperante hoy lo que ayer parecía la última palabra de la impresión; la eficiente distribución, que suele verse estorbada por la irregularidad de los medios de transportación, y muchas veces por el estado del tiempo, que la impide con un torrente de lluvia, acompañada de vientos huracanados, truenos, rayos y frecuentes inundaciones que se suman y multiplican, haciendo inútil el esfuerzo, restando energías, anulando la división y hábil reparto de las tareas, convirtiendo en una labor ciclópea el buen funcionamiento de una empresa periodística.

Los directores, jefes de redacción, administradores, correctores de pruebas, emplanadores, repartidores de la prensa diaria y el resto del personal, lucen, a la vista del público, como seres privilegiados que gozan del aplauso general, disfrutan de poderosa influencia en el área adonde la producción alcanza, y todo en ellos es como en la Salve: «vida y dulzura y esperanza nuestra». Es un juicio liviano, que mira hacia el éxito aparente, que se encarama sobre una montaña de contratiempos, desazones, disgustos y amarguras, un oficio que casi siempre tiene por premio la ingratitud o el olvido.

Escribir es posible que lo haga cualquiera; con un modesto conocimiento de las reglas del idioma, sumado a un poco de imaginación y audacia, tal vez se pueda llenar el cometido. Pero fundar y mantener un periódico diario, que lleve un mensaje positivo a la humanidad, que rechace con valentía todo tipo de coacción, que defienda con fineza sus puntos de vista, es tarea de gigantes del espíritu, sacerdotes de la verdad, seres superiores, que no se limitan a publicar la última noticia, analizar los procesos económicos, profundizar en los conflictos políticos y sociales, sino que consumen lo mejor de sus fuerzas en servir al género humano, consolando al afligido, defendiendo al perseguido, abogando por el desposeído, encauzando a la sociedad por senderos de justicia y de paz.

Para realizar obra tan complicada se necesitan conocimientos amplios, hondo sentir, infinita generosidad, tacto y habilidad para escoger eficiente empleomanía, sentido de responsabilidad para sustituir, cuando las circunstancias lo demanden, lo bello frágil y pasajero por lo rudo permanente, en un manejo de valores, donde si no predomina el acierto prevalezca la buena fe y el honesto deseo de acertar.

En un medio en que proliferan los homenajes y sobran los homenajeados, no puede confundirse el que se proyecta con uno más, intrascendente y vacuo. El acuerdo de la CAMACOL, debidamente secundado por instituciones de prestigio y arraigo, que han contribuido brillantemente al desarrollo de nuestra comunidad, constituye un acto de justicia, de merecido reconocimiento, a los limpios y generosos servicios prestados a nuestra sociedad por los hermanos Aguirre y sus cercanos colaboradores.

    En nuestra condición de cubanos exiliados tenemos que reconocer el valioso aporte del «DIARIO LAS AMÉRICAS» a la defensa de nuestros ideales. En él hemos encontrado un generoso y decidido aliado, el portavoz de nuestras aspiraciones, necesidades y propósitos. En esa hermandad que los Aguirre han creado, hay un lugar de preferencia para los nativos de Cuba. Honrarlos es honrarnos, honrar a nuestra patria, exaltar nuestra tradición heroica. No han menester los Aguirre, para continuar la penosa jornada emprendida hace un cuarto de siglo, de estímulos ni halagos. Las decisiones sinceras se toman, como ellos las han tomado, sin buscar aplausos ni temer ataques. Somos nosotros, beneficiarios de esa actitud, quienes sentimos la necesidad de expresar nuestra invariable gratitud hacia ejemplares humanos que, nacidos bajo otros cielos, se han asociado a nuestras penas, nos han protegido con sus bondades, y han actuado y actúan mejor que muchos nacidos y criados en las orillas de nuestro Almendares.

Treinta y cinco años al servicio de nobles ideales

«Pluma, cuando considero
los agravios y mercedes
y todo el mal que tú puedes
causar en el mundo entero,
que un rasgo tuyo severo
puede matar a un tirano
y que otro, torpe o liviano,
manchar puede a un alma pura,
me estremezco de pavura
al alargarte la mano».
Abelardo López de Ayala

Ya es adulto el «DIARIO LAS AMÉRICAS» que como su nombre indica, trata de los problemas de la América toda y no de una parcela de ella. Su Director propietario, Doctor Horacio Aguirre, con el mismo denuedo con que defiende a Nicaragua, su patria nativa, rompe lanzas diariamente en incesante lucha por la liberación de los pueblos que sufren el oprobioso régimen comunista. Su bandera es la libertad, su estandarte la democracia, su escudo la verdad, su balanza la justicia. Ha consagrado su vida a exaltar los más caros valores espirituales. Las páginas de su periódico jamás se han manchado con la calumnia, la mentira, la excitación a la violencia o la crónica escandalosa. Casi un tercio de siglo en la tarea de mantener un periódico diario sin bajar la guardia en labor de gigante y Don Horacio lo es.

«DIARIO LAS AMÉRICAS» es una tribuna del buen juicio, una demostración de que se puede mantener un vehículo difusor de las mejores ideas y los principios más puros sin prebendas ni sinecuras, con la sola ayuda de leales suscriptores y anunciantes, el trabajo de un Director inteligente y un grupo de redactores, empleados y colaboradores eficientes.

Este final de siglo que nos ha tocado vivir está cargado de funestos presagios. El ingenio humano que ha desarrollado la tecnología que permite el trasplante exitoso de órganos del cuerpo, alargando la vida del hombre, ha creado también armas mortíferas, destructoras de esa misma vida. Abundan y crecen como hongos de primavera las fricciones entre pueblos cercanos en proporciones jamás soñadas que amenazan precipitarnos en una tercera guerra mundial en la que perecería la mayor parte de la humanidad. Ese holocausto hay que evitarlo a toda costa, en un esfuerzo que a todos compete realizar, porque pocos escaparán con vida en una nueva conflagración universal, si no somos capaces de moderar nuestros impulsos violentos, evitar choques funestos, innecesarios y altamente peligrosos.

El periódico, la radio y la televisión, como medios de información y propaganda, incumplirían la noble misión que les viene impuesta de prevenir a la vez que informar. Alentar las pasiones partidistas es ponerle fuego a un polvorín. Campañas desmesuradas e insensatas desataron las precedentes guerras mundiales; tratemos de que una actuación moderada nos libre de la tercera. «Para reñir nunca es tarde», reza un viejo refrán cargado de sabiduría. No fiemos a la violencia lo que la diplomacia concedería a menor costo.

En el «DIARIO LAS AMÉRICAS», desde su nacimiento el 4 de julio de 1953 hasta la fecha, la sabia y constante prédica del Director se ha encaminado al rescate de la juventud víctima de las drogas y el crimen. Estamos seguros de que la cosecha será abundante y de alta calidad; porque nadie nace malo ni quiere serlo; pero una educación mal dirigida en la que se hace la apología de la riqueza mal adquirida, y del desprecio al derecho ajeno y a los valores fundamentales de toda sociedad civilizada, conducen a las criaturas por malos caminos.

¡Larga vida conceda Dios a este «DIARIO LAS AMÉRICAS» y a los colegas que persigan análogos propósitos!

La adoración de los Reyes Magos

El mito, la leyenda, la tradición, la historia, nos envuelven en su regio manto, poniéndonos al abrigo de la ignorancia. Más que lo de mañana nos interesa lo que sucedió ayer. Cuando no podemos averiguarlo recurrimos a la imaginación, inventamos, en un afán de reconstrucción, auxiliados por nuestra fecunda mente y nuestra firme voluntad de saber; creamos o recreamos hechos adornándolos con primores de fantasía o deformándolos a impulsos de fobias perversas. Es una manera de impulsar la máquina del progreso, apoyados en algo que, aunque parezca irreal o endeble, ofrece consistencia, lo utilizamos como punto de partida para conquistar el futuro, emitir nuevos criterios, establecer teorías novedosas, marchar de frente al encuentro del éxito, en una batalla que se renueva cada día.

Es lástima que algunos espíritus, cegados por el materialismo destructor, nieguen validez a ciertas costumbres y creencias, arraigadas por siglos, especialmente a las que han servido y continúan sirviendo al encanto de la infancia. Nada hay menos atractivo que el niño con mentalidad de adulto, que se las da de experimentado porque una criatura de esta clase, por deslumbradora que sea su inteligencia, nos parece un fenómeno, un ente contrario a la naturaleza, un ser tempranamente caduco, a quien nada le queda por descubrir y poco por vivir. Los franceses conciben una división de la vida humana regulada por los patrones siguientes: «A la niñez corresponde la inquietud; a la nubilidad la vehemencia; a la virilidad la pasión; a la madurez la reflexión y a la vejez la serenidad»; cada una vinculada a una parte de nuestra anatomía, en ascensión de los pies a la cabeza. Cuando alguien deja incumplida una de esas etapas no se siente seguro, vive inconforme, sabe que le falta algo y procura obtenerlo, de ahí nuestro refrán popular: «Quien de joven no la corre a la vejez lo intenta», haciendo resaltar la frustración de lo que se hace a destiempo.

La vida reivindica su imperio y nos demanda con intereses de usura lo que le hemos negado. Solemos encontrarnos con personas cargadas de años, hartos de dignidades y prevalencias, que gastan sus horas libres en jugar con pequeños trenes eléctricos, haciéndolos pasar puentes en miniatura, atravesar túneles diminutos, arrastrados por locomotoras enanas que jadean y pitan al arribar a estaciones pigmeas: es la satisfacción extemporánea de un deseo reprimido, la posesión de algo que se apeteció de niño, y no se obtuvo ya por carencia de medios económicos para su adquisición, ya por la oposición de algún padre o tutor ahorrativo, severo, regañón, que se negó a la compra. Serios militares, sujetos a la disciplina, que no vacilan en sentarse ante un piano para arrancarle unas notas de oído, rasguear la guitarra o repiquetear un bongó, afirmando seriamente que son músicos por sobre todo. El gran político Churchill entretenía sus limitados ocios con el pincel, trasladando al lienzo los proyectos que no pudo desarrollar ante le consejo de ministros o en las conferencias internacionales.

La infancia tiene su mundo que no debemos violar; cada época de nuestra vida reclama con energía lo que le corresponde. Pretender que los niños abandonen la creencia en unos seres excepcionales de quienes habla la Biblia, reyes de países lejanos, venidos del Oriente hasta Belén, siguiendo la ruta trazada por una estrella, para adorar a un niño que era nada menos que hijo de Dios y Dios él mismo, es despojarlos de una bella concepción, aunque ésta se utilice a veces para normar el comportamiento de un muchacho inquieto, que no deja reposo a sus pies ni sosiego a sus padres o guardadores. Desviando a las criaturas de estas sanas doctrinas, sólo conseguiremos apartarlos de la reverencia que deben a sus progenitores; matar en brote su capacidad para admirar, fuente originaria de toda sabiduría; destruir el sentimiento de generosidad, tan necesario para el correcto desarrollo de la conducta humana. Es privar a la niñez del tesoro más preciado: la fe, que alumbra y guía, que dirige y conduce a puerto seguro.

En la primera década del presente siglo se avecindó en Camagüey un millonario canadiense, de origen irlandés, con ciudadanía estadounidense, llamado Mr. O'Connor el cual adquirió una gran hacienda en el barrio Sibanicú, junto al paradero de Hatuey, a la que dio el nombre de Virginia, donde edificó una hermosa residencia, rodeada de amplio jardín, en que el perfume de los naranjos rivalizaba con el de las rosas, claveles y magnolias.

Este hombre religioso practicante, celebraba el seis de Enero con una fiesta de reyes, que durante mucho tiempo constituyó un acontecimiento notable. De su peculio adquiría juguetes, caramelos, bombones y refrescos, para repartirlos entre los niños de las escuelas públicas, reunidos en una especie de recepción infantil que ofrecía en el Casino Campestre, después llamado Parque Gónzalo de Quesada, a la entrada del barrio de La Caridad. Los alumnos eran conducidos en tranvías eléctricos, con pasajes costeados por Mr. O'Connor, bajo el cuidado de los directores y maestros de los planteles. Cada niño era obsequiado con dos banderitas, una cubana y la otra americana, y un pasador con la insignia canadiense, para que el simbolismo fuera completo. Después de ingerir gaseosas y tutti-frutti, refrescos de la época, y hartarse de dulces y confituras, la muchachada retornaba al hogar, satisfecha y contenta, a esperar el año siguiente en que se repetiría la escena. La ciudad se llenaba de cantos escolares, promesas de estudios y buen comportamiento en el nuevo año escolar.

El tiempo, ese buen Señor que hace y deshace a su antojo, trastornó las relaciones humanas en nuestra tierra por motivos políticos. En Febrero de 1917 estalló la revolución conocida por «La Chambelona», nombre tomado de una canción popular que los revolucionarios adoptaron como himno, previo cambio de la letra. A Mr. O'Connor se le complicó en el movimiento, porque en su finca se habían refugiado algunos alzados al fracasar la sublevación, tratando de ampararse bajo el pabellón del país amigo. La imposibilidad de librar del procesamiento y la cárcel a sus protegidos, en su mayoría peones de la finca, afectó el carácter y la salud del excelente vecino. Los triunfadores le hicieron ostensible su antipatía, y la hostilidad de que lo rodearon le obligó a tomar medidas drásticas: vender su finca y marcharse a residir en otra que poseía en la vecina isla de Jamaica, a donde al poco tiempo le sorprendió la muerte.

La obra de Mr. O'Connor perduró. Masones, católicos y protestantes, tomaron a su cargo la tarea de proveer de juguetes a los niños pobres el día de Reyes de cada año; con menos recursos económicos, pero con el mismo, amor a la infancia e igual empeño en el mantenimiento de una tradición que arranca de los orígenes de nuestra católica religión.

Los que vivimos aquel período de nuestra historia local, no podemos olvidar aquellos ratos de sano esparcimiento, que inició aquel noble descendiente de Irlanda, sobrado de generosidad más que de dinero. Muchas amistades se anudaron en esos «pic-nics» de los días de reyes, cuando en los tranvías solíamos cantar:

«*Todo cuanto destruye la guerra*
«*nueva vida recobra en la paz.*
«*Del saber se franquean las puertas*
«*y es más dulce y más grato el vivir*».

Recordamos vivamente la vez en que dirigió los cánticos escolares una joven rubia, blanca, de ojos azules, que cuidaba a sus dos hijos con maternal cariño, dos angelotes que no llegarían a los cinco años, mientras luchaba en vano porque mantuviéramos el compás. Era una profesora de escuelas primarias, que más tarde estudió derecho, se graduó con honores, y se destacó en el foro como Abogada Fiscal durante catorce años. Su porte distinguido, su atrayente figura y magnetismo personal, exaltaron nuestro entusiasmo; quisimos premiarla con un clamoroso viva, inquirimos su nombre, y prorrumpimos en un «Viva Ángela Mariana Zaldívar!» que atronó el espacio, mientras ella, liberando una de sus manos, se despojó del sombrero de paja que cubría su blonda cabellera, lo agitó en el aire y respondió: ¡Qué vivan nuestros niños! ....

¡Eran otros modos, otras costumbres, otros actores.! ¡Qué Dios acoja a los que se fueron y nos dé paz y serenidad a los que aún quedamos!

Resurrección

> « ¡*Bienaventurados los que*
> *no vieron y creyeron*»
> *(Evangelio de San Juan. 20-29)*

La cena era pobre, escasa, los comensales tristes, el tiempo brumoso, a pesar de que finalizaba el primer mes primaveral. Una comida de duelo, porque los discípulos habían visto perecer a su maestro, crucificado por manos impías. En lo hondo de la conciencia les quemaban los reproches; porque cuando se pierde el ser amado, los amadores avientan sus recuerdos y se encuentran deudores por las faltas, desvíos, negaciones que, como gotas de hiel, dejaron caer en la copa del desaparecido, amargando su espíritu. Las más simples discrepancias se alzan como enormes delitos para acusarles. El manjar más exquisito actúa como veneno, ocluye la garganta, funciona como un largo y fuerte sollozo. Penosa es la existencia para los que sobreviven a un ser respetado y querido.

Terminaba el luctuoso convivio cuando apareció un viajero. Semejaba un ente irreal, una sombra fugaz, aunque era todo luz, un ser imaginario, un espíritu ultra terreno, y con voz suave, bien modulada dijo: «La paz sea con vosotros» y sentóse a la mesa.

Ninguno respondió al saludo, tan pasmados quedaron que, a pesar de lo mucho que antes le vieron, ahora no le reconocían. El recién llegado escuchaba preguntas no formuladas, que leía en los ceños plegados de asombro. Descorrió la cortina que ocultaba pasadas vivencias, aventó las tinieblas que envolvían la mente de sus elegidos, disipó sus dudas diciéndoles: «Mirad mis manos y mis pies, que yo mismo soy; palpad y ved; porque un espíritu no tiene carne ni huesos, como véis que yo tengo. Y diciendo esto les mostró las manos y los pies». (S.Lucas.24-39-40).

Ese es el prodigio que hoy conmemoramos. El cumplimiento de la promesa.

La resurrección de Cristo. Su venida a nosotros, para afirmar nuestra creencia en la perdurabilidad de la vida, para darnos la seguridad de que cada uno será medido por sus obras, y que la firme creencia en su Divinidad y en su labor redentora, nos limpiará de máculas, y nos franqueará la entrada en el inviolable reino de la eterna serenidad.

Este es día para llenar los templos y cantar la gloria de Cristo, sublime pescador de almas, mensajero de vida inacabable. Procuremos hacernos dignos de su gracia, en el conocimiento de que ella será premio de faena bien realizada, de trabajo pulcro, de labor honesta. Estemos seguros de que todo hay que conquistarlo a través de penas y fatigas, por el esfuerzo honrado, la lealtad sin quiebras, la fe sin vacilaciones.

Esa fe de que solemos alabarnos no ha menester comprobaciones. Sólo se piden pruebas de aquello que es objeto de nuestras dudas y la duda es símbolo de vacilación y debilidad. Las veleidades son fuentes de inquietudes, desazones y angustias. El que no espera otro testimonio que el de su propia conciencia, vive feliz en medio de todas las penalidades ... La desconfianza no será jamás mensajera de ventura y dicha, sino portadora de penas infinitas.

La resurrección de nuestro Redentor constituye una proclama de esperanza y amor. Por dos milenios se ha representado a nuestra vista, y no siempre la hemos honrado con devoción sincera. Unos se han cobijado bajo el manto de la buena doctrina, pero han practicado todo lo contrario de lo que ella encierra; otros han desdeñado sus enseñanzas, porque estorban a sus egoísmos y ligerezas. Pocos son los que no necesitan ver para creer, pero estos pocos, en medio de sus miserias, gozan de un sosiego y una calma de que los dubitantes carecen.

Algo más se desprende de estas conmemoraciones: la convicción de que somos los artífices de nuestra propia vida; que no debemos descargar nuestras deudas sobre nuestros semejantes, porque no son fiadores nuestros. El cristianismo que profesamos nos impone la obligación de actuar en la creencia, de que los seres humanos somos hermanos, hijos de un mismo Dios, y como tales buenos y justos, aunque a veces nos defrauden con sus desvíos, traiciones y malquerencias. El menos bueno tiene la oportunidad de arrepentirse de sus errores o maldades, de retomar el sendero del bien. Y si el Supremo Hacedor les otorga su perdón, nosotros también debemos concedérselo, siquiera sea en homenaje al que, por nuestro amor, ofrendó su vida, y sembró en el corazón de los humanos una chispa de esperanza y de fe.

El necesario mensaje

> «*También vosotros ahora tenéis tristezas; pero os volveré a ver y se gozará vuestro corazón y nadie os quitará vuestro gozo*».
> San Juan. Evangelio. 16-22

De las festividades cristianas ninguna es más hermosa que la Navidad. En ella celebramos el nacimiento del Salvador, y, aunque en ciertos aspectos ha sido permeada de paganía y mercantilismo, aún conserva el brillo del período inicial del cristianismo, porque contiene un mensaje de incalculable valor espiritual.

Es grato hacer patente el amor al semejante a través de algún regalo, pero no siempre estamos en condiciones económicas que nos permitan hacerlo, ni todos los que son personas de nuestra estimación necesitan demostraciones objetivas. Los que son felices y de nada carecen, experimentan satisfacción conque le ratifiquemos nuestros deseos por la perdurabilidad de su ventura y de que, en una fecha tan señalada, les recordemos con afecto. Es una bella costumbre y fórmula de cortesía que no debemos omitir. Un inefable gozo nos invade cuando, desde un lugar distante, nos llega una tarjeta, un telegrama, una llamada telefónica, en que se nos expresan los mejores deseos por nuestro bienestar.

Pero hay muchos individuos que en una prisión, en un hospital, en una silla de ruedas, en un rincón de su hogar o durmiendo a la intemperie, sin techo que les cobije ni pan que llevarse a la boca, espera la frase de piedad y de consuelo que jamás les llega. No siempre conocemos a los desamparados que arrastran sus miserias sin que nadie se preocupe por aliviárselas. Algunos han sido nuestros compañeros de andanzas juveniles, fueron nuestros aliados en la lucha por conquistar posiciones relevantes en la sociedad, la política o las finanzas, de sus esfuerzos hemos obtenido incalculables beneficios; pero a veces nos olvidamos de ellos atraídos por las diversiones y el necio afán de cazar alegrías fugaces, que no bien llegadas se han marchado para no volver.

Si registráramos nuestra memoria encontraríamos en ella, perdidos, ignorados, muchos nombres de individuos a quienes deberíamos enviarles el justo, el necesario mensaje, revelador de que están presentes en nuestro pensamiento, para que sea un lenitivo a sus dolores y una cariñosa compañía a su penosa soledad.

Cuidemos no olvidar a los que padecen miseria y persecuciones, sean amigos o enemigos nuestros, siquiera en recuerdo de las penalidades y crucifixión de nuestro Señor Jesucristo. Elevemos la oración que llegue a los oídos de la humanidad doliente, diciéndole:

«¡Hermano: Tú, que permaneces de espaldas al tiempo, encerrado en lóbrega prisión; cualquiera que fueren tus culpas, recibe nuestros votos porque muy pronto recobres la libertad, te incorpores a tu familia, te reintegres a la sociedad, y comiences una nueva vida, en que la virtud sea tu inseparable compañera y la paz del Señor sea contigo ahora y siempre!».

«¡Hermano: Tú, que vegetas inmovilizado en el lecho del dolor, sometido a penosos tratamientos, añorando los días en que la salud era señora de tu cuerpo y la alegría compañera de tus horas, queremos hacerte partícipe de nuestra fe en el Salvador, el más sabio de los médicos, al que pedimos con sincera devoción la curación de tus males, y que te devuelva a tu hogar, para que, en medio de los tuyos, puedas recrearte en la contemplación de su admirable obra».

«¡Hermano que deambulas por caminos y calles, parques y plazas, recordando el bienestar que perdiste o apesarado por el que jamás tuviste y siempre anhelaste, abre tu corazón a la esperanza y tu espíritu a la fe, porque el Gran Creador del Universo está más cerca de ti cuanto mayor es tu desamparo. Hasta Él van nuestras preces, para que te dé techo amable que te abrigue, pan que te nutra, vestiduras que cubran tu desnudez, y una frase de piedad y amor para tu alma entristecida!».

«¡Hermano: Tú, que vives en desesperación teniéndolo todo, que no aprecias lo que posees ni te sacias con los innumerables dones que Dios te otorgó, que envidias la felicidad y el triunfo ajenos, que reniegas de todo lo bueno que se te ha dado de gratis, recuerda que rogamos al Supremo Hacedor que haga descender sobre tu ensombrecida conciencia la gracia de la paz, la conformidad y el sosiego, para que no se extinga la chispa que en ella puso cuando te concedió la vida!».

La suprema decisión

> «El arte no es un medio de satisfacer egoístas ambiciones o de alcanzar una celebridad estéril, sino una fuerza que une y sostiene a la humanidad»
> *Franz Liszt*

Sentado a la sombra de un álamo frondoso, que lo defendía del ardiente sol de verano, un adolescente leía, con visible enojo, un libro de leyes. La inquietud se le desbordaba en bruscos movimientos; la inconformidad se manifestaba en su constante cambio de posición y displicente manejo del texto. A veces, como para descansar, dejaba vagar su mirada hacia puntos lejanos, solo visibles para él. Una fuerte tempestad le abatía el alma en la alborada de su vida. Dos valores positivos, de primera categoría, peleaban dentro de su ser recia batalla. De un lado le tiraba la pasión artística, el vehemente amor a la música, no como instrumento para la adquisición de bienes materiales, sino como bálsamo para curar males propios y desdichas ajenas. Del otro le arrastraban exigencias de sus mayores y preocupaciones burguesas que, aunque declinantes, todavía ejercían poderoso imperio sobre el hombre. Se le destinaba al foro, debía estudiar derecho, hacerse abogado por tradición familiar, seguir la ruta que muchos antepasados anduvieron con éxito, ganar fama, obtener poder, acumular dinero.

Preguntándose cual era su deber, trataba de coordinar factores contradictorios. Su honradez le impedía utilizar el recurso de una concordancia absurda, mentir a los demás y engañarse a sí mismo. El comprendía que había nacido para músico y quería elegir el camino certero, rechazando el que le ganaba satisfacciones para el cuerpo y siguiendo el que le brindaba alimento a su espíritu.

Había comenzado a estudiar piano a la edad de cinco años, guiado por su excelente abuela paterna, la distinguida camagüeyana Doña Herminia Llopis Betancourt, que a la vez le permitió ampliar sus conocimientos musicales bajo la dirección de famosos profesores como Julián Orbón, dueño de una celebrada academia, y de la francesa Noeli Benet, ambos establecidos en la Habana, Cuba, al calor de los cuales crecieron sus aficiones artísticas y mermaron sus inclinaciones jurídicas. Apolo venció a Temis en la contienda. En la Biblia encontró la respuesta a su conflicto, la palabra de Cristo salió a su encuentro indicándole el derrotero: «Todo reino dividido contra sí mismo, es asolado, y toda ciudad o casa dividida contra sí misma, no permanecerá». En los sabios de la China antigua halló análogas afirmaciones; Confucio le dijo que «solo viven contentos los que están contentos con el contentamiento» y Meng-zeu le recordó «que nadie puede reformar lo creado deformándose a sí mismo». Su decisión estaba hecha. Se graduó de Doctor en Derecho, para cumplir con sus parientes, pero no ejerció la carrera. Casado y ya con dos hijos, al ejemplo de Martí, que pudo haber organizado un gran bufete, si la riqueza hubiera sido su empeño, y no seguir tras una estrella sufriendo el calvario del pueble cubano, mirando hacia dos cubanos, músicos eminentes, Don Joaquín Nin y el Dr. Caturla, que desdeñaron pergaminos nobiliarios y preocupaciones lugareñas, para dar rienda suelta a la propia inspiración, se trasladó a New York, con mezquina beca, para obtener la maestría y el doctorado en música.

¡Cuántas fatigas, vicisitudes y miserias sufridas en la gran metrópoli norteña! La noche trabajando como ascensorista en un hotel, el día estudiando en el «Manhattan School of Music», donde tuvo como maestros de composición a Vittorio Gianini y Aaron Copland y de dirección a Ionel Perlea y a Charles Munch, de fama mundial. Cuando llegó el pergamino que acreditaba su doctorado en música, ya la familia había aumentado con la tercera hija y su esposa continuaba, como abeja laboriosa, poniendo miel en los labios del fatigado compañero y de la inquieta y bella descendencia. Con una compañera de tal calidad nunca se siente la aspereza del camino.

La lumbrarada de Playa de Girón le sorprende en el período de graduación.

Era inútil pretender intervenir en un proceso bélico que se malogró en pocas horas. Con el alma de duelo vierte en el pentagrama su rebeldía, creando el poema sinfónico «Ignacio Agramonte», como postrer ofrenda a los valientes caídos en aquella pelea y en homenaje al hombre recto y valeroso, que cruzó como un relámpago el cielo de la patria y dejó una huella de luz que alumbró el nacimiento de la República. Esa fue su tesis de grado doctoral.

La capital del exilio le atrae con fuerza magnética. Abandona jugosos emolumentos y el prestigio bien ganado en la Babel de Hierro, y establece su domicilio entre nosotros, convertido ahora en Coordinador de Asuntos Culturales de Miami.

Antonino Hernández Lizaso, de quien vengo hablando, está siempre a la altura de su tarea. Fiel a su devoción artística, no corre tras grandes sueldos ni es tentado por fama transitoria. En estrecha comunión con su arte, lo sirve lealmente y a él se entrega con sencillez y modestia excepcionales. Acaba de recibir un galardón, concedido a muy contados cubanos: dirigir la orquesta «Miami Philarmonic», en el Marine Stadium, el próximo sábado, a las ocho y media de la noche, iniciando el programa con su poema sinfónico «Ignacio Agramonte». Es un privilegio poder hablar al público de esta comunidad en el lenguaje universal de la música, y contarle a todos, en ritmos y armonías, los grandes sacrificios que realizaron nuestros antepasados por hacernos libres.

La obra escogida para el comienzo es de estilo épico. Parte del instante en que el bayardo camagüeyano se despide de su esposa y de sus tiernos hijos para encender la guerra en la tierra nativa; continúa con las famosas cargas al machete de la caballería que organizará con singular maestría. El rescate del General Sanguily y otras proezas de parecida magnitud están bellamente interpretados. Como cierre viene la caída del héroe en Jimaguayú, sus penosos funerales, en que las oraciones de los sacerdotes Olallo Valdés y Manuel Martínez constituyen la única nota de piedad ante el cadáver del patriota esclarecido, y una condenación a los desmanes de la soldadesca ensoberbecida, que redujo a cenizas los restos del jefe inmortal.

El maestro de maestros, Juan J. Remos, nos legó una consigna que debemos cumplir: «A la unidad por la cultura». Sólo un estandarte espiritual puede llevar a nuestro exilio a la unión para el logro de sus más altas aspiraciones. La obra de Hernández Lizaso, con la evocación del más demócrata de nuestros guerreros uno de los más valientes de nuestros generales, es una invitación enérgica a borrar la línea que nos separa en bandos y parcialidades; a romper barreras de incomprensión; abandonar querellas de jerarquías, sacudir abulias, disipar dudas, eliminar desconfianzas y recelos, para volcar el aporte de cada cual, de acuerdo a las posibilidades individuales, en la tarea de lograr el triunfo de las patrióticas aspiraciones que nos son comunes.

Marine Stadium será pequeño para contener el público que acudirá al concierto. Unos irán para escuchar música selecta, ejecutada por los ochenta y cinco músicos que componen la orquesta, para admirar los positivos valores artísticos de nuestro pueblo, para medir la profundidad de nuestra tragedia y la viril decisión de nuestros conciudadanos. Otros cumplirán un sagrado deber asistiendo, porque allí estarán en notas musicales, con el maestro Hernández Lizaso, Lecuona y Caturla, Turina y Laló, con lo mejor de su repertorio, y el violinista-solista Sanford Allen con su magistral intervención.

Allí estaremos todos: los que fuimos, los que son y los que serán; porque la patria no es coto cerrado, ni corral de feria, sino predio ancho y dilatado, donde todo humano de buena voluntad tendrá fraternal acogida. De allí saldremos como de un baño lustral, limpios de malquerencias y rencores, para buscar rumbos certeros que nos permitan la vuelta a nuestra patria liberada. Cada uno aportará, para la inevitable contienda, el arma que el Supremo Hacedor puso en sus manos. El poeta cantará en versos de fuego el himno de la victoria; el músico, en acordes como rugidos de volcán en erupción, animará las huestes dispuestas al combate; el orador, con palabras de encendida cólera despertará las conciencias adormecidas; las mujeres, enardecidas de fervor patriótico, como sus abuelas ayer, señalarán con índice inflexible el camino del deber. En bloque granítico, unidos en verdadera hermandad, sin grietas por donde pueda filtrarse la perfidia enemiga o escaparse el entusiasmo y la energía nuestra, lograremos, gracias a la magia poderosa de un poema heroico, marchar a la conquista de la libertad perdida.

Un memorable recuento

> *«La ignominia no está en trabajar, sino en el no hacer nada. Por ello tu interés está siempre en trabajar, cualquiera que fuera la condición en que la suerte te colocara».*
> *(**Hesiodo**. «Los Trabajos y los Días»)*

Era una villa recién nacida, «casi un Londres para ser aldea», con ese olor a nuevo de los regalos que extraemos de primorosas envolturas. Situada al fondo de una ensenada de amplio puerto marino de azules aguas, a las que el sol arrancaba destellos de zafiro. Un cielo, límpido añadía su tonalidad cerúlea para hacer más atractivo el ambiente. Las calles, tiradas a cordel, pavimentadas con piedras calizas apisonadas, de un blanco cegador, se deslizaban por la suave falda de una mediana colina. Los molinos de viento, que surtían las casas del agua que brotaba de alumbrados manantiales, ponían su nota de tipicidad en el edén, donde las mujeres rivalizaban en belleza y gracia y los hombres en hidalguía y generosidad. No existían mendigos. Había una sola funeraria llamada «La Última Joya», a punto de quebrar por carencia de clientes. La salud sobraba. Las raíces eran nuevas, porque los abuelos procedían de diversas regiones del planeta. Predominaban los criollos y libaneses, pocos españoles y un solo chino: Fabián, que con su esposa e hijos regenteaba la única lavandería. Un cubano, arribado allí por vez primera, admirado de la belleza del lugar, exclamó: «Es Nápoles, reproducido en miniatura», y como alguien, asombrado por la desmesurada comparación, preguntara: «¿Dónde está el Vesubio?», el viajero respondió, con la arrogancia que la convicción presta: «Yo se lo añado». Así era la pequeña población marítima que Antonio

Franco Tauler, "Chucho" para la amistad y el afecto, nos presenta en su libro de apretados recuerdos titulado «Recuento Memorable», en el que nada sobra y lo que falta no daña.

¡Cómo hemos andado, en alas del pensamiento, por las calles de la Villa Azul, por sus parques y avenidas, visitando acogedores hogares, con la naturalidad y despreocupación de los años mozos, a la caza de alguna conquista o al disfrute de un rato de esparcimiento, en compañía de una beldad nativa, en amable y cordial charla! Para el que escribe fue un descubrimiento fantástico y sintió en su corazón algo así como lo que sintiera Colón cuando Rodrigo de Triana gritó ¡Tierra! No hacía mucho que había oído hablar por vez primera de Puerto Padre. Estábamos en el año 1923 y no abundaban en Cuba las comunicaciones. Una simpática estudiante de farmacia, descendiente de los Maceo Osorio de Bayamo, la encantadora Esther Maceo de Soublette, como buena puertopadrense, me describió un día su tierra, a la sombra de los viejos laureles de la bicentenaria Universidad de la Habana. De ese fortuito encuentro nació el deseo de conocer ese bello rincón oriental. Allá me llevó también una Notaría que me ofrecieron y aun no me ha llegado. A pesar de todas las advertencias en contrario me planté allí, con mi flamante título de Abogado, diez dólares en el bolsillo, y un millón de proyectos en la mente. Fui por unos días y permanecí diez años, nací a la vida profesional y política; en la apacible calma lugareña me nutrí de buenas lecturas, adquirí experiencias valiosas, amistades excelentes. Allí encontré a mi esposa inolvidable, excepcional mujer por su belleza espiritual y física; allí dejé enterrados los tiernos restos de mi primera hija; allí quedó también nuestra parva economía: una bóveda en el cementerio y unas caballerías de tierra en la hacienda «Malagueta». El resto de la riqueza, una suma incalculable de alegría, pesares, luchas afanosas, afectos invariables de amigos leales, la abnegada compañera y dos hijos, me siguieron en el primer exilio de nuestras vidas. Época venturosa, a la moda de la Italia renacentista, en que era posible refugiarse en el pueblo próximo, la provincia cercana, y hasta en el hogar del vecino inmediato, espartano amigo, capaz de correr todos los riesgos en defensa de nuestra integridad corporal. El odio no arraigaba en el pecho del cubano; el rencor se disipaba en una humeante taza de café o un vaso de limonada fría. Pasadas las tormentas políticas, todos nos disputábamos el honor de servir al contrincante de la víspera. Chucho Franco escribe para sus padres: Don Antonio Franco Cañete y Doña Gloria Tauler Fonseca, vigorosa y recia pareja, como el jiquí, que procrearon catorce hijos, los educaron cristianamente, los condujeron por el camino del deber, les hicieron amar el trabajo como un premio, como símbolo de redención humana, esfuerzos que ellos premiaron con ejemplar conducta, sin desviarse de la senda trazada, cosechando éxitos y soportando desazones con sana alegría, serenidad en las dificultades, constancia en el propósito, y buen tino en escoger el mejor de los caminos. ¡Bendito el árbol que sabe darle sombra a su tronco!.

En la familia Franco predominaba la tolerancia, el respeto a la libre determinación de sus componentes. Respetuosos de sus progenitores, jamás sufrieron el yugo de imposiciones en materias ideológicas. La madre, una heroica, valerosa mujer, manejaba aquel ejército de muchachos con una sonrisa de bondad y un gesto de cariño; era liberal de firmes convicciones, mientras su esposo era conservador apasionado. Nunca chocaron aquellos dos mundos de opuestos ideales, porque les unía un amor que el tiempo renovaba, el común interés de criar y educar a su vasta prole, y la misma constancia en defender, cada uno a su modo, la militancia política que habían elegido. Don Antonio se divertía con las esperanzas de triunfo de Doña Gloria, y ella toleraba sus bromas y chascarrillos sobre un tema tan encendido como el político.

Chucho Franco, bullicioso, jaranero, decidor, con un chiste a flor de labio, trabajador incansable, era y sigue siendo, a pesar de su séptima década, un carácter independiente y peleador. Antes de cumplidos los veinte años andaba en difíciles tareas por el engrandecimiento de un liberalismo, enquistado y diminuto, porque la prepotencia de la «Cuban American Sugar Company» le impedía el desarrollo justo, el crecimiento natural. Fue nuestro aliado insobornable durante la ingente obra de «hacer liberales a los conservadores»; porque teníamos que sacar piedras de la cantera que estaba a la mano, y no buscarlas en lugares lejanos, con pérdida de tiempo y esfuerzo. Cuando ya habíamos vencido; cuando hasta Mario Miguel, Jacinto y Gabrielito Menocal, sobrinos del General que gobernó en Cuba durante ocho años, se habían convertido en «liberales municipales», porque en lo nacional siguieron siempre a su ilustre tío; cuando ya habíamos ganado la Alcaldía Municipal, la única vez que en la historia de Cuba republicana un liberal llegó al poder en Puerto Padre, un honesto y digno vecino que se llamó Justo Rodríguez Martínez, tras años de fatigas en que se distinguieron Lalo Marañón, Manengue González Vázquez, el generoso Juan Pisonero, el ingenioso comerciante Feliciano Rodríguez, el venerable Angel Trinchet Mora, Abraham y Juan Sánchez, los infatigables Alberto, Alfonso y Godwald Maceo, los hermanos Bombín, Don José Benito Prieto, los Rojas, Cornelio y Benigno, Facundo y Rafael Izquierdo, los doctores Soto Longoria, Francisco Rodríguez y José Domingo Echemendía, y otros que escapan a mi cansada memoria, nos sorprendió el triunfo de la revolución antimachadista, dispersándonos para encontrar en otros suelos, pero dentro de los límites patrios, ambiente adecuado para reanudar la eterna y noble lucha por la existencia.

No hay parto sin dolor, y el triunfo revolucionario, como alumbramiento al fin, no podía escapar a ese destino. La juventud cubana, que nació y creció durante los primeros treinta años de República, quiso imprimirle nuevos rumbos al país, extender la acción benéfica del Estado a las masas necesitadas, colocarse a la altura de los nuevos tiempos. Las pérdidas sufridas no ensombrecieron nuestras mentes ni emponzoñaron nuestras almas. Ajenos a la envidia, al rencor y sus maléficas influencias, nos incorporamos a la lucha con renovados brios. Chucho en Victoria de las Tunas, nosotros en Camagüey, hicimos otra vez periodismo, servimos a Cuba desde las diversas posiciones que ocupamos, y al cabo, cuando la vida iniciaba su inevitable declive, volvimos a encontrarnos, huéspedes forzados en tierra ajena, sin que la edad, las diferencias idiomáticas, la escasez de medios y relaciones, nos detuvieran el impulso, nos marginaran, nos hicieran olvidar que el trabajo es ley de vida, que el único pan digno de ser comido es el que se amasa con el sudor de la frente propia.

Quien ha vivido mucho lleva una necrópolis a cuestas. Al pase de lista pocos responden. Chucho, con su pluma, ha realizado el milagro de hacernos vivir escenas de un pasado memorable, que ha dejado huellas imborrables en el hondón de nuestra conciencia. Por todo ello, por el recuerdo cargado de respeto y cariño que para los míos y para mí destaca en su obra, tengo, para el hermano de rudas pero incruentas batallas, un mensaje de eterna gratitud.

La Isla del encanto

Nada hay tan próximo a Cuba como Puerto Rico. Esta cercanía, ajena al enclave geográfico, está determinada por el factor histórico que hizo de las dos islas las únicas colonias españolas de América durante casi todo el siglo diez y nueve. El trasiego de funcionarios de una colonia a la otra, favorecía el intercambio de ideas y propósitos, de aspiraciones y actividades; el enlace de las familias, a través de vínculos matrimoniales, aceleró el proceso de identidad.

La tierra puertorriqueña, como nuestra provincia de Oriente, es montañosa y fértil, con paisajes maravillosos, donde la palmera airosa pone su nota de elegancia y el flamboyant su llamarada de flores; donde las puestas de sol ofrecen inigualables contrastes de luz y sombra, que son un recreo para la vista y un sedante para los nervios. Allí todo invita a la serenidad, al sosiego, a la paz. El pausado andar y el habla melodiosa de sus habitantes, que arrastran las erres y alargan las vocales finales en suave y prolongada vibración, no alteran la quietud ambiental sino la afirman. Pero la atracción de Puerto Rico no está solamente en sus empinadas montañas, que parecen acariciar las nubes lejanas; ni en sus valles risueños; ni en sus ríos, de aguas abundosas y cristalinas; ni en el cinturón de blancas arenas que rodea sus costas; sino en la bondad de su pueblo, hospitalario como pocos; en la gracia y belleza de sus mujeres, que tienen aroma de naranja madura, de piña en sazón; en el colorido y variedad de sus flores, que convierten la Isla en un jardín. Lo que nos fascina y ata con fuerza irresistible es su ambiente acogedor, que nos hace sentirnos en familia, rodeados de sencillo y cordial afecto que nos hace olvidar nuestra extranjería y nos convierte en un puertorriqueño más.

Sus pueblos serranos son realmente bellos y constituyen relicarios vivos de las mejores tradiciones borincanas. Tienen nombres sonoros, como de tonada criolla: Lares, San Sebastián, Utuado, Adjuntas, Ciales, Aibonito, Orocovis; en ellos el amor a la libertad se acendra y el culto a la independencia se mantiene encendido. No hay en Puerto Rico discriminación racial ni de clase alguna.

La palabra negro está excluida del lenguaje coloquial, la expresión «trigueño» la sustituye, sin acento peyorativo que establezca diferencias raciales. Los resabios aristocratizantes desaparecieron cuando cesó la dominación española. La riqueza, el poder o el origen, no otorgan privilegios ni indican predominio. Virtud, trabajo, talento y cultura, son los únicos títulos de nobleza, y las oportunidades son iguales para todos. Los puertorriqueños, gracias a esas prácticas igualitarias, constituyen una sociedad homogénea. Se dice puertorriqueño y ya se ha dicho todo; por eso miran con desdeñoso asombro a los que pretenden sembrar entre ellos ideas disolventes que atenten contra la integración que han logrado. Son parcos en sus demostraciones emocionales. Carecen de la explosividad comunicativa del cubano. Sustentan la firme creencia que todos los conflictos pueden resolverse en forma pacífica, y que un triunfo clamoroso, obtenido por medios violentos, produce más daño que provecho. Lo rotundo y radical está excluido de su vida, es contrario a su idiosincrasia, sin que esto signifique conformismo infecundo o degradante sumisión, sino que tratan de hallar la justa relación de medio a fin, que impida el golpe fallido, el esfuerzo innecesario, la tragedia inútil.

Para los cubanos tienen los puertorriqueños lo mejor de su admiración y simpatía. Unidos a nosotros en nuestra larga lucha por la independencia, nos miran y tratan como a hermanos. En las guerras que libramos contra España nos asistió siempre su ayuda generosa. Nuestro representante en París, durante largos años, se llamó Ramón Emeterio Betances, el médico caborrojeño, apóstol de la redención de los esclavos, que confió a la integridad y pericia de Don Domingo Goicuría la compra, en Estados Unidos, de las armas para el levantamiento de Lares, las que fueron embargadas por las autoridades de Saint Thomas.

También era de Puerto Rico el célebre humanista Eugenio María de Hostos, que puso al servicio de nuestra causa su talento, su pluma, su dinero y su prestigio; y allá nació la sublime Lola Rodríguez de Tió, defensora incansable de la libertad de las dos Antillas, decidida impulsora de asociaciones en favor de la guerra de Cuba, la que dio albergue en su hogar a muchos cubanos desvalidos, la que hizo de Cuba su patria de adopción, viviendo con nosotros largos años; dejando en nuestro suelo sus cenizas. Por miles se cuentan los puertorriqueños que ofrendaron sus vidas en nuestras guerras de liberación, y por miles también los que, una vez obtenida la independencia, se radicaron en nuestra Patria, contribuyendo con las luces de su inteligencia y el esfuerzo de su brazo al engrandecimiento y a la prosperidad de la naciente República. Nombres como los de Rius Rivera, Guillermo Fernández Mascaró, Pachín Marín, Sotero Figueroa, Sergio Cuevas Zequeira, Alfredo M. Agüayo, los coroneles Quero y Semidey, y tantos otros que harían interminable este recuento, están grabados en las páginas de nuestra historia patria, porque la sirvieron con desprendimiento, lealtad y constancia. Para todos tenemos un recuerdo transido de gratitud, porque ellos fueron apoyo y consuelo en nuestras adversidades, y ejemplos de firmeza y valor en momentos de dudas y vacilaciones.

Puerto Rico ha sido un acogedor refugio para el cubano en este minuto trágico de su vida. Tierra super-poblada, sus habitantes no han vacilado en abrirle un sitio a nuestros expatriados, ofreciéndoles oportunidades de trabajo en la industria, el comercio, la enseñanza, que ellos han sabido aprovechar diligentemente. La cátedra ha reclutado numerosos profesores cubanos, tales como José Miró Cardona, Emilio Menéndez, Agustín Aguírre, Leví Marrero, Ramón Infiesta, los Hernández Corujo, Enrique y Juan, Luis Martínez, Pablo Ruiz Orozco, Eduardo Febles, Himilce Estévez de Campos, María Vega de Febles, Carlos G. Aguayo, etc. quienes han dado al pueblo puertorriqueño lo mejor de sus capacidades.

Una inmigración que asciende a cuarenta mil personas, sobre una población de cerca de cuatro millones, se ha abierto paso con facilidad, no sólo por sus relevantes cualidades, sino porque ha encontrado la cordial acogida, la amistad generosa, el abrazo fraterno, de un pueblo sin complejos inferiorizantes, sin nacionalismos intransigentes. El puertorriqueño permite que el forastero perseguido plante su tienda en el pequeño espacio que le tocó por patria, y comparte su pan con generosidad cristiana. Lo que no permite es la petulancia del improvisado que pretenda avasallarlo. Lo que no tolera es la arrogancia del advenedizo que quiera primar sobre los valores positivos del país; lo que rechaza es la altanería de quienes intenten tratarlo en forma zafia y descortés. Por suerte, a pesar de las dificultades que toda adaptación conlleva, nuestra colonia en Puerto Rico ha sabido conquistar la simpatía de aquel pueblo, y la actividad creadora que ha puesto en función, y el correcto comportamiento empleado, le han ganado un lugar de preferencia en el corazón de cada borincano.

El futuro, según certera frase griega, «es un niño dormido en la rodilla de los dioses». El tiempo y nuevos conflictos podrán llevarnos por rumbos diferentes, hacia lejanas tierras y pueblos extraños. Quizá nuestro tesón, nuestra acción política un tanto anárquica, el firme propósito de liberar a nuestra Patria de la esclavitud que la oprime, cuaje en frutos favorables, y podamos volver a Cuba, cargados de años y decepciones, pero también de útiles y provechosas experiencias. No importa

307

adónde vayamos, ni el camino que escojamos; los que una vez tuvieron la dicha de vivir en Puerto Rico, sentirán el ansia infinita de retornar a esa tierra de promisión, para llevarle a sus hijos, con un estrecho abrazo, el testimonio de su eterna gratitud.

El paraíso de los piratas de ayer y los viajeros de hoy

El mundo nos resulta cada vez más chico y ajeno. El sueño de la muchachada de anteriores generaciones era encontrar un pedazo de tierra inconquistada, apoderarse de ella, hacerla su feudo. Todos envidiaban la suerte de Don Cristóbal Colón y sus inmediatos seguidores, quienes descubrieron tierras ignotas y legaron imperios fabulosos. Esa fantasía no les paralizaba la acción, sino que la aguijoneaba, y el mundo marchaba adelante impulsado por esos sueños de improvisados aventureros, en quienes Emilio Salgari y Julio Verne actuaban de guías mientras Drake, Peter Heine y Hawkins, Pasteur y Finlay les parecían instrumentos del progreso humano.

Los viajes que antaño consumían meses y años se hacen hoy en horas y minutos; la tierra se circunvala varias veces en veinticuatro horas. Las plagas que diezmaban a la humanidad han desaparecido, ya nadie muere de viruela ni se ven caras marcadas por ellas, y los antibióticos han eliminado la tuberculosis, la sífilis, el paludismo, la fiebre amarilla, si no del todo en gran parte. Ha comenzado una nueva era, que ha sacado al hombre de su pequeño planeta, lanzándolo a través del espacio infinito hacia otros mundos, con una seguridad que se consideraba imposible anteriormente. Sin embargo hoy no somos dueños de nosotros mismos. Estamos urgidos de satisfacer necesidades creadas artificialmente por nuestra mente atormentada. La vida se ha hecho cada vez más fáustica, y a la satisfacción de un deseo sigue la inquietud por adquirir algo nuevo. Somos amantes de lo eterno, pero adoradores de lo novedoso.

Sin embargo, el pasado está golpeando fuertemente nuestra puerta, demostrándonos lo pasajero de cuanto nos rodea, lo inútil que ha resultado el vigoroso esfuerzo de los que nos precedieron en la batalla por la existencia. En un lugar próximo, tras una corta jornada de dos horas por avión, podemos encontrar en las minúsculas islas Vírgenes, que poco de tales deberían tener después de haber sido holladas por piratas y filibusteros llegados de todas partes, señaladas pruebas de que toda creación humana se hace pedazos y sólo permanece intacto lo que nace del espíritu.

Uno de esos paraísos perdidos de nuestra América visitamos el pasado fin de semana, llevados por el amor de nuestros hijos, quienes procuran revivir en nosotros entusiasmos que adversos aconteceres disiparon y arrestos que los años consumieron. Nos llevaron a la cercana isla de Saint Croix, especie de Edén, donde lo viejo y lo nuevo parecen disputarse la admiración del transeúnte; donde ciclópeas construcciones arruinadas cuentan su pasada grandeza, demolidos ingenios, gigantescas anclas, perdidas en terribles naufragios, rescatadas de las profundidades marítimas revestidas de conchas petrificadas; recios muros que han desafiado los siglos surgen como fantasmas que nos hablan de viejos esplendores. Vemos también fuertes conos truncados, fabricados con piedras conchíferas arrancadas de los arrecifes ribereños que soportaron las aspas de molinos que movieron las primitivas maquinarias de los primeros ingenios que se fomentaron en la isla; altas chimeneas que señalan un paso de avance en la industria que fue dueña y señora de una riqueza perdida: zanjas, acequias, puentes, residencias señoriales, barracones de esclavos, caducas fortalezas que alguna vez detuvieron los ataques de tardíos conquistadores: enormes pailas para la cocción del guarapo y cerca de ellas los múltiples reverberos que condensaban el jugo de la caña, lo convertían en melaza y se extraía el azúcar que se vendía en los mercados del mundo. Allí se exhibían aún las «mochas» o «guámparas», especie de machete corto, de hoja ancha y filosa que se utilizaban en el corte de la caña de azúcar, casi iguales a las que todavía se usan. Para seguir la huella ascendente de la producción azucarera y del cultivo de la caña hay que visitar esa pequeña isla de Saint Croix, que con unas ochenta millas cuadradas de extensión superficial llegó a operar más de un centenar de ingenios. A nuestra Cuba mandaron los santa cruzanos semillas de la caña de Otahití, rica en sacarosa y resistente a los parásitos, que sustituyó a las de cinta y morada, cargadas de agua y de poco rendimiento. ¡Cómo nos presenta en vivo la historia de su pasado esta pequeña gran tierra americana! Ni siquiera en Haití, Santo Domingo o Cuba, grandes productoras de azúcar, hemos visto tal devoción al pasado, semejante lección objetiva de lo que ha sido su principal riqueza. Este es un precioso relicario que ha salvado para nuestra contemplación y estudio mucho de lo que ayer dio origen al poder económico de muchas naciones americanas.

Saint Croix fue la primera en América que proscribió el tráfico de esclavos en el año 1803, y en 1848 su gobernador Peter von Scholten decretó la abolición de la esclavitud, pragmática que se cumplió religiosamente. Aunque allí sentaron sus reales españoles, ingleses y franceses, definitivamente estuvo gobernada por Dinamarca a cuya nación la transfirieron los misioneros moravos que la adquirieron por compra a los franceses. Danesa fue desde 1734 hasta 1917, en que Dinamarca la cedió a los Estados Unidos con Saint Thomas y Saint John.

Cada uno de los pueblos que la dominaron dejó en ella algo de su cultura, y en ese aspecto es un verdadero caleidoscopio humano. No tiene selvas ni amplias llanuras. Batida constantemente por una fresca brisa goza de agradable temperatura. Dormir arrullado por el aire que agita las hojas de los árboles es un delicioso y magnífico sedante. Desde lo alto de sus lomas se divisa un atractivo paisaje que se pierde en el horizonte de un mar verde azul recreo de la vista. El nativo es laborioso, pacífico, cortés. Todo es allí acogedor, y hasta las legiones de turistas, sustitutos de los bucaneros y corsarios de antaño, pierden el aspecto fiero, a pesar de la estrafalaria vestimenta que usan.

¡Gracias, muchachos, por el generoso presente y la tremenda lección que me habéis dado! ¡Dios os lo premie!

Aquel cuatro de julio

El hombre vive del recuerdo y la esperanza, por la enseñanza que aquel ofrece, evitadora de futuros errores, y la energía y estímulo que ésta brinda para nuevas empresas. Entre ayer y mañana, un eslabón que llamamos hoy une pretérito y porvenir, secuencia inexcusable del humano existir.

El miércoles próximo celebramos un año más de aquel cuatro de julio de 1776, en que un grupo de patriotas decidió separar las trece colonias inglesas de Norteamérica de la sujeción británica y constituir una nueva nacionalidad, libre, independiente y soberana, donde los hombres pudieran vivir en paz, sin más limitación que el justo reconocimiento del derecho ajeno, la convivencia pacífica, y el respeto a la libertad de pensamiento, palabra y religión. Tras cinco años de cruentas luchas el objetivo fue alcanzado, y los habitantes de la América restante, descendientes de españoles, portugueses, franceses, holandeses y daneses, contemplaron asombrados el nacimiento de una entidad política, que marchaba unida por senderos de progreso, basada en el respetuoso cumplimiento de los principios que proclamaron y defendieron.

Desde entonces la actitud norteamericana fue un ejemplo a imitar. Las ideas que sus hombres enarbolaron circularon por todo el continente, el sistema colonial cayó en quiebra. El derecho de los pueblos a determinar sus destinos, a establecer el gobierno propio, se concretó en un hecho positivo. Poco más de seis lustros, corto tiempo si tenemos en cuenta distancias, limitación de relaciones, atraso cultural, y escasez o total carencia de medios de difusión tardó esa doctrina en arraigar en la mente de los demás pueblos de América. Posteriormente la Revolución Francesa, rompiendo todos los diques, conmovió los cimientos del enclave antillano que hoy conocemos por Haití, y los esclavos rebelados sacudieron el yugo que los oprimía, y, en una apoteosis de sangre y de fuego, crearon la segunda nación independiente de América, y la primera república negra. El siglo XIX presenció el desplome del imperio español, portugués y francés de nuestro continente. Los restos de ese rompecabezas, por su escasa importancia, no pueden estimárseles constitutivos de un imperio. La novel entidad norteamericana surgió a la vida independiente con sólo trece estados y apenas cuatro millones de habitantes. Una economía agraria influyó en el carácter de sus ciudadanos, haciéndolos austeros, laboriosos, tenaces, orgullosos defensores de su obra, amantes de la justicia y la verdad. A medio siglo de su inauguración, todavía los diplomáticos europeos acreditados se asombraban de la rusticidad de las costumbres de este pueblo espartano, de la sencillez y buen ordenamiento de su vida. La primitiva república romana, de honestos labradores y matronas hilanderas, parecía haber resucitado en el ancho territorio americano, cuya población se había triplicado.

Los Estados Unidos ha continuado su marcha de grandeza. En doscientos años se ha extendido de las costas atlánticas al Océano pacífico desde los límites de Canadá hasta el río Bravo en México; adquirido por compra la Louisiana, la Florida, Alaska y parte de Islas Vírgenes; por anexión Hawai y Texas, por conquista California y territorios adyacentes, por cesión Puerto Rico, por mandato otras pequeñas islas de Oceanía. Ha desarrollado su industria y comercio en proporciones jamás vistas, proyectando su esfera de influencia y poder sobre el mundo entero. En el orden educacional ha establecido primaria gratuita, escuelas secundarias y vocacionales, universidades, magníficos museos, bibliotecas públicas, que en número, bibliografía y facilidades modernas, constituyen un modelo; su organización hospitalaria, ampliamente ramificada, es admirada por las naciones más adelantadas del orbe.

Los Estados Unidos, desde su nacimiento como nación soberana, ha sido el refugio inviolable de todos los perseguidos del universo. Una incesante corriente migratoria de todas las latitudes ha desembocado en este país que acogiendo a los fugitivos de la tiranía y la miseria, ha llevado a cabo la obra benéfica más amplia que se conoce en la historia de la humanidad. Ha nutrido su población con la experiencia, energía y capacidad de trabajo de criaturas nacidas bajo otros cielos y educadas con arreglo a patrones diferentes, que han asimilado las costumbres del país que los ha recibido como hermanos y no como huéspedes ocasionales.

El pueblo norteamericano es esencialmente amante de la paz. La variedad de su clima, la diversidad de sus productos, la riqueza del subsuelo, la fertilidad de la tierra, la firmeza de sus instituciones, invitan al trabajo sosegado, a la cordialidad y a la fraternal convivencia. Si alguna vez ha apelado a las armas lo ha hecho en defensa de humanos derechos violados por otros, forzado por circunstancias inevitables, y terminada la contienda, ha concurrido a la reconstrucción económica y espiritual de los pueblos a quienes venciera en leal pelea.

El tercer centenario de esta poderosa nación comienza en medio de las turbulencias provocadas por cambios sustanciales en los patrones de vida de la humanidad. La complejidad de los conflictos actuales, el ajustamiento de un periodo de esplendor, riqueza y comodidades, a otro de continencia, moderación y economía, intentan hacer peligrar su capacidad de potencia rectora, su estabilidad política, y quizá su integridad nacional. Un germen de disolución ha quebrantado la seguridad de que todos disfrutábamos. Una actitud intransigente va destruyendo la obra de anteriores generaciones, haciendo difícil y riesgosa la actividad que antes estaba garantizada por una tranquila convivencia. Dentro de la nación se ha llegado al extremo de presenciar con indiferencia como se menosprecian los símbolos de la soberanía, convirtiéndolos en adornos procaces de estrafalarias vestimentas. En lo exterior se falta al respeto a sus más altos representativos, llegando al extremo de que funcionarios de naciones que se suponen amigas, les traten descortésmente, con olvido de la formalidades diplomáticas, empeñados en demostrar un errado nacionalismo, como si quisiera cobrársele a esta Nación, en forma imprudente y grotesca, su indiscutible grandeza.

Los síntomas son alarmantes e invitan a la reflexión y adopción de medidas rectificadoras. Hay que detener la propaganda destructora, que pretende hacer tabla rasa de las nobles tradiciones de este país. Hay que hacer una llamada a la unión, porque ningún pueblo dividido puede realizar plenamente la tarea que le viene impuesta. Nadie, salvo un suicida o un demente, puede contemplar impasible la ruina del edificio que lo alberga. Ahora, más que antes, por gratitud y por instinto de conservación, hemos de mantenernos unidos, los que aquí nacieron y los que, nacidos fuera, aquí vinimos, en apoyo y defensa de las libres instituciones, que han perdurado en esta tierra durante los dos siglos precedentes.

Monólogo de un tinajón

Yo también estoy exiliado. Con ciento setenta años de existencia, según la inscripción que puede leerse en la parte externa de mi estructura, me han traído a estas tierras vaivenes de la fortuna. Soy camagüeyano de pura cepa. Nací en un tejar de cuyo nombre no me acuerdo. Tampoco sé quienes me echaron a rodar por el mundo. ¿Fueron negros esclavos, alfareros andaluces o aprendices criollos, los que amasaron el barro de que estoy hecho? No lo sé, pero estoy seguro de que me hicieron a mano, poco a poco, y no de sopetón en tornos o maquinarias que imprimen un sello artificial a la obra. Mi rústica conformación prueba la antigüedad de mi origen, y esto es señal de aristocracia. Dedos diligentes de obreros afanosos dejaron su huella en mi anatomía, y en esta pueden advertirse tres partes: el fondo, que permaneció enterrado más de un siglo, y que hoy, por la posición en que me han colocado, muestro al público con la impudicia que una dama galante exhibe su trasero; después un amplio círculo, que comprende caderas y abdomen, que es la parte más ampulosa de mi cuerpo; al final los hombros y cabeza, con esa enorme boca, siempre abierta, por donde recibí, durante tantos años, el agua lluvia que Dios me deparaba. No fui sometido a cocción en horno, porque no los había de mi talla. Cuando la armazón estuvo concluida, encendieron maderas secas en derredor mío, para que el calor me diera alguna consistencia. El perfume del cedro que envolvió mi alumbramiento, provocaba la envidia de refinadas señoras. El tiempo me ha dejado señales de su paso: cuarteamientos en la coraza mal cocida, apreciable rotura del gollete, producto del manejo de un cargador inexperto, azares de traslaciones y viajes. Más de siglo y medio de vida daña los mejores organismos y deja cicatrices imborrables.

Vine del viejo Camagüey, del que primero se llamó Santa María del Puerto del Príncipe, que según las malas lenguas y la mía que no es muy buena: «no era santo, ni puerto ni príncipe»; sino un caserío chato, edificios de ladrillos o simples viviendas de embarrado y guano, sobre el que alzaban sus esbeltas torres las iglesias, rompiendo la monotonía del ambiente y alterando la paz monacal con sus dobles por los difuntos, sus alegres repiques por casorios y bautizos, y sus toques a rebato en momentos de peligros.

¡Cuántos sucesos interesantes y cuántas mutaciones he visto en mi largo existir! Todo en derredor mío ha ido cambiando. Cuando llegué a este mundo no existían ferrocarriles ni carreteras; mi Camagüey querido se ocultaba tras una cortina de verdor, espesa y fuerte, como el carácter de sus habitantes. Viajar a la Habana o a Santiago de Cuba era como ir al extranjero, se hacía testamento y los parientes se despedían llorando. Ir a España o a cualquier otro sitio de Europa o América, era más difícil que visitar hoy la Luna o el planeta Marte. En aquellos tiempos no pasaban de tres quitrines y cuatro volantas los vehículos de transportación urbana. Cada casa importante encerraba una cuadra o pesebre para sus caballos, las argollas empotradas en las paredes facilitaban el amarre de las hamacas, y se reservaba a los mayores el uso de los catres de lona tensa, llamada de rusia –desde entonces nos rondaba la peste roja– y tener un tinajón en el patio era símbolo de riqueza, porque los pobres habían de conformarse con llenar alguna barrica con agua del Jatibonico o del Tínima, en la que pululaban hojas podridas, cagarrutas de chivos y otros aditamentos perniciosos.

    A los sesenta años de mi aparecida se abrió el camino de hierro que nos comunicó con Nuevitas; a los setenta y cinco se establecieron los carritos urbanos, especie de diligencias tiradas por caballos sobre paralelas de madera; se embelleció la calle real de La Caridad, con una alameda central de losas de San Miguel, con mangos de ancha copa que proyectaban sombra acogedora, y suministraban frutos suculentos para la nutrición de la chiquillería callejera y proyectiles para sus desmanes. Unas farolas rudimentarias, alimentadas con petróleo refinado, alumbraban el paseo de siete a nueve de la noche, y los muchachos gozaban mirando al farolero limpiar los quinqués, recortar las mechas, rellenarlos de combustibles, prenderlos y, a la hora fijada, apagarlos con el matacandelas. Cuando arribé a los noventa la electricidad comenzó a desplazar los viejos métodos de iluminación; el Ayuntamiento hizo instalar un arco voltaico en la parte más alta del puente de La Caridad, sobre, un tubo horizontal que se apoyaba en dos verticales, de apreciable altura, para que por debajo pudieran pasar las carretas cargadas al tope, los peatones y carruajes, y la luz se extendiera por todo el puente. Al llegar a los cien años otros acontecimientos me anunciaron el aceleramiento de los cambios: se instaló el acueducto, para hacernos competencia, y los tranvías eléctricos, para darle oportunidad a un tipo popular, llamado Bonifacio Flores, de colarse en el banquete con que se celebraba el suceso, y pronunciar aquel famoso discurso que comenzaba así: «Aunque soy el menos audaz de los que me han precedido en el uso del habla castellana, un deber plenipotenciario y consular, marítimo y religioso, me indispone ante vuestra presencia, en esta reunión de íntimo compacto, para hablaros del tranvía camagüeyano». Nadie se molestó por la intervención del intruso, todos se divirtieron con el disparatado discurso, los aplausos y los vivas se sucedían a cada párrafo. Tiempo feliz aquel, en que el rango, la jerarquía y otras zarandajas habían sido abolidos; se disfrutaba la libertad recién lograda, y yo, con mi secular edad, no soñaba en trasladarme a estos predios que hollaron con sus plantas Juan Ponce de León y Hernando de Soto.

Ahora estoy aquí, en Miami, tierra de los tequestas, seminoles, micosucos, calusas, jeagas, y esa otra patulea que la miseria, las guerras, el afán de riquezas, el amor a la aventura, han arrojado sobre la península floridana. No soy un emigrado más, lo digo orgullosamente, me trajo Mrs. Everett, americana aplatanada en Cuba, que habla un español correcto, con leve acento habanero, que es recreo del oído y alegría del espíritu. Actualmente represento a mi país de origen en el jardín de esa distinguida dama, que me cuida y mima como a un recién nacido, me rodea de azaleas, claveles y orquídeas y me protege de los frecuentes cambios de temperatura. Pero no puedo acostumbrarme al medio nuevo, a pesar de la indiscutible belleza del barrio, de esta casa acogedora situada en el 2535 S.W. de la calle 5, que es un pequeño paraíso y también ha sufrido modificaciones en los últimos veinte años. Cuando oigo rugir los motores de los aviones que pasan sobre mi y se dirigen al Sur, suelo decirme: «¡Si pudiera darme un salto hasta la bendita tierra donde vi la luz por vez primera!» ... Pero son sueños que no pueden convertirse en realidad, porque aunque volviera ya no encontraría los patios sombreados con arriates de canecas, florecidos de tararacos, lirios masones, alelíes y mariposas, aromando la brisa. Quizás hayan desaparecido mis hermanos, los viejos tinajones, reservorios de agua lluvia en tiempos pasados; porque muchos se habrán expatriado siguiendo a sus antiguos dueños, y otros habrán perecido ante la furia renovadora de los nuevos bárbaros.

Los tinajones también tenemos alma, según afirma Lydia Cabrera, exquisita mujer que hace hablar las piedras. Estremecido hasta la partícula más insignificante, contemplaba el otro día a mi paisano Antonio Carbajo, un artista raigal, buceador de la historia, escudriñador de archivos y bibliotecas, apasionado de las antigüedades, que me visitó provisto de una cámara fotográfica y me retrató. Sentí una conmoción enorme, un pánico. ¿Me iría a mandar para Cuba? ¿Engrosaría mi efigie los vertederos, adonde la nueva situación arroja todo lo que recuerda al pasado? ¿Me convertiría en blanco de las pedradas de los hijos de la nueva clase? Después de alcanzar tan avanzada edad, presenciar cruentas guerras y revoluciones, haber pasado el estrecho de La Florida para adornar una casa señorial, no quiero dar con mis cascos en un muladar. Aunque tinajón de barro, me niego al experimento. Que vayan otros. No me expongo a los ataques de los caníbales. No quiero volver, a escuchar la odiosa cantaleta: «Cuba sí, yanquis no. Patria o muerte, venceremos. Paredón ... Paredón». Si otros quieren ir que vayan y vuelvan, que los espero en mi florido jardín, para acogerlos con cariño al regreso, sin una condenación ni un reproche, porque bastante tendrán con los insultos que allá hayan recibido y las persecuciones que hubieren sufrido.

Historia se escribe con H

«Escribo a continuación lo que me parece
ser la verdad; porque las historias de los
griegos son muchas y absurdas»
(Hecateo de Mileto. *«Genealogías», fragmento 332)*

Historia se escribe con «H», porque es relación de hechos ocurridos, no de invenciones, apasionamientos, distorsiones maliciosas, ficciones interesadas, o suposiciones absurdas. La palabra, morfológica semánticamente es la misma en diversos idiomas; En inglés «History» para lo realmente sucedido, en cambio «Story» para el cuento, la fábula, anécdota, mentira. El francés usa el término «Histoire» para lo verdadero y «Fable» para las producciones novelescas, anecdóticas, de pura imaginación. En alemán la voz es «Historic» para designar el relato de acciones efectuadas, y «Fabel» para las obras de temas ficticios o teñidos de subjetividad. Los italianos sólo emplean la «H» en algunas interjecciones, en el presente singular y tercera persona del plural del verbo «avere», para evitar la confusión de las palabras «ho», «hai» «ha», «hanno» con «o», «ai», «a», anno; su papel es meramente ortográfico y se limita a suavizar los sonidos «c» y «g» ante las vocales «e», «i»; por eso escriben «Storia» y no «historia». Pero los italianos, herederos de la cultura griega, son desmesurados en el gesto; en la palabra y en el pensamiento, como lo acreditan los ejemplos siguientes: crearon la genealogía de Julio César haciéndola partir de Marte y Venus, cuando en realidad era nieto de un modesto prestamista. Mucho después, en el siglo pasado, la duquesa de Abrantes, apologista de Napoleón I, realizando una obra de malabarismo histórico, hizo remontar su origen a los mismos dioses griegos, de donde el gran corso emparentó con el conquistador de Las Galias, merced a la pluma aduladora de una paisana, que conoció al oscuro progenitor de su adorado emperador.

Los cubanos, descendientes de españoles, con unas gotas de sangre latina, no escapamos a la tendencia ennoblecedora de nuestros remotos abuelos y algunos hay que necesitan un vehículo de mucho tonelaje para cargar sus apellidos, a riesgo de tropezar con alguno de ellos en la sentina de un bergantín negrero. A estos pudiera aplicárseles la famosa sátira quevedesca:

«Yo conocí a un tal por cual
que a cierto conde servía,
y Sotillo se decía.
Creció un poco su caudal,
salió de mísero y roto,
encontréle yo después
y ya se llamaba Soto.
«Eran sus nombres de gonces.
Llegó a fortuna mayor,
volví a encontrarle y entonces
se llamó Sotomayor».

Si se hace una obra literaria, de entretenimiento, aunque el tema proceda de la cantera histórica, la pureza objetiva del hecho cede ante la necesidad de hacer ameno el relato, matizándolo de incidentes y peripecias que no ocurrieron o de los cuales no tenemos pruebas valederas. Pero entonces no podemos presentar el hecho como algo realmente sucedido, ni ofrecerlo a nuestros contemporáneos y a las futuras generaciones como verdadero, porque faltaremos a la exactitud histórica, sustituyéndola por nuestra inventiva o personal apreciación.

La historia es por su naturaleza, objetiva, y lo subjetivo poco o nada tiene que ver con ella. Los que se dedican a dar como seguro que un hecho anterior es la fuente generatriz de otro posterior, nos recuerdan la anécdota de dos mendigos que, parados a la entrada de un templo muy visitado, pedían inútilmente limosna a los fieles que entraban y salían, quienes, indiferentes o mezquinos, nada les daban; pasadas las horas, hambrientos y cansados, uno de los pordioseros dijo: «¡Si tuviéramos pan!» y el otro repuso: «Comeríamos pan y queso, si también tuviéramos el queso».

Nuestro exilio no está tan necesitado de que le narren los errores de los forjadores de la patria, sino de la apreciación cabal de sus aciertos. Nos apremia formar un núcleo homogéneo, que lleve a cabo la ingente tarea de acabar con la tiranía que nos echó fuera de la tierra nativa, aunque algunos crean que resulta más cómodo y mejor hostilizarnos mutuamente y destruir los valores positivos que forjaron nuestra nacionalidad.

Carentes de sentido crítico nos damos a la interpretación de nuestra historia, con olvido de que la riqueza de un pueblo hay que buscarla en la obra fecunda de los antepasados. La nuestra está no en lo que somos sino en lo que fueron nuestros abuelos: el español de alpargatas y calzón de pana y el pobre negro esclavizado, que dieron lo mejor de su esfuerzo, venciendo las inclemencias de un medio hostil, el ataque de las fieras y las enfermedades, creando una nueva y fuerte raza, cruce y entrecruce de otras, con objetivos nuevos, diferente concepción de la vida, otra interpretación de la realidad, profundo amor a la tierra recién adquirida.

Nos sobra imaginación, pero nos falta capacidad analítica. Exaltamos a cualquier persona hasta cumbres inaccesibles y con la misma vehemencia la hacemos descender a insondables abismos. Lo primero es producto de la irreflexión, de la rastrera adulación: lo segundo nace de la frustración, la envidia, la intolerancia. El término medio, fórmula de oro que señaló Platón para solución de los conflictos humanos, resulta totalmente desconocido para nosotros. Preferimos agotarnos en lucha estéril tras lo absoluto, antes que aceptar una prudente y decorosa transacción. «Todo o nada» es nuestro lema, aunque nos conduzca a la ruina, al fracaso, al aniquilamiento.

Como relatar la historia está de moda, no resistimos la tentación de abordar el tema, ya que nos está vedado hacerla, porque suscribimos la frase de Miguel Ángel Buonarroti: «No es posible encender un leño que ya ha ardido». Nos dedicaremos a contarla en frío; sin añadidos ni retoques, dejando a un lado devociones, militancias, simpatías, que sólo sirven para oscurecer la verdad, deformar acontecimientos, y brindarle a la juventud del exilio una falsa imagen del pasado cubano.

No se puede narrar la historia con honesta fidelidad descontando los factores del espacio y tiempo, inseparables de los hechos pasados. No es admisible juzgar a nuestros patricios, miembros de una sociedad esclavista, de castas y privilegios, sin tener en cuenta la época en que vivieron y las circunstancias que influyeron en su actuación. Desconocer que la libertad es un bien superior, tras el cual corremos y casi nunca lo alcanzamos plenamente, es la peor de las ignorancias.

Deseamos servir al exilio cubano según lo permitan nuestras fuerzas. Iniciamos con éste una serie de artículos sobre aconteceres pretéritos, actos realizados por seres humanos, no por santos ni santas, sino criaturas tocadas por la Divina Gracia, dotadas de indiscutibles virtudes, con aciertos y errores comprensibles, transidas de amor patrio, guiadas por el noble propósito de servir a la tierra en que nacieron o adoptaron como propia. Es el modesto aporte que ofrecemos al esfuerzo libertador de ahora. También la manera de contribuir al encuentro del camino que nos conduzca a la conquista de mejores días, o a vivir los postreros en paz con nuestra conciencia. ¡Dios nos ayude!.

El origen de nuestras divisiones

> *«La sociedad continúa siendo una comunidad en la que sus miembros gustan darse en espectáculo a sí mismos».*
> **Alain Peyrefitte**. *«El Mal Latino»*

Se afirma que la diferencia entre un latino y un sajón está en que el primero va al teatro para que lo vean, mientras el segundo va para ver. Aquél se da en espectáculo, tratando de atraer la atención pública, en tanto que el otro procura situarse en el lugar en que mejor pueda contemplar la representación, sin perder un detalle, disfrutándola plenamente. A nosotros, de origen latino, nos pierde y divide el irrefrenable deseo de figurar. Preferimos la totalidad de un mal negocio a la participación en un negocio bueno. Por ese camino jamás llegamos a parte alguna, como no sea a la encrucijada del fracaso.

La proliferación de organizaciones revolucionarias pesa sobre el exilio cubano como una maldición. En vez de una institución, que nos reúna a todos, hemos creado más de doscientas, en las que se disuelven los esfuerzos, se malgastan los recursos, se pregonan indiscretamente planes que el enemigo conoce antes de que se pongan en ejecución, permitiéndole hacerlas fracasar de inicio, por aquello de que «guerra avisada no mata soldado». Para nuestro egocentrismo es más satisfactorio decir: «yo hice», que realizar el esfuerzo silenciosamente. En vez de héroes nos convertimos en malos partiquinos de una ópera bufa.

Cada vez que se llama a la unión nace una nueva institución que levanta tienda aparte, urde incursiones bélicas hacia la tierra esclava, pregonándolas a los cuatro vientos, sirviendo de propaganda adversa al fin que se persigue, porque le regala un triunfo a las fuerzas contrarias, que aplasta a los invasores y remacha la cadena que aprisiona a nuestros paisanos.

Decía el gran ciudadano Rafael Montoro, cuando los hombres de su época luchaban por librar a nuestra patria del dominio español: «A un pueblo fragmentado por disputas personales nadie le presta atención, por inoperante y débil, pero a un pueblo unido se le escucha y respeta siempre». Sabias palabras de un hombre superior, a las que jamás hemos prestado atención; porque nos resulta más cómodo proclamar que venían de un autonomista que detenernos a meditar sobre su contenido y reconocer la veracidad de las mismas.

No es sólo el vano deseo de figurar lo que nos mantiene separados; el resentimiento contribuye en gran medida a nuestra desunión. Alardeamos de un perdón que no otorgamos y de una fraternidad que no practicamos: condenamos sin piedad a quien alguna vez discrepó de nuestras ideas, y descargamos sobre él los ataques que debemos dirigir a nuestros contrarios. A veces hay en esa actitud negativa un escape a la envidia que sentimos por el que se nos opuso, actitud propia del aldeano vanidoso de que nos habla Martí en su obra «Nuestra América». Somos un exilio disperso, agitado por infecundas pasiones, en el que cada componente quiere comerse el filete de un venado salvaje que no ha cazado. Estamos disputándonos un botín que no hemos conquistado.

Hay que poner remedio a estos males de alguna manera. La curación pudiera obtenerse reduciendo la multiplicidad de asociaciones patrióticas a una sola, que nos represente a todos, aunque no todos quepamos en el estrecho molde de sus cuadros dirigentes: con lo cual crearíamos un cuerpo homogéneo, coherente, cuyas acciones fueran lógicas y lograran un mínimo de éxito: para que haya uno con quien entenderse y no doscientos con quienes perder el tiempo en estériles discusiones; para que lo secreto no se haga público apenas acordado y sin llegar a su ejecución; para que el caudal de reservas humanas y económicas no se dilapide en burocracia innecesaria. Así actuaron nuestros abuelos, con más sentido práctico que nosotros, y aunque confrontaron problemas nacidos de la pasión y no del buen juicio, lograron hacer de la emigración un bloque para conquistar la independencia de la patria y la libertad que se le negara a su pueblo por varios siglos.

Nos seduce jugar con las palabras, retorcer su sentido, interpretarlas a nuestro antojo, aunque de todo esto no saquemos ventaja ni alcancemos provecho. Cuando hablamos de nuestras raíces olvidamos que vamos siendo sustituidos por una generación cuyas raíces están en el país donde ha nacido, ha crecido y se ha educado. Renunciamos a comprender que la totalidad del exilio apenas rebasa el millón de personas, mientras que en la Isla de donde procedemos sufren bajo el yugo comunista nueve millones de compatriotas, que serán factor decisivo en las actividades futuras. Hablamos de democracia y practicamos una odiosa discriminación, separados en grupos y categorías que nos impiden la acción liberadora. Llevamos más de veinte años de exilio, la generación que llegó primero ha ido desfilando hacia el sepulcro, y lo que de ella resta apenas tiene fuerza para ir vegetando hasta que llegue su próxima desaparición. Pocos de nosotros verán la luz de un nuevo amanecer, que a todos nos acoja, a riesgo de que algunos pretendan convertir la república venidera en patrimonio exclusivo de unos pocos.

Hemos malgastado cuatro lustros contándonos las atrocidades que a diario se cometen en nuestro país. Y como nos sobra arrogancia para creer que todo el mundo entenderá nuestra tragedia, desdeñamos utilizar otra lengua que no sea la nuestra, dándole una apreciable ventaja al enemigo, quien emplea una inteligente propaganda masiva, que llega a todas las regiones del globo terráqueo, en el idioma que cada pueblo habla. Con ese criterio, totalmente erróneo, no se puede organizar y librar una acción efectiva. Todavía no se ha logrado destruir la vil difamación que describió a Cuba como un prostíbulo y una cueva de Ali Babá y los cuarenta ladrones, y lo que es más grave, esa infame calumnia ha permeado la conciencia de la juventud cubana del exilio, debilitando su fe en la reconquista de una patria que consideran perdida por la indigna conducta de entes despreciables.

Napoleón el Grande aseguró una vez que «cada soldado llevaba en su mochila el bastón de Mariscal», nosotros, con igual desaprensión, creemos llevar en el bolsillo la credencial de presidente de la República de Cuba, democrática y libre. Individuos que jamás pudieron ser elegidos concejales de una modesta villa cubana, aspiran en el exilio a presidir los destinos de un país al que no tienen acceso, y en su delirio llegan a formar el aparato gubernamental, como si realmente estuvieran sentados en el Palacio de la Presidencia, aumentando las discordias y multiplicando la división.

Urge ir a un replanteamiento de la cuestión cubana, por dolorosos que sean los renunciamientos a que nos veamos obligados. Hemos de revivir la fe en nosotros mismos, si queremos llegar algún día a poner fin al despotismo que nos lanzó al exilio. Depongamos las vanas aspiraciones que anulan nuestros esfuerzos, aunque para ello tengamos que reducir a cenizas todo lo que hayamos edificado.

Por la unidad ahora y siempre

El Dr. José Ignacio Rivero, en uno de sus aleccionadores «Relámpagos» que tiene por subtítulo «Sin Caprichos ni Complicaciones», publicado en este «DIARIO LAS AMÉRICAS» el pasado día 12, propone la creación de un gobierno provisional cubano, capaz de obtener el apoyo de la mayoría de nuestro exilio. Es una seria invitación, digna de aplauso, que exige como primer paso la unidad de todos los sectores en que lamentablemente se encuentra repartida nuestra forzada y esforzada emigración. Algunas veces, aunque con menos brillantez, hemos abogado por lo mismo desde estas columnas, porque a nuestro juicio «sin unidad no hay posibilidad de regreso». Esa unidad, proclamada por muchos y practicada por pocos, no se consigue diluyendo el esfuerzo en grupos o alianzas, de vida efímera y poder escaso, que jamás sobrepasan el número de sus iniciadores y van muriendo con ellos. Los acuerdos entre asociaciones, más o menos grandes, carecen de la solidez indispensable para enfrentar la pujanza de un enemigo que lleva un cuarto de siglo en el poder y está respaldado por una gran potencia extra continental. Sin la estrecha unión, sin un programa serio que vaya más allá de las palabras, permaneceremos estancados y seremos explotados por ajenos intereses, que medran y prosperan aprovechando nuestra ingenuidad y desunión. La unión que se demanda no se logrará mediante ineficaces y pasajeros conciertos, en que cada grupo mantenga sus puntos de vista sobre la realidad cubana, permanezca independiente, actúe a su manera, y maneje como una hacienda propia la noble causa que a todos pertenece.

Veintiséis años se cumplirán la próxima semana de la entronización en Cuba de un sistema despótico, fundado sobre huesos de mártires, regado con sangre de hermanos, apoyado en el terror y en la persecución de un pueblo inerme, que se debate bajo el látigo de un amo impiadoso. El socorro que podemos brindarle es mínimo e irónicamente se transforma en beneficio de sus verdugos. El rescate de ese pueblo escarnecido y pisoteado es impostergable, pero mientras permanezcamos fraccionados, en pequeñas capillas, no podremos cumplir ese deber sagrado.

La tarea a realizar es enorme, pero no imposible. Con sólo presentar un frente homogéneo habremos ganado la primera batalla. El combate inicial hemos de librarlo contra nosotros mismos, eliminando el afán de predominio individual, enfocando con prudencia y cordura los múltiples conflictos a resolver, despojándonos de vanidades y ridículas pretensiones. En la contienda gigantesca que nos aguarda «nadie será más que otro si no hace más que otro», ninguno será excluido de intervenir en ella porque no respondió a la primera llamada, ni porque, fascinado por el silbido de la serpiente, hizo su primera vela de armas junto al enemigo. No preguntaremos de donde viene el soldado generoso que nos ofrece su aporte, sino adonde va y hasta donde llega su arrepentimiento; porque al cabo, según la sabiduría encerrada en ese libro de libros que es la Biblia, «Dios hace salir el sol para que alumbre a todos y llover para saciar la sed de todos». Esto no quiere decir que pongamos la Iglesia que defendemos en manos de infieles, que acabarán destruyendo nuestra doctrina.

No seamos tan inflexibles que cerremos nuestras puertas a los conversos, desoyendo el que nos predicó «que de los arrepentidos es el reino de los cielos». Si la religión, que consideramos el principal motor de la cultura y de la convivencia humana, acepta en su seno a los que antes la negaran y persiguieran, nosotros debemos actuar acorde con esa provechosa lección, y no malgastar el tiempo señalando errores, hijos de la flaqueza humana más que de la maldad, y aprovechar, en beneficio de la buena causa, la capacidad creadora de quienes sinceramente deseen unirse al esfuerzo liberador de nuestra patria esclavizada. Con eso no estaremos abogando por el encumbramiento de espías o infiltrados, sino por un principio de solidaridad humana y una demostración de que somos capaces, ahora y luego, de servir con lealtad, desinterés y abnegación a la tierra donde nacimos. No podemos criticar la crueldad, la intolerancia y la sordidez de nuestros enemigos, si por el recuerdo del daño que nos infirieron en el pasado nos transformamos de víctimas en victimarios, o tratamos de sustituir una tiranía por otra. El problema de Cuba no es cambiar de amo, sino de no tener más amo que la justicia, gobernante que la ley, régimen que el demócrata republicano. Con esa bandera podemos marchar adelante para reconquistar el bien perdido, rezando la «Oración de la Tarde», que nos legara el poeta Mendive, insigne profesor de nuestro Apóstol José Martí: «Llevemos por el áspero camino/ con religiosa fe la débil planta/ y oigamos la oración que se levanta/ de lágrimas a Dios!»

V. NOTAS

I. LA PATRIA
Cuba

Las fechas patrióticas como el 28 de enero, 7 de diciembre, 10 de octubre, 20 de mayo y otras fueron objeto de artículos de gran interés, ya que del pasado el Dr. Vega extraía lecciones aplicables al presente y futuro de los cubanos. Tenía el autor un año de nacido cuando se celebró la instauración de la República de Cuba el 20 de mayo del 1902. En su niñez, al escuchar conversaciones de su padre con amigos que junto a él lucharon en la Guerra de Independencia, conoció sucesos heroicos que formaron su carácter y sirvieron de fuente para escritos posteriores. Incluimos varios artículos sobre esta fecha tan significativa.

Los Expurgos Históricos se publicaron del 4 de noviembre del 1979 al 6 de julio del 1980. Presentan la historia de Cuba republicana en forma documentada e interesante. El autor recibió muchas cartas de elogio por su labor para difundir los sucesos históricos de Cuba y las gestas de sus próceres.

«El Anecdotario Político» comenzó el 16 de enero del 1983 y se prolongó hasta mayo del mismo año. Estos artículos presentan a funcionarios municipales, gobernadores, candidatos políticos, pugnas entre partidos y batallas parlamentarias. Complemento de la historia, son narraciones escritas en forma sencilla y amena.

Camagüey

Escribió numerosos artículos sobre su ciudad natal. Son cuadros costumbristas por los que desfilan multitud de personajes, reales y ficticios, enmarcados en su época y que cobran vida gracias a la elegante prosa del autor.

Junto a patriotas, políticos e intelectuales, se presentan hombres y mujeres humildes y también figuras legendarias como el indio bravo, la dama del velo negro y la muerta viva.

Sobre el Padre Olallo, objeto de uno de sus escritos, debemos señalar que fue beatificado en la Plaza de la Caridad de Camagüey, el 28 de noviembre del 2008.

II. PERSONAJES

José Martí es el protagonista de varios artículos en los que el escritor destaca su labor unificadora para lograr la independencia de Cuba. Además de los incluidos mencionaremos: «Haití en la palabra de nuestro Apóstol» (22 de agosto, 1978), «Ideas martianas sobre el trabajo» (28 de enero, 1979), «En memoria de José Martí, apóstol de la libertad de Cuba» (26 de enero, 1992).

Sobre Antonio Maceo publicó además: «Proyección histórica de la Protesta de Baraguá» (12 de marzo, 1978), «Antonio Maceo, símbolo de la unidad nacional», (10 de octubre, 1980) y «Retazos de un viejo discurso patriótico» (8 de diciembre, 1985).

Gran admirador del Generalísimo Máximo Gómez, lo presenta en sus numerosos escritos sobre las guerras de independencia como ejemplo de integridad, patriotismo y habilidad en las tácticas de guerra. Sobre el nieto del insigne patriota, Andrés Vargas Gómez, escribió «La infernal prisión del Combinado del Este» (26 de octubre, 1980) y «Nuestra cordial bienvenida» (1 de enero, 1983). En este último agradece a Dios la liberación de Vargas Gómez a quien califica de: «Indomable gladiador que soportó su martirio de veinte años de prisión en las mazmorras comunistas».

Entusiasta estudioso de Haití, publicó seis artículos sobre el héroe de la independencia haitiana Toussaint Louverture.

Los seis artículos que escribió sobre Emilia Bernal se recogieron más tarde en un opúsculo que vio la luz en 1978.

El Dr. Vega, amigo y conocedor del legado del General Mario García Menocal, fue escogido para hablar sobre su gobierno en la biblioteca del Colegio Belén. Esa conferencia formó parte del tercer ciclo, que dedicado a los presidentes de Cuba, se extendió del 16 de marzo al 17 de mayo del 1985.

III. FAMILIA

Dedicó muchos artículos a su familia entre los que se destacan diecisiete dedicados a la memoria de su querida esposa Alicia (escritos de 1976 a 1993). Estos emocionados artículos provocaron que gran número de lectores, admirados por la prosa poética del autor y la firmeza de sus sentimientos, le escribieran afectuosas cartas. Entre los más comentados (además de «La justa decisión», seleccionado para este libro) podemos mencionar: «Estás presente en nosotros» (13 de noviembre, 1977), «Nuestra constante oración» (14 de noviembre, 1983) y «El decimocuarto aniversario de su partida» (19 de noviembre, 1989).

El artículo «Un aguinaldo de incalculable valor» (20 de enero del 1985), dedicado a su nieta mayor, tuvo una calurosa acogida entre los asiduos lectores de las crónicas dominicales y fue objeto de sinceras cartas de felicitación.

IV. OTROS TEMAS

El desafío de la página en blanco es muy grande, sobre todo para el periodista. En sus crónicas el Dr. Vega se nos presenta como un testigo del siglo XX y a la vez como participante de muchos sucesos de gran trascendencia. Es prácticamente imposible mencionar todos los temas que desarrolló durante su larga carrera periodística que inició fundando el periódico «El Nuevo Heraldo» cuando solamente tenía veinticuatro años de edad.

Sobre el periodismo además de los seleccionados citaremos: «Por caminos de papel» (21 de agosto, 1977) sobre Humberto Medrano y «Un premio al renovado esfuerzo» (4 de marzo, 1979) sobre Ariel Remos.

En el tema de la religión destacó la figura del Papa Juan Pablo II al cual dedicó cinco artículos. De éstos mencionaremos: «Nefando sacrilegio» (17 de mayo, 1981) sobre el atentado a su Santidad en Roma y «El sabio mensaje del Papa Juan Pablo II» (22 de abril, 1984).

Sobre Puerto Padre, la villa azul, de la que fue admirado hijo adoptivo escribió entre otros: «El amor al terruño» (29 de octubre, 1978) y «En memoria de José Ramón Valmaseda, un amigo leal» (11 de octubre, 1987).

Uno de sus temas favoritos fue la amistad. ¡Cuántos amigos desfilan por sus artículos! En «Permanencia de la amistad» (5 de septiembre, 1976) sobre Vicente Pujals, dice «De todos los dones que Dios otorgó al hombre el de la amistad es el más preciado».

En «La carta que no llegó» (24 de agosto, 1980) recuerda a Olga Martínez y a sus padres y tía, tan queridos por la familia Vega pues Don Eduardo Martínez Moreno fue testigo de su boda. La muerte de Olga ocurrió antes que llegara la misiva enviada a Camagüey por el leal amigo.

Sabio maestro de juventudes, escribió sobre la noble tarea del magisterio. Un ejemplo es «Un maestro de maestros» (12 de junio, 1977) dedicado a Tomás Vélez que fue su maestro en la escuela elemental.

Incursionó en el campo de las bellas artes y la música con artículos como: «El arte y los recuerdos» (12 de septiembre, 1976) sobre la pintora Raquel Lázaro, «Reafirmación de fe» (27 de marzo, 1977) sobre el concierto ofrecido por la Filarmónica de Miami, en el Marine Stadium, el 19 de marzo, 1977, al cual asistieron más de dos mil personas. El Dr. Vega se detiene en la composición de Antonino Hernández Lizaso «Oda Romántica Ignacio Agramonte» dirigida por el joven músico esa noche inolvidable. También mencionaremos «El florido centenario de la gentil violinista camagüeyana Marta de la Torre» del 3 de julio, 1988.

Además de escribir sobre la poesía de José Martí y Emilia Bernal escribió sobre otros poetas cubanos: «En torno al homenaje de Lydia Cabrera» (28 de noviembre, 1976), «Enmudece una lira» (18 de marzo, 1977) sobre Agustín Acosta y «Justo homenaje al poeta Eugenio Florit» (15 de febrero, 1983).

VI. APÉNDICES

VI. 1- Comentarios de colegas, estudiantes y amigos

- Don Víctor Vega Ceballos era un caballero de estirpe antillana y en su verbo se aunaban Cuba, su patria de nacimiento, Santo Domingo, cuya historia conocía a la perfección y Puerto Rico, cuya historia defendió en nuestro primer centro docente.

  > Don Francisco Lluch Mora
  > Poeta, historiador, profesor puertorriqueño
  > Carta a María Vega de Febles (26 de diciembre, 1996)

- To the greatest man that the world government ever had.

  > Dan Fischer Jr.
  > Alumno de Webb School, Bell Buckle, Tennessee
  > Carta al Dr. Víctor Vega (1965)

- Cuídese mucho, querido profesor, pues personas que poseen sus cualidades escasean en nuestra época. Ojalá hubiese más personas como usted para guiar las mentes de la juventud.

>Patricia Speir
>Estudiante de la Universidad de Puerto Rico,
>Recinto de Mayagüez
>Carta al Dr. Víctor Vega (1968)

- Víctor Vega Ceballos, que a sus 80 años continúa ejerciendo un magisterio ejemplarísimo en pro de la cultura, la democracia y la justicia. Su posición siempre vertical es la de antaño: el mejor ejemplo de la lengua española de Cuba contra la tiranía marxista de ayer y de hoy.

>Dr. Oscar Fernández de la Vega
>Publicación *Pim-Pam-Pum*, Nueva York
>(19 de julio, 1981)

- Víctor Vega Ceballos (Al cumplirse este 22 de enero sus gloriosos 88 años)

Su tinta dominical
–tinta mojada de historia–
es Cuba y ejecutoria
como un clavel en su hojal.
Ayer un filo de sal
le cortó dos corazones
patria y mujer, desgarrones
parecidos del adiós,
mientras él sueña con Dios
un sueño de tinajones.

>Luis Mario
>Diario Las Américas (22 de enero, 1989)

- Al Dr. Víctor Vega Ceballos dedico con toda mi admiración estos endecasílabos de mi propia inspiración:

  ¡Qué brillante es la luz de tu experiencia!
  ¡Qué bello es escribir como tú escribes!
  ¡Cuán sublime es pensar como tú piensas!
  ¡Cuán hermoso es sentir como tú sientes!
  Víctor Vega Ceballos: Ilustre y prestigioso
  cubano que ama la Libertad y la Justicia,
  que honra a su Patria y que es GLORIA
  y ORGULLO de nuestro querido
  CAMAGÜEY.

  > Antonio Ángel Fayas
  > «Retratos Literarios» en *El Camagüeyano Libre*
  > (Miami, 2 de junio, 1984)

- VIR BONUS DICENDI PERITUS (Séneca)

  Caballero es, muy estricto
  Don Víctor;
  A causas nobles se entrega
  Vega;
  Y las cumple sin desmayos
  Ceballos;
  Ganó al apelar los fallos
  De cualquier sentencia adversa.
  ¡Y qué sabroso conversa
  Don Víctor Vega Ceballos!

  > Dr. Alejandro Llovet
  > Improvisación (Miami, 1989)

- Como integrante de la legión de camagüeyanos que repudió el comunismo, usted ha contribuido a que las virtudes morales de nuestro pueblo hayan tenido plena manifestación en todo el largo proceso vivido por los cubanos a partir de 1959, siendo así su destacada personalidad un ejemplo digno del reconocimiento y de la gratitud de sus conciudadanos y especialmente de los que, como usted nacimos en la tierra de Agramonte.

  > Jorge Agüero,
  > Presidente del Municipio de Camagüey en el exilio
  > Carta al Dr. Víctor Vega (23 de abril, 1990)

- Un tesoro extraordinario es su meritorio aporte a la cultura cubana que lo hace merecedor del reconocimiento y el respeto de todos. Su pluma fervorosa, ágil y de gran fuerza descriptiva, nos ha regalado páginas hermosas sobre nuestro querido Camagüey, como palomas mensajeras que cruzan el inmenso mar del pensamiento llevando entre sus alas un mensaje de amor en el recuerdo. Pluma perseverante que honra y que alienta, que no se cansa ni se rinde porque lo considera como un riguroso cumplimiento del deber.

  > Antonio Ángel Fayas (Ibid)

- La República le reconoció su valor y mérito confiándole los más altos cargos públicos; y derrumbadas las estructuras democráticas y jurídicas del país, cuando la selva se adueñó de la ciudad, y Víctor vino al exilio, lo hizo con la misma fe en los patrios destinos, y las mismas –o quizás engrandecidas– condiciones de lucha, agotando en esa tarea cuanto, físicamente, estuvo a su disposición; hasta los postreros recursos de su vida.

Santiago Rey Perna
«Dr. Víctor Vega Ceballos,» *Diario Las Américas*
(12 de julio, 1996)

- Don Víctor tenía, sigue teniendo, una presencia muy digna. Interrogaba a los testigos en forma acuciosa, con voz pausada y un tono casi coloquial. Tenía admirable sentido de lo relevante y se enfrentaba a los agentes de la Seguridad del Estado sin exceso y sin miedo. Durante el juicio demostró ser un abogado eficiente y cuando llegó el momento del informe oral se cubrió de gloria.

Luis Fernández Caubí
«Un tributo a don Víctor,» *Diario Las Américas*
(7 de abril, 1991)

- Cuba necesita, y necesitará de hombres como Víctor Vega Ceballos para iluminar el camino de nuestras esperanzas. Allá nos espera él repleto de luz, recostado a un tinajón de su tierra camagüeyana, para gritar, con el amor patrio que siempre sintió y entregó: «¡Viva Cuba Libre y soberana!»

Fernando Hurtado de Mendoza
«Víctor Vega Ceballos: Un cubano deslumbrante,»
Diario Las Américas (14 de julio, 1996)

- Don Víctor vale por culto, por ese enhiesto señorío que ha habido que admirarle siempre, por ese elegante humor con que esmalta el seductor encanto de sus conversaciones, por esa inverosímil memoria con que recuerda toda la historia de su Camagüey y de su Cuba, haya sido él o no el protagonista de lo que cuente. Todos esos episodios y todas estas aristas integran su ejecutoria y su personalidad.

    Octavio R. Costa
    «Los brillantes y fecundos noventa años de Víctor Vega Ceballos,» *Diario Las Américas* (17 de enero, 1991)

VI- 2. Retratos

En la Cuba de los años 40

Dr. Víctor Vega Ceballos

En el aeropuerto de Isla de Pinos

En el Country Club de la Habana. De izquierda a derecha:
Dr. Darío Castillo, General Mario García Menocal y el Dr. Víctor Vega.

En la ciudad de Miami

Conferencia en la escuela Ada Merritt, 1973

Conferencia en el Municipio de Camagüey en el exilio, 1983

Notas biográficas

La Dra. María Vega de Febles nació en Camagüey, Cuba. Estudió en el Colegio Baldor y en la Facultad de Filosofía y Letras de la Universidad de La Habana y Santo Tomás de Villanueva. Obtuvo el doctorado en Estudios Hispánicos de la Universidad de Puerto Rico, en el recinto de Río Piedras. Fue profesora de la U.P.R. en Ponce donde enseñó durante dieciocho años y en los tres últimos dirigió el Departamento de Humanidades. Ha publicado numerosos artículos literarios y cuatro libros: *La obra poética de Eugenio Florit, Huellas de la épica clásica y renacentista italiana en «La Araucana» de Ercilla*, *Violeta* (poemario) y *El Tamarindo* (novela bilingüe). Actualmente reside en West Palm Beach, Florida, junto a su esposo, el ingeniero Eduardo Febles.

El Dr. Eduardo Antonio Febles Vega nació en Mayagüez, Puerto Rico. Recibió su bachillerato de Tulane University en Nueva Orleans, Louisiana con concentración en Francés y Economía Política. Recibió su maestría y doctorado en Francés de Brown University en Providence, Rhode Island. También estudió en L'École Normale Supérieure, L'Institut d'Études Politiques y La Sorbonne en París. Ha enseñado en Goucher College y Brandeis University. Actualmente es Catedrático Asociado de Francés en Simmons College en Boston, Massachusetts. Su libro *Explosive Narratives: Anarchy and Terrorism in the Works of Emile Zola* será publicado por Rodopi Press. Ha escrito varios artículos de crítica literaria, reseñas y cuentos. Le otorgaron el premio de mejor profesor de Simmons en el 2008.

www.ingramcontent.com/pod-product-compliance
Lightning Source LLC
Chambersburg PA
CBHW030239090526
44586CB00034B/132